THE ENCYCLOPEDIA OF JAPANESE GRAMMAR

日本語文法がわかる事典

新装版

林 巨樹・池上秋彦・安藤千鶴子［編］

東京堂出版

はしがき

日本人の文法への目覚めはいつごろか、と問われればそれは古い。奈良時代末期に成立した『万葉集』巻第一九に「霍公鳥《ほととぎす》を詠む二首」があって、

（四一七五）霍公鳥《ほととぎす》　今來《いまき》鳴き始《そ》む　菖蒲《あやめぐさ》　蘰《かづら》くまでに　離《か》るる日《ひ》あらめや　毛《も》能《の》波《は》三箇の辭を闕《か》く。

霍公鳥　今來喧曾无　菖蒲　可都良久麻泥尒　加流〻日安良米也　毛能波三箇辭闕之

（四一七六）我《わ》が門《かど》ゆ　鳴き過ぎ渡る　霍公鳥《ほととぎす》　いや懐《なつ》かしく　聞《き》けど飽《あ》き足《た》らず　毛《も》能《の》波《は》氏《て》爾《に》乎《を》の六箇の辭を闕《か》く。

我門従　喧過度　霍公鳥　伊夜奈都可之久　雖聞飽不足　毛能波氏尒乎六箇辭闕之

というのである。この歌で家持《やかもち》は助詞の存在に関心を持ち、わざわざそれを使わない歌を作ったのだということが注記でわかる。注記は「ふつう歌を詠むときは『も・の・は・て・に・を』のような辞《ことば》が使われるのが常だが、この霍公鳥の歌では、前者は『も・の・は』の三箇、後者は『も・の・は・て・に・を』の六箇の辞を使わないで作った」といっている。使用度数の多い助

詞を封じ込めてつくった歌で、我が国の文献に現れた「文法への目覚め」の最初のものといってよいであろう。

「文法」という言葉はいつごろから使われ始めたかというのはむずかしい問いだが、『日葡《にっぽ》辞書』（一六〇四）のBのところに

Bunpŏ（ブンパウ）　フミノハット

とあり、そのあとに「手紙を正しく書くための規則・さだめ」の意に当たるポルトガル語の説明がある。今日いう「文法」とは少し意味が違うようだが、言葉の使い初めとしては最も古いと考えてよく、爾来、いわゆる江戸時代を通じてこの語は散見するが、おかしなことに本居宣長《もとおりのりなが》・富《ふ》士《じ》谷成章《たになりあきら》・鈴木朖《あきら》・東条義門《ぎもん》ら、あの精緻な古典語の研究者の著作の中には「文法」という言葉は使われていない。

明治になって田中義廉《よしかど》『小学日本文典』（一八七四）以下数多くの文法関係の著作が現れる。大槻文彦《おおつきふみひこ》は『廣日本文典』（一八九七）で「言語《げんぎょ》に法則あるが故に、文章にも法則あり、その法則を文法といひ」と説いて見事な文法書・文典を書いた。けれどもその対象とするところは古典語で、学校教育の文法も文語文法であった。口語が教科書で文語と並べられるのは橋本進吉著『新文典 文語編』に対する『新文典 口語編』（一九三五）である。

一九四六年の学制の変革に伴って教科書制度にも変改があった。中学校で口語文法を、高等学校で文語文法を学習するのが普通になった。

さて、このように早くから注目され、中学・高校の授業に取り入れられてきた「文法」であるが、近年これを組織的に学ぶことがなくなり、「学習指導要領」も明確にこれを指導する場を与えていない。一般人が国語を理論的・組織的に学ぶべき最後の時期である中・高の六年間に、日本語理解のためのただ一つの科学的理論である「文法」を無視することの重大さを、多くの人は理解していないのではなかろうか。

一つには中・高の国語科の授業時数が削減されていることもあるが、国語の教師も、「文法」をなるべく避けようとする傾向がないとはいえない。テキストを用いて文法を学んでいない生徒たちに、たとえば「助詞」を簡潔にわかりやすく説明し、理解させるのはむずかしい。そこで、文法辞典、国語学辞典を利用しようとするが、従来のこの種の辞典は「簡潔にわかりやすく」という要望にこたえるにはあまりにも専門的・高踏的であった。本書はその欠点をあらためため、「文法」を教えるとき、あるいはわからない文法の術語や学説を知りたいとき、だれにでもわかり、納得できる文法辞典にすることを編集の大方針とした。国語を教える立場の人はもちろん、日本語教育に携わる人、国語に関心を持つ多くの人々の要望にこたえ得ることと確信している。

平成十六年三月

編者識

日本語文法がわかる事典◉凡例

本書は、日本文法に関する事項、術語について、次のような方法によって記述し、諸家の要望にこたえようとしたものである。

一、日本文法関係の事項、術語を五十音順に配列した。

二、各項の説明は次のようにした。

〔例文〕必要に応じて、現代文（A）・古文（B）の例文を掲げた。

〔定義〕項目の内容を簡潔に述べた。

〔解説〕例文を用いて、定義についてわかりやすく説明した。

〔補説〕項目の由来、学説の違い、現在の問題点など、解説で述べられなかった事柄を付け加えた。

なお、各項の末尾に　⇓　をもって参照項目を示した。

三、助動詞・助詞については特に留意した。すなわち助動詞は過去・完了・推量など、意味上から分類してそれに属する語を概観できるようにしたうえで、各語について口語・文語の例文をあげて細かく説明した。助詞は格助詞・接続助詞・副助詞・終助詞に四分類してその性格を説明したうえで、必要な語について用法、留意点、識別法などを説明した。なお巻末に口語・文語対照助動詞一覧表、用例付きの口語・文語対照助詞一覧表を収め、かつ助動詞・助詞の語彙索引を付した。

執筆は、秋元美晴・安藤千鶴子・池上秋彦・小野正弘・北村弘明・鈴木浩・林巨樹・堀崎葉子・渡部圭介が当たり、林・池上・安藤が、原稿の調整・補訂を担当した。

本書の成るについては、東京堂出版の西哲生さん、渡部俊一さんのお世話になった。厚くお礼申し上げる。

執筆者紹介（五十音順）

秋元美晴（恵泉女学園大学教授）
安藤千鶴子（元東京都立小山台高等学校教諭）
池上秋彦（元明治大学教授）
小野正弘（明治大学教授）
北村弘明（聖徳大学教授）
鈴木　浩（明治大学講師）
林　巨樹（青山学院大学名誉教授）
堀崎葉子（元清泉女子大学講師）
渡部圭介（明治大学講師）

＊二〇〇四年刊行当時の所属です。

日本語文法がわかる事典◉目次

日本語文法がわかる事典◉項目一覧

あ

か

わ

日本語文法がわかる事典

あ

アク説　アクせつ

【定義】活用語に「ク」あるいは「ラク」を付けて体言化するク語法の説明として、事・所を意味する名詞「アク」を想定し、これが活用語の連体形について音変化を起こしたとする大野晋《すすむ》の説。

【解説】⑴「ク語法」とは、「願はく（願フコトハ）」「惜しけく（惜シイコト）もなし」「われに告ぐらく（私ニ告ゲルコトハ）」のように、活用語に「ク」「ラク」を付けて体言化する語法で、上代に広く用いられたが、平安時代以降は和歌や漢文訓読系の文章に限られる傾向がある。⑵この「ク」「ラク」は活用語に接続する形が複雑で（未然形に付いたり、終止形に付いたりする）、その理由についていろいろな説があるが、大野晋は「事・所」を意味する「アク」という語（現存しない）の存在を想定し、「アク」が活用語の連体形に付いて音変化を起こしたものとする。すなわち、「願フ＋アク→願ハク」「惜シキ＋アク→惜シケク」「告グル＋アク→告グラク」となったと説明するのである。この説は「連体形＋名詞」という構成が自然で、音変化にも無理がない点で優れている。しかし、「アク」という名詞が実在したかどうか、また助動詞「き」の連体形に「ク」が付く場合に無理がある（「言ヒシアク」は「言ヒセク」になるはずだが、実際は「言ヒシク」）という点に問題があり、まだ定説にはなっていない。

⇒ク語法

（安藤）

アスペクト　あすぺくと

A ① それでもやっぱりしらないふうで、ゆっくりそこらをあるいていた。〈宮沢賢治・オツベルと象〉

② けれども塀はセメントで、中には鉄も入っているから、なかなか象もこわせない。〈宮沢賢治・オツベルと象〉

【定義】話し手が、動詞で表される動作・作用の過程を、どのようにとらえているかを示す文法的意味概念。日本語では、動詞そのものや、それに補助動詞を付加することなどで表現する。「相」、「態」、「体」とも。

【解説】(1)動詞は、一般的に動作・作用の意を表すといわれるが、このような「動き・変化」などの実現にはそこに必ず時間が必要である。人間の動作を表す動詞には「生きる」のように長い時間を要するものや、その反対に作用・変化が一瞬のうちに実現される「死ぬ」のようなものもある。また、「これから食べる」といえば、その動作が未来において実現されることを表し、「もう食べた」といえば、その動作がすでに完了した意を表す。このように動作・作用・変化の表現には、「その時間は長いのか、短いのか」「動作に要する時間がまだ残っているのか、尽きたのか」「その動作がゆっくりなのか、早いのか」「その動作が連続的なのか、断続的なのか、散発的なのか」「動作の時間全体をとらえているのか、部分をとらえているのか」など、時間をめぐるいろいろな「切り取り方」や「視点・態度」が想定され、それらを具体的に表現することが求められる。このような動作過程の把握の仕方、表現の違いをアスペクト（相）と呼ぶ。具体的には、例文①では「動作の継続」、例文②では「結果の残存」というアスペクトがそれぞれ示されている。(2)アスペクトは時間に関係する表現なので、同じく時間に関係する「テンス（時制）」とも密接に関連し合い、ふつう、アスペクトとテンスとは複合した形（「テイル／テイタ」など）で表現されることになる。アスペクトの分類には種々の試みがあるが、ここでは、次のような三分類を示そう。

「一次的アスペクト」……完了／未完了

（動詞の「ル形」と「タ形」）

「二次的アスペクト」……動作継続／結果の残存など

（「動詞＋テイル形」、動詞の「アル」など）

「三次的アスペクト」……始動・継続中・終結など

（「動詞＋ハジメル／ダス／トコロダ／最中ダ／ツヅケル／オワル／ヤム」など）

【補説】(1)「一次的アスペクト」は、アスペクトが「動詞」そのもの、あるいは「動詞＋タ（過去の助動詞）」で表される群である。これは表現としては「テンス」とも重なるが、テンスが本来的には「現在・過去・未来」などのある時点（時間的位置）を示すのに対し、アスペクトは、ある動作が実現されようとしているのか、もうされたのか、というように、あくまでも「動作実現の過程」に焦点を合わせた概念であり、この場合、その動作の「完了／未完了」という面を示すものであることに注意したい。(2)「二次的アスペクト」は、動詞に「テイル」が付いて、動作過程をより詳細に表そうとする群である。その動詞の性質によって、さらに下位分類が可能である。まず、その動詞が継続動詞（多少なりとも一定の時間を必要とする「動き」を表す動詞）の場合、それに「テイル」が付くと、「動作が現在進行中である（動作継続）」というアスペクトが認められる。

例「泳いでいる／食べている／踊っている／笑っている」など

一方、瞬間動詞（時間をほとんど要せず、一瞬で止んだり、ある状態に変化したりする意を表す動詞）の場合、それに「テイル」が付くと、「動作がすでに止んでいて、その結果だけが状態として残り続けている」（結果の残存）というアスペクトが認められる。

例「死んでいる／落ちている／消えている／割れている」など

ただし装着に関する動詞（「着る／脱ぐ／かぶる／はめる／はく」など）に「テイル」が付くと、その文脈により「動作継続」「結果の残存」のどちらの意にもなり得るので注意を要する。

例「私は靴下をはいています（今、はいている最中だ／既にはき終えて、今、素足ではない）」

これら「動詞＋テイル」の形に現れるアスペクトは、文脈により、具体的にいろいろな意味を持つことがある。

例「彼は二度、官邸を訪れている」（経験）

「国産車では右側にハンドルがついている」（属性）

「私は毎日牛乳を飲んでいる」（習慣）

「アフリカでは毎日たくさんの子どもたちが死んでいる」（散発的反復）

「時計の秒針が時を刻んでいる」（規則的反復）など。

さらに動詞の中には、「テイル」を付けないと実際に運用できない特殊な動詞もあり、この場合、そのアスペクトは「状態」を表すことになる。

例「彼の才能はずば抜け＋ている」

「この理論はとても優れ＋ている」
「山がそびえ＋ている」
「そのような趣向は、ありふれ＋ている」
「すべてご破算にするなんて、ばかげ＋ている」など。

また、「アル／イル」などの状態動詞には「テイル」を付けることができない。これは「アル／イル」という動詞、すなわち「存在」という概念そのものに、「完了性／状態性」という意味特徴が備わっているためと考えられる。この種の動詞には、ほかに「～ができる（能力・可能）／～のように見える（判断）」などがある。(3)「三次的アスペクト」は、動詞に種々の要素が付いて、微妙な意味を持つアスペクトを示す群である。

例「仕事をやり終える」（意図的・終結）
「荷物を積み終わる」（自然的・終結）
「雨が降り止んだ」（自然的・速やかな終結）
「雨が降り出した」（自然的・速やかな始動）
「雨が降り続く」（自然的・継続）
「そのまま走り続ける」（意図的・継続）
「本を読みかける」（開始の瞬間／開始まもなく）
「今、食べるところだ」（開始直前）
「成果は上がりつつある」（動作・状態の移行の途上）
「今着いたばかりだ」（終結直後）など。

(4)「アスペクト aspect」の訳語は、近年、「相」に統一される傾向にあるが、「態・体」と訳されることもある。ただし、「態」という訳語は「ヴォイス voice」を指す場合もあり、逆に「ヴォイス」の訳語を「相」とする場合もあるなど、紛らわしい状態にある。

⇓ヴォイス、テンス

（北村）

言い切り いいきり

【定義】 文を構成する際、意味内容がそれ以上後に続かず、その文を完結して終わること。

【解説】 その文の内容や形式がどのような場合に「言い切り」と呼び得るか、という問題は、文の構成を研究するうえで重要なテーマとなる。単語の、特に活用語が持つ「言い切り」の形式を「終止形」、またその用法を「終止法」とも呼ぶ。近年の構文論では、この「言い切

り」の問題を「陳述」という観点から論究しようとする態度が見られる。　⇒終止形、中止形　（北村）

イ音便　いおんびん

A　仏像や仏具を打砕いて…。〈芥川龍之介・羅生門〉
B　いみじとおぼいたるが心ぐるしければ〈源氏物語・須磨〉

【定義】四（五）段動詞連用形が「て」「た」「たり」に続く際、活用語尾が「イ」に変化する現象。および、形容詞の連体形語尾「き」「しき」が、「イ」に変化する現象。

【解説】例文Aの「打砕いて」は「打砕く」がカ行五段動詞なので、本来ならば、連用形「うちくだき」が助詞「て」に付いて、「打砕きて」となるはずであるが、「utikudakite」を「utikudaite」と子音kを抜いて、便宜的になだらかな発音としたものである。

【補説】⑴口語では、カ・ガ行五段動詞がイ音便になる。「解きて」→「解いて」、「研ぎて」→「研いで」のように。ただし、「行く」のみ、「行きて」→「行って」と促音便になる。⑵「五枚甲《ごまいかぶと》の緒《を》をしめ、黒漆《こくしつ》の太刀《たち》をはき、廿四差《さ》いたる黒ぼろの矢負ひ〈平家物語・四〉」のように鎌倉時代の話し言葉を反映して、「差したる」→「差いたる」と、口語では見られないサ行四段のイ音便が、文語に見られることがある。⑶「差いて」「飽《あ》いて」などが使われなくなったのは、「さいて」「あいて」に「咲いて」「空いて」などのような、他の言葉と混同する可能性が生じるからだと考えられる。⑷上代特殊仮名遣いにおいては、四段動詞の連用形語尾は甲類、上二段動詞の連用形語尾は乙類というように区別されていたが、平安時代になるとその区別がなくなる。そのため、例えば、「置きて」（四段）と「起きて」（上二段）を発音の上で区別することができなくなった。ところが、四段動詞「置きて」のほうが「おいて」とイ音便になると、「オイテ」は四段、「オキテ」は上二段というふうに、両者を発音の上で区別できるようになった。　（小野）

イ形容詞《いけいようし》　⇒**形容詞**《けいようし》

意志の助動詞《いしのじょどうし》　⇒**推量の助動詞**《すいりょうのじょどうし》

已然形　いぜんけい

B ① いと幼ければ籠《こ》に入れて養ふ。〈竹取物語〉
② 中垣こそあれ、一つ家のやうなれば、望みて預れるなり。〈土佐日記〉

【定義】活用語（用言および助動詞）の語形の一つで、文語だけにある活用形。「已《すで》に然《しか》り」（もうそうなっている）という確定の意を表す形である。活用表では第五段に置かれる。

【解説】⑴例文①は形容詞「幼し」の已然形に接続助詞「ば」が付いて、「幼いので」と確定条件（理由）を表す。「ば」のほか接続助詞「ど」「ども」が付く。⑵文中に「こそ」があるとき、それを受ける語が已然形で結ばれるという、いわゆる係り結びが行われる。例文②の「あれ」は「こそ」の結びで已然形になっている。⑶例文②の「預れる」のように、完了の「り」も已然形に付く。

【補説】⑴例文②のように、文中に「こそ…已然形」がある場合、「中垣はあるけれども」と逆接の意で次に続くのが普通である。⑵文語形容詞の補助活用としての已然形「かれ」は普通認められないが、「多し」には、已然形「多かれ」が用いられる。

例「楊貴妃の例《ためし》も、ひき出でつべうなりゆくに、いと、はしたなきこと多《おほ》かれど」〈源氏物語・桐壺〉

⑶上代特殊仮名遣いでは、「け」「へ」「め」は、四段動詞の已然形活用語尾であれば乙類に相当し、命令形活用語尾であれば甲類に相当するので、この二者は音韻の上でも区別があった（平安時代には合一する）。⑷已然形接続の助動詞「り」について、上代特殊仮名遣いの区別によれば、上代においては、「り」は命令形接続となる。⑸文語では、「已然形＋ば」が順接確定条件を表し、「未然形＋ば」が順接仮定条件を表すという区別があったが、口語ではこの区別が失われて仮定形となった。文語の順接確定条件を用いた「住めば都」（住んでしまうとどんな田舎でも住みよいところになる）ということわざが、現代において、時に「もし住むとすれば都会がいい」と誤解されるのは、そのためである。

⇒已然言、係り結び　（小野）

已然言 いぜんげん

東条《とうじょう》 義門《ぎもん》が『友鏡』（一八二三）、『和語《わご》説略図《せつのりゃくず》』（一八三三）で用いた文語活用形の名称の一つ。現行の「已然形」に当たる。（池上）

一語文《いちごぶん》 ⇒**文**《ぶん》

一人称《いちにんしょう》 ⇒**人代名詞**《じんだいめいし》、**人称**《にんしょう》

意味から見た文の種類 いみからみたぶんのしゅるい

A ① ちょうど昼少し過ぎで、上天気で、空には雲一つありませんでした。〈有島武郎・溺れかけた兄妹〉

② 「駅長さんもうお帰りですの?」〈川端康成・雪国〉

③ 「さあなぜこんないたずらをしたか、云え」〈夏目漱石・坊っちゃん〉

④ 「やれ、やれ、可哀そうに……。」〈岡本綺堂・弁天娘〉

【解説】 **(1)**文をその全体の意味内容から分類すると次のようになる。

平叙文……例文①のようにある事柄について、判断・描写し、伝達する文。否定や推量を表す文なども大きくはこの平叙文に含める。判断文・叙述文とも。

疑問文……例文②のように疑問を表す文。通常、反語表現も含める。

命令文……例文③のように命令を表す文。

感嘆文……例文④のように感嘆・感動を表す文。応答・呼びかけ表現も含める。感動文とも。

(2)文の意味の違いとは、具体的にはその文の「表現主体の意図の違い」であり、文法学的な言い方をするなら、文の成立にかかわる「陳述」態度の違い、ともいえる。すなわち、話し手と聞き手との関係でとらえるなら、話し手がある事柄を判断し、それをそのまま聞き手に伝えようとする文が「平叙文」で、話し手が疑問に思うことを聞き手に問おうとする文が「疑問文」、聞き手にある事柄についての行為を強い、求めようとする文が「命令文」、そして、聞き手に関係なく、自分の感動・心情を直接表出する文が「感嘆文」ということになる。

⇒構造から見た文の種類

入子型構造 いれこがたこうぞう

（北村）

【定義】 時枝誠記《ときえだもとき》によって提唱された、日本語の文の基本的構造を示す右のような図式。

【解説】 (1)時枝誠記は語を「詞《し》」と「辞《じ》」に二大別し、その違いを、

詞—事柄の表現—概念過程を経た表現。体言・用言の類

辞—話し手の立場の直接表現—概念過程を経ない表現。助辞（助動詞・助詞・接続詞など）の類

とするが、辞は常に「詞」の下に付いて具体的な表現となり、この詞辞の結合を「句」と呼ぶ。たとえば、「山の姿が見えるだろう」という文は、次のように三つの句に分けられる。

山の／姿が／見えるだろう。

（—は詞、＝は辞、／は句の切れ目）

「の」は「山」に付いて下の「姿」とだけの関係を示すが、「が」は「姿」に付いて下の「見える」との関係を示すと同時に、「山の姿」全体に付いて「見える」との関係を示している。この場合「山の姿が」は「山の」を含む大きな句と考えられ、図示すれば 山の姿 が となる。同様に「だろう」は、「見える」に付くだけでなく、「山の姿が見える」という大きな句全体に付くと考えられ、辞はそれぞれの句をしめくくり、統合している。これを図示すると最初の図のような形になる。(2)このように、日本語では、句と句の関係は単なる連続ではなく、句が句に含まれて幾重にも入子《いれこ》式に重ねられることによって文が成立する。これを入子型構造形式といい、時枝の独特の文構造論である。

【補説】 (1)「入子（入籠）」とは、元来同形で大きさの異なる箱、または籠をいくつか組み合わせ、小さなものが順々に重なって大きなものに収まるように作った器物である。この入子の形状を日本語の文の構造に適用した。(2)「辞」が表現されていない文については、

明かるい■海が広がる■

の■のように、「零《れい》記号の辞」（形式に現れない辞）を想定して処理する。⑶入子型構造は原則論であって、すべての日本語の文構造をおおうものではない。「入子型構造」の初出は『安藤教授還暦祝賀論文集』（一九四〇）所収の時枝誠記「懸詞の語学的考察とその表現美」である。

⇒言語過程説、詞と辞、零《れい》記号　（林）

いろは歌　いろはうた

いろはにほへと　ちりぬるを
わかよたれそ　つねならむ
うゐのおくやま　けふこえて
あさきゆめみし　ゑひもせす

【定義】平安中期に成立した手習い歌の一つ。発音の違う仮名四七文字を各一回ずつ用いて作ったもの。

【解説】⑴平安中期の日本語の音節を表す四七文字すべてを一回登場させ重複して登場することはないという手法で、当時はやった「今様《いまよう》」の七五調四行にまとめた傑作である。⑵「色は匂《にほ》へど散りぬるを　我が世誰《たれ》ぞ常ならむ　有為《うゐ》の奥山今日《けふ》越えて　浅き夢見じ酔《ゑ》ひもせず」と解せられ、涅槃《ねはん》経の偈《げ》「諸行無常　是生滅法《ぜしょうめっぽう》　生滅滅《しょうめつめつ》已《い》　寂滅為楽《じゃくめついらく》」の意を表したものと伝えられている。使われる文字は、現行の平仮名・片仮名でなく、万葉仮名であった。⑶「ん」の字はまだ仮名として認知されていなかったので、「いろは歌」にはとりいれられていない。

【補説】⑴今日伝えられる最古の「いろは歌」は『金光《こんこう》明最勝王経音義《みょうさいしょうおうきょうおんぎ》』（一〇七九）に掲げられたものである。『色葉字類抄《いろはじるいしょう》』（一一四四〜一一八一）ほか、辞書の収録語彙の配列に用いられるなどして江戸時代に及んだ。⑵日本語のアルファベット（字母表）といえば、ふつうアイウエオ・カキクケコの五十音図を指すが、平安中期から明治初期までの日本語のアルファベットは「いろは歌」であった。明治維新後の文教関係者は日本語のアルファベットを五十音図にしようとし、日本語の活用なども五十音図を下敷きにして整理していった。⑶江戸中期から、四七字または「京」を加えて四八字でそれぞれ始まる諺《ことわざ》を詠んだいろはカルタが流行し、また江戸町火《まちび》消《け》しの組の名に用いられる（ただし「へ・ら・ひ・ん」は除く）などした。⑷「いろは歌」に擬した仮名表も多く、「とりなくこゑす　ゆめさませ　みよあけわたる　ひんかしを　そらいろはえて　おきつへに　ほふねむれゐぬもやのうち」（一九〇三、『万朝報《よろずちょうほう》』掲載）が有名。

（林）

⇒五十音図

ヴォイス

A　従って慰さめる私も、慰さめられる奥さんも、共に波に浮いて、ゆらゆらしていた。〈夏目漱石・こころ〉

B　六波羅殿の禿《かぶろ》…禁門を出入すといへども姓名を尋《たづ》ねらるるに及ばず、京師《けいし》の長吏是が爲に目を側《そば》むとみえたり。〈平家物語・一〉

【定義】出来事を文として表す際に、だれが主体の、どのような出来事であったのかを認定する型。すなわち、自分から進んで行なったのか、だれかにそうされたのか、だれかがそうさせたのかなどを表す型。および、そのことによる表現。「態《たい》」と訳す。

【解説】「太郎が次郎を慰める」という言い方は、動作主の太郎の側から言ったものであり、次郎の側からすれば、「次郎が太郎に慰められる」ということになる（この場合の主体は、次郎になる）。また、場合によっては、「花子が太郎に次郎を慰めさせる」というように、次郎を慰めている太郎は、実は、花子にそうさせられている、というような事態もありうる（この場合の主体は花子になる）。これらのうち、どれを使って、だれに焦点を当てるのかがヴォイスの働きである。例文**A**の場合だと、「慰める私」と「慰められる奥さん」というようにヴォイス転換をすることによって、「私」「奥さん」と焦点が移っていくことが見てとれよう。また、例文**B**の場合も、「尋ねらるる」という受動態をとることによって、「六波羅殿の禿」を主体として、そこに焦点を当てて続けることができているわけである。ヴォイスには次のようなものがある。

㋐**能動態**―動詞をそのままの形で用いて表す

例　太郎が木に登った。
太郎が次郎を押した。

(イ)**受動態**―動詞＋助動詞「れる・られる（る・らる）」で表す

例 次郎が太郎に押された。

突然雨に降られて往生した。

(ウ)**使役態**―動詞＋助動詞「せる・させる（す・さす）」で表す

例 花子が太郎に次郎を押させた。

(エ)**自発態**―動詞＋助動詞「れる・られる（る・らる）」で表す

例 太郎にはそう思われた。

(オ)**可能態**―動詞＋助動詞「れる・られる（る・らる）」で表す

例 太郎にはその料理がどうしても食べられなかった。

以上が、基本的なヴォイスの分類である。このどこまでを「ヴォイス」に含めるかについては、諸説あるが、一般的には、(ア)能動態、(イ)受動態、(ウ)使役態は基本的なヴォイスとして認め、周辺的な問題を適宜取り込みながら論じる場合が多いようである。

【補説】 (1)「ヴォイス voice」の訳語としては「態《たい》」のほか「相《そう》」「たちば」なども用いられ、「ボイス」という表記になる場合もある。(2)「太郎と次郎がお互いに押し合った」のような、副詞「(お)互いに」＋動詞＋「あう」で表される、「相互態」とでもいうべきもの、「太郎が花子に本を読んでやる」と「花子が太郎に本を読んでもらう」のような、いわゆる「授受表現」、「太郎が倒れた」と「次郎が太郎を倒した」のような「自他対応」もヴォイスに含める考え方がある。(3)その他、「太郎が花子に自分を描かせた」における「自分」をどう解釈するかという問題も、ヴォイスの問題といえよう。

⇒アスペクト、授受表現　（小野）

ウ音便　うおんびん

A 私が貰って連れて行きます、よう御座んすか貰いまするというに、勝手にしろ、子も何も入らぬ〈樋口一葉・たけくらべ〉

B 新大納言成親《なりちか》卿は、多田蔵人《くらんど》行綱を呼うで、「御へんをば…。」〈平家物語・一〉

【定義】 ハ・バ・マ行四（五）段動詞の連用形が「て」

「た」「たり」に続く際、活用語尾の「ひ」「び」「み」などが「ウ」に変化する現象。および、形容詞連用形の活用語尾「く」「しく」が「ウ」「シウ」に変化する現象。

【解説】例文Aの四（五）段動詞「呼ぶ」が助詞「て」に付く際、「呼びて yobite」が、「呼うで youde」と、活用語尾「び」が「ウ」になることにより、全体が「ヨーデ」という簡便で熟合した発音となっている。また、例文Bの形容詞「よい」の連用形「よく yoku」の連用形語尾「く」が「ウ」となることで、全体が「ヨー」という簡便で熟合した発音となっている。

【補説】⑴現代の全国共通語では動詞のウ音便形は用いられないが、関西方言などでは、「買うて」（発音はコーテ）のように用いられている。⑵古くは、「買うて」のほかにも「言ひて」→「言うて」、「賜《た》びて」→「賜うで」、「積みて」→「積うで」、「飛びて」→「飛うで」、「読みて」→「読うで」、「詠みて」→「詠うで」のようなウ音便形が存在した。⑶動詞の連用形はイ段音かエ段音なので、動詞のイ音便や形容詞のウ音便のように単純に子音が脱落する変化にはならない。これは、たとえば、「呼びて」や「読みて」がそのままイ音便になるとすると、ともに「よいて」となり、「飛びて」なども「といて」となって、元の語の姿が大きく失われてしまうことを避ける形で、しかも発音を簡便にした結果と考えられる。

（小野）

受身・可能・自発の助動詞（奈良時代）

うけみ・かのう・じはつのじょどうし

B ① 瓜食《は》めば子ども思ほゆ…〈万葉集・五・八〇二〉

② 妹を思ひ眠《い》の寝らえぬに…〈万葉集・一五・三六七八〉

【定義】文語の助動詞の一種。次のような意味を表す助動詞「ゆ」と、可能の意味を表す助動詞「らゆ」。

受身　ほかからある動作・作用を受ける。

可能　動作・作用が実現できる。

自発　自然にある動作・作用が起こる。

【解説】⑴例文①の「思ほゆ」は「（子供タチノコトガ）自然ニ思イ出サレル」と自発の意を表し、②の「眠《い》の寝らえぬ」は「（眠リヲ）寝ルコトガデキナイ」と可能の意を表している。⑵上代には「る」「らる」の用例は約十例しかなく、その古形の「ゆ」「らゆ」が用いられた。ただし「ゆ」には尊敬の意がなく、「らゆ」の用例は「い（眠《い》・寝《い》）の寝らえぬ」という慣用句として用いられる「可能」の意のものだけである。以下それぞれの意味を説明する。

①**受身**　ほかから動作・作用を受ける。［…レル・…ラレル］

例 白珠《しらたま》は人に知らえず（知ラレナイ）知らずともよし〈万葉集・六・一〇一八〉

②**可能**　動作・作用が実現できる。することができる。［…デキル・…レル］

例 君が心は忘らゆましじ（忘レルコトガデキナイダロウ）〈万葉集・二〇・四四八二〉

夜を長みいの寝らえぬに（眠ルコトガデキナイノニ）〈万葉集・一五・三六八〇〉

③**自発**　自然にある動作が起こる。ひとりでにそうなる。［自然ニ…レル・…ナイデハイラレナイ］

例 夜はすがらに哭《ね》のみし泣かゆ（自然ニ泣イテシマウ）

【活用と接続】

基本形	未然	連用	終止	連体	已然	命令
ゆ	え	え	ゆ	ゆる	ゆれ	○
らゆ	らえ	○	○	○	○	○

接続 「ゆ」は動詞四段活用・上一段活用・ナ行変格活用・ラ行変格活用の未然形に付く。「らゆ」は下二段活用の未然形に付く（実例は「寝らえぬ」のみ）。

【補説】 平安時代以降、「ゆ」「らゆ」は独立した助動詞としては用いられず、特定の動詞の活用語尾（「おぼゆ」「聞こゆ」「見ゆ」）など、また連体詞の一部（「あらゆる」「いはゆる」）などとして残った。

（池上）

受身・尊敬・可能・自発の助動詞

うけみ・そんけい・かのう・じはつのじょどうし

A 出る杭は打たれる。〈諺〉

B 「かの大納言、いづれの舟にか乗らるべき」〈大鏡・二〉

【定義】 次のような意味を表す助動詞「れる」「られる」

（口語）、「る」「らる」（文語）。

受身　ほかからある動作・作用を受ける。

尊敬　他者またはその動作・性質などを自分より上位の者として敬う。

可能　動作・作用が実現できる。

自発　自然にある動作・作用が起こる。

【解説】例文Aの「打たれる」は、助動詞「れる」が杭がほかのものから「打つ」動作を受けるという受身の意味を表している。例文Bは、助動詞「る」によってどの舟に「お乗りになるだろうか」と、相手を上位の者として扱っていることを示している。以下それぞれの意味を説明する。

(1)受身　ほかから動作・作用を受ける。〈…レル・…ラレル〉

例そう思うことによって激励されることが書いてあった。〈志賀直哉・城の崎にて〉

皆に見られるのがたまらなく口惜しいのだ。〈太宰治・走れメロス〉

ありがたきもの。舅《しうと》にほめらるる（ホメラレル）婿《むこ》。〈枕草子・七五〉

【解説】(1)受身はほかから動作・作用を受ける意だから、必ず他者がある。例文A「出る杭は打たれる」は他者がないようだが、実は「他の者から打たれる」のである。(2)非情物（感情を持たないもの）は受身の主語にならないのが普通。たとえば「なぞ、かう暑きにこの格子はおろされたる」〈源氏物語・空蝉〉は一見「格子がオロサレテアル」と受身の意に考えられるが、格子は非情物であるから受身の主語にはならない。したがって、この「れ」は、「格子ヲオロシテイラッシャルノカ」と尊敬に考えるのが正しい。この原則はまれに例外もある。また近世以降くずれ、明治時代からは西欧の翻訳文学の影響で、非情物が受身の主語になることが普通になった。(3)自動詞に受身の助動詞が付く場合、不利益・被害を受ける意を表すことがある。「(私は)雨に降られた」「(彼は)子供に泣かれて困っている」などで、「迷惑の受身」といわれる。

(2)尊敬　他者またはその動作・性質などを、自分より上位の者として敬う。〈…ナサル。オ…ニナル〉

例逆賊を征伐せられる（征伐ナサル）お上の軍《いくさ》も同じ事である。〈森鷗外・阿部一族〉

亀山殿建てられん（オ建テニナロウ）とて、地をひかれける（地ナラシヲナサッタ）に…。〈徒然草・二〇七〉

【解説】⑴平安時代は敬語動詞「思《おぼ》す」「仰《おほ》す」などについて「思さる」「仰せらる」など強い敬意を表す用法が多い。このような二重の敬語を最高敬語と呼ぶこともある。⑵平安末期以後、尊敬の助動詞「す」「さす」に付いて「…せらる」「…させらる」の形で、敬意を強める用法も現れた。⑶下に「給ふ」が付く「…れ給ふ」「…られ給ふ」の「れ」「られ」は尊敬の意ではなく、自発か受身である。

例「名のみことごとしう、言ひ消たれ給ふ（ケナサレナサル＝受身）咎《とが》多かなるに」〈源氏物語・帚木〉

「月の顔のみまもられ給ふ（自然ト見ツメテシマワレル＝自発）」〈源氏物語・須磨〉

⑶可能　動作・作用が実現できる。することができる。〈……デキル・……レル・……ラレル〉

例いよいよ出られないというならば、おれにも相当な考えがあるんだ。〈井伏鱒二・山椒魚〉

つゆまどろまれず（全然ウトウトスルコトガデキズ）、明かしかねさせ給ふ。〈源氏物語・桐壺〉

【解説】平安時代は、可能の「る」「らる」は打消か反語を表す語とともに用いられた。たとえば一見可能のように見える「海見やらるる廊」〈源氏物語・須磨〉は、打消の語を伴わないので「海が自然ニミヤラレル廊＝自発」と解するのが正しい。鎌倉時代以降、打消を伴わないで可能に用いる例が出てくる。

例冬はいかなる所にも住まる（住ムコトガデキル）〈徒然草・五五〉

⑷自発　自然にある動作が起こる。ひとりでにそうなる。〈自然ニ…レル・…ナイデハイラレナイ〉

例為《な》して意義のあることに、小寺には思われたからである。〈井上靖・舞台〉

海見やらるる〈自然ニ見ヤラレル〉廊に出で給ひて〈源氏物語・須磨〉

【解説】⑴自発の意味は上にくる動詞によることが大き

い。「思う」「感ずる」「想像する」「知る」「見る」「聞く」など、心の動きを表す動詞や感覚を表す動詞に付く場合が大部分である。⑵可能の意と識別しにくいことがある。そうしようと思わないでも自然にそうなってくる（主体に能力がなくても周囲の情勢からそうならざるを得ない）のが自発であり、主体に能力があって積極的にできる意味を表すのが可能である。なお、平安時代は、下に「ず」「まじ」「で」など打消の表現があるものや、反語表現になるものが可能、と考えてよい。

【活用と接続】

［口語］

意味	基本形	未然	連用	終止	連体	仮定	命令
尊敬	れる られる	れ られ	れ られ	れる られる	れる られる	れれ られれ	れろ れよ られろ られよ
受身 可能 自発	れる られる	れ られ	れ られ	れる られる	れる られる	れれ られれ	○ ○

接続「れる」は動詞五段活用・サ行変格活用の未然形の「さ」に、「られる」はそれ以外の動詞の未然形、および一部のサ行変格活用（感ずる・命ずる・信ずるなど）未然形の「し（じ）」「せ（ぜ）」に付く。

［文語］

意味	基本形	未然	連用	終止	連体	已然	命令
受身 尊敬	る らる	れ られ	れ られ	る らる	るる らるる	るれ らるれ	れよ られよ
可能 自発	る らる	れ られ	れ られ	る らる	るる らるる	るれ らるれ	○ ○

接続「る」は動詞四段活用・ナ行変格活用・ラ行変格活用の未然形に、「らる」はその他の動詞の未然形に付く。

【補説】⑴もともと「る」（「らる」も同じ）は、自発が基本の意味で、そこから他の可能・受身・尊敬の意味が生まれたと考えられる。すなわち「自然に出《い》で来る」という自発の意味から「出来る（できる）」という可能表現に発展し、一方で「人に憎まれむこと」などのように、自分が直接関与しないのに自然に他からの作用を受けるという意味で受身をも表現するようになった。そして、相手の動作が自分とは直接関係なく発生した、おそれ多いという気持ちを表して尊敬の意に用いられるようになり、これら四つの意味を持つようになったと考えられる。(2)「れる」「られる」「る」「らる」及び奈良時代の受身・可能・自発の助動詞「ゆ」「らゆ」を助動詞から除外して「動詞的接尾語」とする学説もある。時枝誠記《ときえだもとき》『日本文法 口語編』『日本文法 文語編』、鈴木一彦『日本文法本質論』など。(3)奈良時代には「る」は一〇例ほど、「らる」は一例のみで、尊敬の用法はない。「る」「らる」に当たる助動詞としては、「ゆ」「らゆ」が用いられた。室町時代から江戸時代にかけての話し言葉が記録されているとされる抄物《しょうもの》、キリシタン資料・狂言台本などには、終止形に「るる」「らるる」、命令形に「れい」「られい」という、変則的な形が見られる。(4)「ここからよく見れる」「受けれる学校はどこか」などの「れる」は、可能の助動詞ではなく、いわゆる「ラ抜き言葉」で、文法的には誤用である。

⇒受身・可能・自発の助動詞、ラ抜き言葉　（池上）

動辞　うごきてにをは

【定義】江戸時代の富樫広蔭《とがしひろかげ》『詞玉橋《ことばのたまはし》』（一八二六）で用いられた語。「うごきてにをは」と呼ばれる。学校文法における助動詞にほぼ相当する。

【解説】『詞玉橋』では、

(ア)他の詞または辞から転成したもの（詞また辞に憑所《よりどころ》あるもの。「てふ」「つ」「しむ」「ぬ」「ざる」「けり」「たり」「なり」「せる」「べし」「まじ」「てむ」「なむ」「けむ」「らむ」「てき」「にき」など）

(イ)他の語からの転成ではないもの（憑所《よりどころ》のあらざる一《ひと》列《つら》。「ず」「む」「まし」「し」）

とに分類する。⇒静辞《すわりてにをは》　（小野）

打消推量の助動詞　うちけしすいりょうのじょどうし

A では、おれが引剥《ひはぎ》をしようと恨むまいな。〈芥川龍之介・羅生門〉

B ①かぐや姫は、重きやまひをし給へば、え出でおはしますまじ。〈竹取物語〉
②残しおかじと思ふ反古《ほうご》など…〈徒然草・二九〉

【定義】ある動作・作用・状態などが実現または成立しないだろうと推量する。また、自分はそうしないという意志を表す。打消の推量の助動詞は次の各語である。

口語 まい
文語 じ・まじ

【解説】⑴例文Aは、相手に向かって「恨まないだろうな」と、実現しないことを推量している。B①は「お出になりますまい」と出てこないことを推量し、B②は「あとに残しておかないつもりだ」という打消の自分の意志を表している。以下各語を説明する。

(1)まい（口語）
①打消の推量の意を表す。（…ナイダロウ）
例 わが掌に上って、さて、その外へ飛出すことすらできまいに。〈中島敦・悟浄歎異〉
②打消の意志を表す。（…シナイツモリダ・…ナイデオコウ）
例 純一は激した心を声にあらわすまいと努めて…〈森鷗外・青年〉

【補説】⑴右の主要な用法から、次のような使い方が派生している。
(ア)終助詞「か」を伴って依頼・勧誘を表す。
例 百円貸してもらえまいか。
(イ)終助詞「ぞ」を伴って禁止を表す。
例 忘れまいぞ。卯時《うのとき》までにじゃ。
(ウ)動作・作用を対比して取り上げ、放任・不許容を表す。
例 行こうが行くまい〈行ッテモ行カナクテモ〉が勝手だ。

あろうことかあるまいことか〈アッテハナラナイコトニ〉、命令を無視した。

など。⑵文語の助動詞「まじ」が「まじい」となり、「まい」に転じたもの。室町時代から口語として狂言などで多く用いられ、現代語に至っている。

【活用と接続】

基本形	未然	連用	終止	連体	仮定	命令
まい	○	○	まい	（まい）	○	○

接続 動詞（五段動詞）および助動詞「ます」の終止形に付く。動詞（五段動詞以外のもの）・助動詞「せる・させる・れる・られる」には未然形に付く。動詞上一段・下一段・サ変・カ変は終止形にも付く。連体形は「もの・こと・わけ・はず」などの形式名詞にしか付かない。

(2) じ（文語）**・まじ**

①打消の推量の意を表す［…ナイダロウ。…マイ］

例 月ばかりおもしろきものはあらじ（ナイダロウ）〈徒然草・二一〉
冬枯れの景色こそ、秋にはをさをさ劣るまじけれ（劣ラナイダロウ）〈徒然草・一九〉

②打消の意志を表す［…ナイツモリダ・絶対ニ…ナイ］（…タクナイ）

例 何方《いづかた》をも捨てじ（捨テルマイ）と心に取り持ちては…〈徒然草・一八八〉
敵《かたき》の手にはかかるまじ（カカラナイツモリダ）〈平家物語・一一〉

③打消の当然・不適当（「まじ」のみ）［…ベキデナイ・…ナイノガヨイ］

例 妻《め》といふものこそ、男《をのこ》の持つまじき（持ツベキデナイ）ものなれ。〈徒然草・一九〇〉

④不可能の推量（「まじ」のみ）［…デキナイダロウ］

例 女の、これはしもと難つくまじきは（欠点ヲミツケルコトガデキナイダロウ人ハ）難くもあるかな〈源氏物語・帚木〉

⑤禁止（「まじ」のみ）［…テハイケナイ・…〈スル〉ナ］

例 童《わらは》よりほかには、すべて入《い》るまじ（入ッテハイケナイ）〈枕草子・九二〉

【補説】 (1)「じ」は推量の助動詞「む」の打消、「まじ」は同じく推量の助動詞「べし」の打消である。いずれも「ず」のようなはっきりした打消ではなく、ためらい疑うような感じを伴う。(2)奈良時代には「まじ」の前身と見られる「ましじ」があった 例 寄るましじき川の隈々《くまぐま》〈日本書紀・仁徳紀〉。しかしさほど優勢でなく、活用形も終止形・連体形だけである。(3)室町時代から江戸時代にかけて、話し言葉として「まじい」が用いられた 例 すべてその儀あるまじい。〈天草本平家物語・二三〉。つまり現代語「まい」は、上代から一貫した次のような流れの上にあることがわかる。

ましじ→まじ→まじい→まい

【活用と接続】

基本形	未然	連用	終止	連体	已然	命令
じ	○	○	じ	じ	(じ)	○
まじ	まじから	まじく まじかり まじう	まじ	まじき まじかる	まじけれ	○

*「じ」の已然形は「こそ」の結びとしてわずかに見られる。

接続 じ ①動詞・形容詞補助活用・形容動詞の未然形。②「つ」「ぬ」以外の助動詞の未然形。

まじ ①ラ変以外の動詞およびそれと同形の活用をする助動詞の終止形。②ラ変動詞・形容詞補助活用・形容動詞およびそれと同形の活用をする助動詞の連体形。

（池上）

打消の助動詞 うちけしのじょどうし

A 自分にはしなければならぬ仕事があるのだ。〈志賀直哉・城の崎にて〉

B 深田ありとも知らずして、馬をざっと打ち入れたれば、馬の頭《かしら》も見えざりけり。〈平家物語・九〉

【定義】ある動作・作用・状態が成立・実現しないことを表す次の助動詞。否定の助動詞とも。

口語 ない ぬ

文語 ず

【解説】例文Aの「なけれ」は「ない」の仮定形、「ぬ」は連体形である。例文Bの「ず」「ざり」は、「ず」の連用形である。以下それぞれの用法を説明する。

(1)ない 口語

例 おそらく忘れることの出来なかろうと思った日である。（未然形）〈島崎藤村・夜明け前〉

日の目が見えなくなると…（連用形）〈芥川龍之介・羅生門〉

【活用と接続】

基本形	未然	連用	終止	連体	仮定	命令
ない	なかろ	なく なかっ	ない	ない	なけれ	○

接続 活用語の未然形に付く。

【補説】(1)未然形「できなかろう」は現代の話し言葉ではほとんど用いられず、「できないだろう」というのが普通である。(2)「美しくない」「ほがらかでない」の「ない」は形容詞。「ない」の上に「美しくはない」「ほがらかではない」と「は」が入る「ない」は、自立語であり、形容詞である。

(2) ぬ 口語

例 月食とは知らずに月を仰いだ少年時代…。（連用形）〈三浦哲郎・月食〉

最も疑うに値《あたい》するといわねばなるまい。（仮定形）〈渡辺洋三・法とルール〉

【解説】(1)打消の助動詞「ず」の連体形「ぬ」が終止形として使われるようになったもの。(2)仮定形「ね」は「…ねばならない」の形に残るだけである。(3)終止形・連体形「ぬ」「ん」は文章語的な硬い表現や方言的な表現に現れることが多く、口語の打消表現としては「ない」を使うのが普通。ただし丁寧の助動詞「ます」は「ません」の形をとる。(4)打消の仮定条件を表す「ずば」（例「鳥も鳴かずば打たれまい」）は、「ぬ」の連用形「ず」に副助詞が付いた「ずは」が転じたもの。強調して「ずんば」になったり「ざあ」（例「知らざあ言って聞かせよう」）になったりする。

【活用と接続】

基本形	未然	連用	終止	連体	仮定	命令
ぬ(ん)	○	ず	ぬ(ん)	ぬ(ん)	ね	○

接続 活用語の未然形に付く。サ変動詞には「せ」に

付く。

(3)ず 文語

例龍《たつ》の首の玉取り得ずは（デキナイナラバ）帰り来《く》な〈竹取物語〉

京には見えぬ鳥なれば、皆人見知らず〈伊勢物語・九〉

【解説】(1)「ず」の活用が一見、複雑な形になっているのは、次の表に示す三系統が合併されたためである。ぬ系統は四段型。ず系統は無変化型。ざり系統はラ変型で、初めは漢文訓読で用いられた。（ ）内の形は、奈良時代などの特別な用法にのみ現れる。

系統	未然	連用	終止	連体	已然	命令
ぬ系統	（な）	（に）	○	ぬ	ね	○
ず系統	○	ず	ず	○	○	○
ざり系統	ざら	ざり	（ざり）	ざる	ざれ	ざれ

(2)「ざり」は、連用形の「ず」に動詞「あり」が付いた「ずあり」が変化した形である。「ざり」の終止形の用例はほとんどなく、「〜ざらむ」「〜ざりけり」「〜ざるべし」など、多く他の助動詞が付いた形で用いられた。また連体形の「ざる」に助動詞「めり」「なり」が付くとき、「ざんめり」「ざんなり」と変化する。古くは「ん」の文字が成立していなかったため、「ざめり」「ざなり」とされた。例海賊は夜歩きせざなり（シナイモノダ）と聞きて〈土佐日記〉(3)先の三系統の活用中、ぬ系統が最も古い活用で、その連用形「に」に「す（サ変動詞）」が付いたものが「ず」になったと考えられる。また、未然形「な」と連用形「に」には、次のように上代（時代が下っても歌には見える）の特別な用法にのみ現れる。

(ア)「な」は、「な」＋「く（接尾語。一説に準体助詞）」の形（ク語法）でのみ現れる。例妹《いも》が見し棟《あふち》の花は散りぬべし我が泣く涙いまだ干《ひ》なくに（マダ乾カナイコトナノニ）〈万葉集・五・七九八〉

(イ)「に」は、ふつう「知ら」＋「に」の形で現れる。例昨日今日《きのふけふ》君に逢はずてするすべのたどきを知らに（ワカラナクテ）音《ね》のみしそ泣く〈万葉集・一五・三七七七〉

【活用と接続】

基本形	未然	連用	終止	連体	已然	命令
ず	(な) ざら	(に) ず ざり	ず	ぬ ざる	ね ざれ	ざれ

接続 活用語の未然形に付く。

【補説】(1)連用形の「ず」に係助詞「は」が付いた「ずは」は、「〜ナイデ」「〜ズニ」と訳す。例験《しるし》なきものを思はずは〈モノ思イヲシナイデ〉一坏《ひとつき》の濁れる酒を飲むべくあるらし〈万葉集・三・三四一〉 また「ずは」には、「〜ナイナラバ」と仮定の表現になる用法もある。例竜《たつ》の首の玉取り得ずは〈デキナイナラ〉帰り来《く》な〈竹取物語〉 鎌倉時代以降は漢文訓読の影響で「ず(ん)ば」と読むことが一般的になる。例虎穴に入《い》らずんば虎児を得ず。この「ずは」の「は」を接続助詞「ば」と見る説もあり、この場合、「ず」は連用形ではなく未然形となる。しかし、今日では、『万葉集』などで従来「ずば」と読まれてきた例はみな「ずは」であるという説が一般的であり、「ず」の未然形は認めない方向にある。(2)連用形の「ず」に接続助詞「て」が付いた「ずて」は「〜ナイデ」の意味を表す。主として上代、また和歌のなかでの用法で、平安時代以降「ずて」は接続助詞「で」に変化する。(3)已然形の「ね」に接続助詞の「ば」が付いた「ねば」はふつう「〜ナイノデ」という意味を表すが、「〜ナイノニ」という逆接の意味を表す場合もある。例秋立ちて幾《いく》日《か》もあらねば(タタナイノニ)この寝《ね》ぬる朝けの風は手《た》本《もと》寒しも〈万葉集・八・一五五五〉 (4)連体形の「ぬ」に係助詞の「か」が付いた「ぬか」は上代には「〜デアッテホシイ」「〜デアレバヨイガナア」という願望を表すことがある。(5)「ず」の連体形「ぬ」と已然形「ね」は完了の助動詞「ぬ」(終止形)、「ね」(命令形)と紛らわしいが、打消の助動詞は未然形に付くことで区別できる。(6)係助詞「ぞ」に補助動詞「あり」が付いた「ぞあり」が変化して打消の「ず」の連用形と同形の「ざり」となることがある。未然形に接続しない点で識別できる。例照る月の流るる見れば天《あま》の川出《い》づるみなとは海にざりける(海デアッタノダヨ)〈土佐日記〉 (7)室町時代から江戸時代にかけて、抄物《しょうもの》・キリシタン資料・狂言台本などに打消の過去・完了を表す「なんだ」が見られる。例申さなんだ〈天草本家物語〉・思はなんだれども〈虎明本狂言〉(8)奈良時代東国方言に打消の継続・反復を表す「なふ」があった。例逢はなへ（逢ッテイナイ）時《しだ》も汝《な》にこそ寄され〈万葉集・一四・三四七八〉 （池上）

詠嘆の助詞《えいたんのじょし》 ⇒**間投助詞**《かんとうじょし》

詠嘆の助動詞《えいたんのじょどうし》 ⇒**過去の助動詞**《かこのじょどうし》**（「けり」）**

婉曲表現 えんきょくひょうげん

A 「…そこのところを上手におやりになって下さい、生意気なことを云うようですけれど。…」〈谷崎潤一郎・痴人の愛〉

B 皮衣を見て言はく、うるはしき皮なめり。〈竹取物語〉

【定義】判断・命令・依頼・感動など、自分の発話意図を直接的に表現せずに、間接的な言い回しでする表現。

【解説】(1)例文Aは「云いますけれど」という直接的な表現を避けて、「云うようですけれど」と間接的で遠回しな言い方をしている。またBは「皮なり」という断定的表現を避けて、「皮なめり（＝皮であるようだ）」と間接的で遠回しな言い方をしている。このようなものが婉曲表現である。(2)直接的な表現よりも発話意図が判断しづらく、ぼんやりとした表現になることが多いため、「あいまい表現」と見なされることもある。しかし、意味が幾通りにも取れる「あいまい表現」とは厳密には異なり、婉曲表現は間接的ではあるが、最終的に一つの意味が相手に想定されることを期待してなされる表現である。その用途には、相手に対する配慮から「強い言い方を避ける」「自己主張をやわらげる」「押しつけがましさを目立たなくする」「自分の判断を絶対的なものに見せない」「相手が不快なことをあたりさわりなく言う」「品の良くない言い方をぼかして言う」などがあり、各場面、各人間関係において、いろいろな効果を期待して使用される。(3)日本語には古来、婉曲表現がかなり多く見られ、表現形式としては、推量表現や比況表現、限定をやわらげる副助詞、代名詞、異名などが多用される。例「その仕事はうまくできるだろうと思います」「機嫌が悪いようですね」「人をバカにしたみたいな態度でした」「千円ぐらいならあげてもいいよ」「ご不浄／お手洗い（便所）」「これが花の咲かむ折りは来むよ（＝この花の咲くような折には帰って来ましょうよ）」〈更級日記〉「雨など降るもをかし（雨などが降るのも趣がある）」〈枕草子・一〉

【補説】直接的な表現は、明快な分だけ、しばしば相手に不快の念を起こさせることもある。そのため、人間関係に配慮する態度から広く婉曲表現が好まれて多用される傾向がある。「～できません」と言わずに「～いたしかねます」という言い方をしたり、また「あなたは～しなければなりません」と言うべきところを「あなたは～しないわけにはいかないでしょう」というようなぼかした言い方にするのも婉曲表現である。また相手への配慮ばかりでなく、逆に相手に対する皮肉などの効果を増幅する効果や、自分の判断責任を不明瞭にする効果をねらった婉曲表現もあり、特に後者は近年、語末イントネーションを上昇型にして疑問表現化する言い方に顕著である。例（あなたが一番好きな作家は？　と問われて）「ええと……夏目漱石？」

（北村）

延言　えんげん

A をみなごしめやかに語らひあゆみ〈三好達治・測量船〉

B 走りていそがはしく、ほれて忘れたること、人皆かくのごとし。〈徒然草・七五〉

【定義】もとになる語に音を付け加えて延ばすこと、また、そうして造られた語。語調を調えるためなどに用いられた。江戸時代の国学の用語では「のべごと」と言った。「延音《えんおん》」とも。

【解説】「語る」→「語らふ」、「聞く」→「聞かく」、「取る」→「取らす」、「忙しい」→「忙はしい」のような現象を説明するために考えだされた語で、もとになる語では語調が整わないようなときに、意味は変わらず、ただ音を付け加えて全体のリズムを調えるものとした。現在では、「語る」→「語らふ」は、動詞「語る」に継続の助動詞「ふ」が添加されたもの、「聞く」→「聞かく」は、いわゆる「ク語法」、「取る」→「取らす」は、動詞「取る」に上代の尊敬の助動詞「す」が添加されたもの、などというように説明する。また、「忙はし」は、「嘆く」→「嘆かはし」、「煩ふ」→「煩はし」などと同様に、「急ぐ」→「いそがはし」と派生したものと考えられる。

【補説】例文ＡＢのように、延言の例とされている「語らふ」は、あるまとまった時間続けて、深く共感しながら語り合うという、また、「いそがはし」も、第三者から見て忙しく感じられるという、特別なニュアンスで用いられているのであって、単に言葉を長くするために「う（ふ）」が付いたというだけでは説明がつかない。　⇒ク語法、継続・反復の助動詞　（小野）

縁語　えんご

Ａ　春のや先生を頼み奉り缺硯《かけすずり》に朧の月の雫を受けて…〈二葉亭四迷・浮雲〉

Ｂ　滝の音は絶えて久しくなりぬれど名こそ流れてなほ聞こえけれ〈拾遺集・雑上・四四九〉

【定義】修辞法の一つ。文中のある語に意味上、あるいは発音上関係がある語を意識的に用いて文をおもしろくする技巧。またはその語。

【解説】(1)Ａは「硯に水を入れる」ということを「春のや先生（坪内逍遥の雅号は春廼屋《はるのや》朧《おぼろ》）」に関係のある「朧の月の雫を受けて」という語句を意識的に使って文章をおもしろくしている。Ｂは「名声が今も伝わっている」ということを、「滝の音」に関係のある「流れ」「聞こえ」を意識的に使って、現在はもうない滝が今も流れ、その音が響き聞こえている、というイメージを与えるみごとな表現効果をあげている。もし、仮にこの歌が縁語を用いないで、

滝の音は絶えて久しくなりぬれど
　その名失せずて今に伝はる

であったらどうしようもない駄歌であろう。この歌にはほかにもいろいろな技巧があるが、名歌たるゆえんの中心は縁語の巧みな使い方にある。(2)縁語を見つけるには、他の実質的な表現で言えるところを、文中のある語（主題を表す語であることが多い。(1)の例参照）に関係のあるしゃれた言葉（多くは比喩的な言葉）を意識的に使っているかどうかに注目すること。したがって縁語を使っ

ている部分は多くは普通の実質的内容を表す文に言い換えることができる。逆にいうと、

山には森や峰がある

梅の花色をも香をも知る人ぞ知る

「山」「森」「峰」は関係がある語だが、実質的内容であって、しゃれて言っているのではないから縁語ではない。「梅」と「香」も関係のある語ではあるが、実質的内容であってほかに言い換えることができないから、縁語ではない。⑶縁語は言わば「たこ足型構成」であって、「鎖型構成」ではないことに注意。**B**の歌は、「滝の音→流れ→聞こえ」ではなく、中心になる語から

滝の音 ↘ 流れ
　　　 ↙ 聞こえ

のようにたこ足型に構成される。⑷縁語は、掛詞《かけことば》とともに用いられることが多い。たとえば、

からころも　着つつなれにし　つましあれば　はるばるきぬる…〈古今集・九〉

の縁語の中心は「からころも」であるが、

からころも → 褻《な》る（馴る）
　　　　　 → 褄《つま》（妻）
　　　　　 → 張る張る（遥々）
　　　　　 → 着ぬる（来ぬる）

のように掛詞とともに使われて内容を豊富にしている。

【補説】縁語は『古今和歌集』時代に発達し、『新古今和歌集』時代に多用された。多く和歌に用いられたが、散文にも使用され、また道行《みちゆき》文には中世・近世を通じて多く用いられた。（安藤）

⇒掛詞《かけことば》

遠称　えんしょう

A 昨日あすこの亭主が来て君に出てもらいたいというから…〈夏目漱石・坊っちゃん〉

B その後は遂にかしこへゆかずなりにけり。〈宇治拾遺物語・一一二〉

【定義】人《じん》代名詞の三人称、または事物代名詞を、話し手・聞き手との遠近・親疎関係によって分けたものの一つ。指される内容が双方から離れている人物・事物・方向である場合をいう。「あれ・あそこ・あちら」など。

【解説】(1)例文Aの「あすこ」は「あそこ」と同義であるが、山嵐の斡旋で坊っちゃんが住んでいる下宿屋を指しており、Bは男が通いつめている、ある女の家を指している。(2)主な遠称の代名詞を次にあげる。

口語 あれ・あいつ・あっち

そうか、彼女《あいつ》も此頃は浮かれ歩いてやがる。〈正宗白鳥・何処へ〉

文語 か・かれ・かしこ・あなた・かなた

山崎のあなたに水無瀬といふ所に…〈伊勢物語・八二〉

【補説】大槻文彦《おおつきふみひこ》『広日本文典』(一八九七)以降、もっぱら話し手との空間的距離を考えて、遠く離れた対象を指すのが遠称であるとするのが一般的であった。しかし今日では、山田孝雄《よしお》『日本文法学概論』(一九三六)や時枝誠記《もとき》『日本文法 口語篇』(一九五〇)などのように、話し手との心理的な関係の面も重視するようになっている。（池上）

⇒近称、中称、不定称

大槻文法 おおつきぶんぽう

【定義】大槻文彦《ふみひこ》(一八四七—一九二八)の文法論。国語辞書『言海《げんかい》』を著作する過程で日本語文法を体系化し、後にその成果は『広日本文典』『同別記』に結実された。

【解説】我が国初の近代国語辞書『言海』を編纂する過程で、見出し語の品詞を表示する必要性などから、大槻は改めて西欧文法などのような体系化された文法を構築する必要を痛感し、その巻頭に「語法指南(日本文法摘録)」を掲げ、品詞分類や活用語の活用表、語と語との連続法などを整理した。その後、『広日本文典』『同・別記』(一八九七)において、それまでの国学派による伝統文法と西洋文法とを巧みに折衷させた文法の体系化に成功し、ここに我が国における近代的文法(特に学校文法)の基礎がきずかれた。

【補説】大槻文法の特色は、第一に、日本語の単語を「名詞、動詞、形容詞、助動詞、副詞、接続詞、弖爾乎《てにを》波《は》、感動詞」の八つの品詞に分類したことである。これは西洋文法を範としながらも形容詞が西洋のadjective

とは同等ではないことに注意を払うなど、日本語の実情に即したものになるよう分類している点が注目される。第二には、日本語の文における各語の、その職能と品詞性との関係を質《ただ》したことである。特に「〜れる・〜せる・〜たい」などの助動詞が動詞から独立した一単語であるとしながらも、文中にあっては両者が融合して述語となること、そして述語をモダリティ（法）・テンス（時制）などの観点から組織的に論述しようとしている点などに特色が見られる。第三には、西洋文法と日本語文法との相違点に注意を払い、日本語ならではの語法の特質を際立たせたことである。特に述語部の階層性の問題、なかでも活用をめぐる見解や、それに基づく活用表の整理、また、それまで、助詞という言葉でひとくくりにされてきた動詞接辞に助動詞という品詞性を認めて独立性を持たせた点などは、今日の学校文法にほぼそのまま踏襲されている。（北村）

送り仮名 おくりがな

【定義】漢字・仮名交じり文を書くとき、訓読漢字の読まれ方を誤りなく示すために、その漢字の後に仮名を添えること、また、その仮名。

【解説】漢字の後に送り仮名を添えることを「仮名を送る」ともいう。漢字仮名交じり文でこの送り仮名は必須のものであり、用言は「歩く」「明るい」「静かだ」のように漢字と仮名を組み合わせて書く場合の表記を示すことになる。また、「生物」を「いきもの」と読ませたいときは、「生き物」のように送り仮名を用いないと「せいぶつ」と読まれるおそれがある。「食い物」「心配り」「帰り路」なども同様である。送り仮名の付け方は、品詞別に見ると次のようになる。

①動詞は原則として活用語尾を送る。ただし「合わせる」「生まれる」などは「合う」「生む」などと整合性を保つため「合せる」「生れる」としない。

②形容詞は原則として活用語尾を送る。ただし文語のシク活用の語は「美しい」「新しい」などのように「し」から送る。

③形容動詞は原則として活用語尾から送る。ただし「かだ」「やかだ」「らかだ」で終わるものは「静か

だ」「軽やかだ」「清らかだ」のようにそれぞれその部分から送る。

④副詞・接続詞は原則として最後の一音節を送る。ただし誤読しやすいものは「新たに」「直ちに」などのようにもう一つ前の音節から送る。

⑤名詞は原則として送らない。ただし活用語から転じた名詞には「働き」「苦しみ」「近く」などのように送る。

【補説】 漢字仮名交じり表現であっても、「形ばかり」「私だけ」「皆さん」「私たち」「辛さ」などの仮名部分は助詞や接尾語であるから、送り仮名ではない。送り仮名法は、昭和四八年六月一八日の内閣告示第二号「送り仮名の付け方」として提示されたが、その後、昭和五六年一〇月一日内閣告示第三号（常用漢字表の告示に伴う）によって一部改正された。原則とともに例外と許容（慣用）も示されたが、その方法はかなり許容が多く多岐にわたるものになっている。（北村）

音便 おんびん

A 一人の下人《げにん》が、羅生門の下で雨やみを待っていた。〈芥川龍之介・羅生門〉

B 正月《むつき》一日《ついたち》は、まいて空のけしきもうらうらと、めづらしうかすみこめたるに〈枕草子・三〉

【定義】 四（五）段・ナ変・ラ変活用動詞連用形の活用語尾が「て」「た」「たり」などに続く際、「イ」、「ウ」、「ッ」（促音《そくおん》）、「ン」（撥音《はつおん》）に変化する現象。および、形容詞連用形の活用語尾「く」「しく」が「ウ」「シウ」に変化し、連体形の活用語尾「し」「しき」が「イ」「シイ」に変化し、連体形「かる」「しかる」が「カン」「シカン」に変化する現象。

【解説】 例文**AB**の四（五）段動詞「待つ」「増す」が助詞「て」に付いた際、「まちて **matite**」が「まって **matte**」となるのは活用語尾 ti 全体が促音に変化するからであり、「まして **masite**」が「まいて **maite**」となるのは活用語尾 si の子音が脱落するからである。例文**B**の「めづらしう」の場合は、「めづらしく **medurasiku**」

が「めづらしう **medurasiu**」と、活用語尾 **ku** の子音が脱落している。このように、音節の発音が簡易化された現象を音便という。「音便」という名称は、元来は、発音の便宜となるような臨時的発音のことをいっていた。イ音便、ウ音便、促音便《そくおんびん》、撥音便《はつおんびん》の四種類がある。

【補説】(1)現代の口語では、五段動詞の行により、カ・ガ行はイ音便（吹いて・漕いで）、タ・ラ・ワア行は促音便（打って・去って・言って）、ナ・バ・マ行は撥音便（死んで・飛んで・富んで）の別がある。サ行のみ音便を生じない（押して）。また、「行って」はカ行五段動詞にもかかわらず促音便となる。(2)文語でも「いみじとおぼいたる〈源氏物語・須磨〉」（サ行四段「おぼしたる」のイ音便）、「忍うでおはしけるが〈平家物語・九・木曽最期〉」（「シノーデ」と読む。ハ行四段「忍びて」のウ音便）などのように、口語では見られない音便が見られることもある。これらは、文語文法のなかでは、特別な音韻現象と見なして、活用表には繰り入れられないことになっている。(3)音便は、平安時代後半から、イ・ウ音便が先行するかたちで生じ、ついで、撥音便・促音便が生じた。(4)文法上の現象以外にも、たとえば、例文**B**にある「一日（ついたち）」が「月立ち（つきたち）」から変化したようなものも音便に含めて考えられる。

⇒イ音便、ウ音便、促音便、撥音便　（小野）

か

回想の助動詞《かいそうのじょどうし》 ⇒**過去の助動詞**《かこのじょどうし》

概念語《がいねんご》

> A 貫一の眼はその全身の力を聚《あつ》めて、思悩める宮が顔を鋭く打目戍《まも》れり。五歩行き、七歩行き、十歩を行けども、彼の答はあらざりき。〈尾崎紅葉・金色夜叉〉

【定義】山田孝雄《よしお》の品詞分類における用語。文の主語となりうる単語。陳述語の対。

【解説】⑴例文Aにおける傍線部が概念語。学校文法でいう体言（名詞）である。⑵山田文法での概念語の下位分類は、次の通り。

(ア)実質体言―名詞　「貫一」「眼」「前身」「力」「宮」「顔」「答」

(イ)形式体言　①主観的形式体言―代名詞　「彼」

②客観的形式体言―数詞　「五歩」「七歩」「十歩」

（小野）

⇒陳述語

外来語《がいらいご》

【定義】外国語から取り入れられ、日本語として使われるようになった単語。洋語とも。

【解説】⑴もとは外国語だったものが自国語の体系の中に取り入れられて使われるようになった語。ただし、近世までに中国から入った、いわゆる漢語は外来語としないのが普通である。この意味で、外来語は近世以降に日本語に加わった外国語起源の語で、中国語を除いたもの、といえよう。中国語も近代以降に入った「麻雀《マージャン》」「餃子《ギョーザ》」などは外来語とする。⑵日本語に入った外来語は、外国との交流を反映して、近世初期には「キリシタン」「デウス」などの宗教用語や「ビロード」などの輸入品用語がポルトガル語から入り、近世中期には「ガラス」「ブリキ」などのオランダ語、近世後期からは、「ペン」「リーダー」などの英語の流入が圧倒的に多くなる。近代以降は専門分野との関係が強くなり、フランス語からは美術・服飾用語、ドイツ語からは医学・思想用語や登山用語、ロシア語からは労働運動関係の語、イタリア語からは音楽用語の取り入れが多い。欧米からのものが圧倒的に多いので「洋語」、また片仮名で書くことが多いので俗に「カタカナ語」とも呼ばれる。⑶外来語の大部分は名詞として用いられるが、「ダブる」（「ダブル」の動詞化）、「スポーツする」「シックだ」「サボる」（フランス語「サボタージュ」の略語の動詞化）のように日本語の語尾やサ変動詞を付けて動詞や形容動詞として用いられるものもある。⑷「アンチ帝国主義」「ポスト構造主義」「マルチ商法」などの接頭辞や、「コードレス」「やくざチック」などの接尾辞に使われることもある。⑸外国にはない和製英語（「ダンプカー」「ナイター」など）や、和語や漢語と外来語を混合させた「胃カメラ」「ベニヤ板」などの語も今後多くなっていくと思われる。

【補説】⑴外来語（漢語は含まない）が現代の日本語の語彙に占める比率は十パーセント程度といわれ、使用率では五パーセント以下という報告もあるが、今後その比率は高まっていくと予想される。⑵外来語が日本語として受け入れられる際に、本来多義語であるものの一部の意味だけで使われる傾向（例「サークル」が「同好会」の意味だけに用いられる）も見られる。また、日本語化する際に、原語の文法的要素が省略されることがある。たとえば、(ア) sunglasses→サングラスは、複数を表す“-es”が、(イ) on the air→オン・エアは冠詞“the”が、(ウ) smoked salmon→スモークサーモンは“smoked”の“-ed”がそれぞれ省略されている。⑶アイヌ語（例アッシ・コタン）・朝鮮語（例チョゴリ）・梵語（例舎利《しゃり》・卒塔《そと》婆《ば》）などは、数が少なく、外来語という意義がほとんどなくなっているものもあり、どう扱うかは説が定まっていない。（秋元）

係助詞　かかりじょし

A　我輩は猫である。〈夏目漱石・我輩は猫である〉
B　名をば、さかきの造となむ言ひける。〈竹取物語〉

【定義】助詞の一つ。文中や文末に用いられて、文の内容にある意味を添え、文末に一定の言い方を要求する。口語文法では副助詞の中に含めるのが普通。「係《けい》助詞」

とも。係助詞を副助詞から独立させる場合はふつう次の語とする。

口語 は・も・さえ・でも・しか・こそ

文語 は・も・こそ・ぞ・なむ（なん）・や（やは）・か（かは）

【解説】⑴体言、活用語の連用形・連体形・已然形、助詞などに付く。⑵係助詞のうち、「ぞ」「なむ」「や」「か」「こそ」には、文語文中において、文末の活用語に特定の活用形を要求する「係り結び」の現象が見られる。広義には、「は」「も」が言い切りを要求することも「係り結び」の現象とする。係助詞各語の説明は、副助詞の項および巻末の口語・文語対照助詞一覧表を参照されたい。

【補説】⑴「係助詞」は山田孝雄《よしお》の命名による。係助詞と副助詞は、用言にかかるという点で共通の性質を持つが、山田は副助詞が用言の意義を修飾し、係助詞が用言の陳述の方法に勢力を及ぼす点に違いがあるとして区別した。学説により、分類には多少の出入りがある。⑵時枝誠記《もとき》は、係助詞・副助詞に分類されるものをまとめて、「限定を表す助詞」とした。

⇒副助詞、口語・文語対照助詞一覧表　（堀崎）

係り結び　かかりむすび

B ①よろづのことも、始め終はりこそをかしけれ。〈徒然草・一三七〉

②いづ方へかまかりぬる。〈源氏物語・若紫〉

【定義】狭義には、文語文の文中に係助詞「ぞ」「なむ」「や」「か」「こそ」が用いられた場合、文末の活用語に特定の活用形を用いて、文を終止する決まりのこと。

【解説】⑴平安時代に最も発達した法則で、広義には、文中に係助詞「は」「も」が用いられた場合、文末に言い切りを要求することも含めて「係り結び」という。この場合、文を終止形で結ぶため、特別の活用形で終止することにはならないが、文の言い切りを要求するということに強い呼応関係を認め、係り結びとする。⑵係助詞と文末の活用語の呼応関係、および表す意味は次の通りである。

意味	係助詞（係り）	文末の活用語の活用形（結び）
強意	ぞ なむ	連体形
疑問	や（やは）	連体形
反語	か（かは）	連体形
強意	こそ	已然形

例人はいさ心も知らずふるさとは花ぞ昔の香ににほひける〈古今集・一〉

名をば、さかきの造《みやつこ》となむ言ひける。〈竹取物語〉

いとあやしきさまを、人や見つらむ。〈源氏物語・若紫〉

この君よりほかにまさるべき人やはある。〈源氏物語・少女〉

みにくき姿を待ちえて何かはせん。〈徒然草・七〉

(3)係助詞を受ける文末の結びが省略される場合がある。これを「結びの省略」という。

例すべて都のうち、三分が一に及べりとぞ。〈方丈記〉

「馬のはなれたるにこそ」と仰せられけり。〈古今著聞集・一三〉

これらは、「及べりとぞ（いふ）」「はなれたるにこそ（ありけれ）」と、（ ）内の語句が省略されたものと考えられる。(4)係助詞を受ける語があっても、文が終止せず、下に続く場合がある。これを「結びの消滅」あるいは「結びの流れ」という。

例地蔵の歩かせ給ふ道は、我こそ知りたれば、いざ給へ、あはせ参らせん。〈宇治拾遺物語・一〉

たとひ耳鼻こそ切れ失すとも、命ばかりはなどか生きざらむ。〈徒然草・五三〉

(5)「こそ…已然形」が文中にあって小中止したうえで文が続く場合、逆接の意で続いていくことが多い。

例春の夜の闇はあやなし梅の花色こそ見えね（色ハ見エナイケレド）香やは隠るる〈古今集・一〉

品、形こそ生れつきたらめ（生マレツキデアロウガ）、心はなどか、賢きより賢きにも移さば移らざらん。〈徒然草・一〉

(6)「は」「も」が、主に文末の言い切りにかかわる性質は現代語でも変わりない。特に「は」は、「×先生は書いた本」（「○先生が書いた本」）のように、連体修飾節におさまらず、「○先生は書いた本を見せてくれた」や、「○先生は書いた本を見せてくれ、サインもくれた」のように、言い切りの述語にかかるという性質を保っている。

【補説】(1)平安中期以降、係り結びが次第に形式化して、結びの省略や結び流れが多く生じるようになるとともに、文末の活用語の連体形と終止形が同じ形になるという現象もおこって、狭義の係り結びは、次第に衰退し、消滅した。係り結びの決まりによって、文節の切れ目に置かれ、文末との呼応によって疑問文を作っていた「や」「か」は、係り結びの崩壊とともに、文末に置かれ、疑問の内容を一括して表すようになっていった。(2)係り結びを体系的に扱ったのは、江戸時代の本居宣長『てにをは紐鏡《ひもかがみ》』（一七七一）、『詞《ことば》の玉緒《たまのお》』（一七八五）、富士谷成《なり》章《あきら》『脚結抄《あゆひしょう》』（一七七八）などが始まりといえる。これらは、「は」「も」が言い切りにかかることを係り結びであるととらえている。

⇒係助詞、副助詞　（堀崎）

書き言葉　かきことば

【定義】書くことと読むことで成り立つ言葉。文字を媒材とする言葉。

【解説】話すことと聞くこととで成り立つ言葉を「話し言葉」というのに対して、いう。文字言語。書記言語。「口語」を話し言葉の意味に用いるとき、「文語」とも。近代では肉筆で書くだけでなく、諸種の印刷物はもちろん、電送文字、字幕、パソコンのメールの字面、携帯電話の絵文字入りの字面に至るまで、書き言葉はさまざまの形態を示すようになり、空間の制約を越えて、伝達の働きをし、人間の文明を発展させる力となった。ことに近代社会では、それぞれの言語の違いこそあれ、それぞれの公用文、新聞雑誌、書籍によって、言語活動の重要な一面を示している。「書き言葉」は実音声を持たず（潜在的な音声は持っているが）、アクセント・イントネーション・プロミネンス等も、特別の工夫をしない限り持っていないし、また原則として身振り・表情の助けを借りることもないが、視覚によるために、文字使用によって同音語の意味の違いを明示でき（漢字の使い分け、仮名遣いの使い分け、欧文等では綴字法）、文字の大小による工夫や、句読点等の補助記号などによって、十分、伝達の役目を果たしている。話し言葉と比べて、①文が比較的長い、②文中の語句配列は通常である、③同じ文や同じ言葉の繰り返しは少ない、④言いさしで文を終わることは少ない、などの特徴があるといわれる。

【補説】「話し言葉」が自然習慣的なものであり、生活語として多かれ少なかれ方言的要素を持っているのに対して、「書き言葉」は概《おおむ》ね学校教育において、文字の習得と並行して習得され、多分に共通語的である。文語文法は平安中期の書き言葉をもとにして整理したものであり、いわゆる口語文法とは明治中期以降の話し言葉をもとにして整理したものである、といってよい。（林）

⇒話し言葉

カ行変格活用　かぎょうへんかくかつよう

A 春よ来い。早く来い。〈小学唱歌集〉

B その児《ちご》こち率《ゐ》て来《こ》。〈大和物語・一六九〉

【定義】動詞の活用の型の一つ。五（四）段活用などのように規則的に活用せず、変則的な活用をするカ行動詞であるところからこう呼ぶ。「カ変」とも。

【解説】口語では「来る」、文語では「来《く》」だけ。次のように活用する。

	基本形	語幹	未然	連用	終止	連体	仮定 已然	命令
口語	来る	○	こ	き	くる	くる	くれ	こい
文語	来《く》	○	こ	き	く	くる	くれ	こ(よ)

語幹・語尾の区別がなく、五十音図カ行のイ段・ウ段・オ段の三段にわたって活用し、一部に「る」「れ」を伴う。古語では、「装束《さうぞく》して来《こ》よ」（蜻蛉日記・中）のように命令形に「よ」を伴うこともある。

【補説】文語の場合、サ変とともに五十音図の三段にわたって活用することから、三段活用とも呼ばれる。（堀崎）

⇒三段活用

格助詞 かくじょし

A 笛を吹き、羊と遊んで暮らして来た。〈太宰治・走れメロス〉

B 雀の子を犬君が逃がしつる。〈源氏物語・若紫〉

格助詞は、ふつう次の語とする。

口語 が・の・を・に・へ・と・より・から・で・まで・や

文語 が・の・を・に・へ・と・より・から・にて・して（奈良時代 よ・ゆ・ゆり・つ）

【定義】 助詞の一つ。体言や、活用語の連体形など体言に準ずる語について、その文節と後の文節とが、どのような関係にあるかを示す助詞をいう。

【解説】 (1)例文Aで、「笛」という名詞が「吹き」という動詞に対して、どのような関係で結びついているかを示すのは、助詞「を」である。この場合、「を」によって「笛」は「吹く」という動作の対象であることが示されている。同様に、「羊」と「遊ぶ」は、「と」によって、共同の動作をする相手であることが示されている。例文Bの「の・を・が」についても同様である。文節と文節との関係を「格」といい、「格」を表す助詞であるところから格助詞と呼ぶ。(2)格助詞には、他の助詞と重ねて用いられるとき、次のような性質がある。

(ア)係助詞と重ねて用いられるときは、係助詞が後にくる。(例 先生にも電話した)

(イ)格助詞どうしは重ねて用いられることがないのが普通だが、「の」「から」「と」は、他の格助詞と重ねて用いられることがある。(例 先生からの手紙／着いてからが心配だ／上と下とに別れる)

(3)格助詞の各語の用法・用例については巻末の「口語・文語対照助詞一覧表」を参照のこと。

【補説】 (1)「格助詞」の名称は、山田孝雄《よしお》による。(2)学説により格助詞に分類される助詞には出入りがある。たとえば橋本進吉は、「の」「が」「から」「に」などについては、その働きに従い、準体助詞・準副体助詞・並立助詞として、格助詞から別の分類とする。

【各語の注意点】

が・に・を 口語 文語 ①文語では格助詞と接続助詞の両

方にある。口語では「が」が格助詞・接続助詞・終助詞にある。識別は、(ア)口語では格助詞は体言と準体助詞「の」に付き、接続助詞は活用する語に付く〔例〕格助詞「桜が咲く／そうするのがよい」、接続助詞「暑いがさわやかだ」)。(イ)文語では格助詞も活用する語の連体形（準体言）に付く〔例〕「花の咲くが〈咲クノガ〉嬉し」「月の明かきに〈明ルイ時ニ〉渡る」「花の咲くを〈咲クノヲ〉見る」)。これは文語では連体形が体言と同じに扱われる場合があるからである。連体形の後に「こと」「とき」「の」を補って、主格・目的格・修飾格などの格を示す語になるのが準体言である。②文語では、「に」は接続助詞のほかに、(ア)完了の助動詞「ぬ」の連用形、(イ)断定の助動詞「なり」の連用形、(ウ)ナリ活用形容動詞の連用形活用語尾、(エ)副詞の一部、がある。このうち、連用形に接続するのは(ア)だけである〔例〕かの枝散りにけり)。(イ)は体言、活用語の連体形に付き、下に「あり」「はべり」などが続く〔例〕花咲くにあらず)。(ウ)〔例〕山吹の清げに、藤のおぼつかなきさましたる）と(エ)〔例〕その事すでに終はりたり）は、「に」の上の部分と併せて一語になるが、(エ)には活用がない。(ウ)は「…なり」とすることができ、「いと」などの程度の副詞を付けることができることによって見分けられる。

の　口語　文語　①ほかに、並立助詞、終助詞にある。「の」は非常に多様な用法を持つ助詞であるが、このうち「もっと赤いのがいい」「四条大納言の〈ノモノ〉はめでたく」のように下の体言を省略したり、上の句を体言化する働きをする「の」を、準体助詞として分類することがある。並立助詞とするのは〔例〕「あれだのこれだの」「茶をくれの湯をくれのと飲みたがるところを見ると」)、列挙をする場合で、終助詞とするのは〔例〕「私は茶色の鞄がすきなの」「おぎんさん、ひさしいの」）文末に用いられる場合である。②奈良時代には「つ」が「の」と同様の用法で用いられた〔例〕沖つ櫂〈沖ノ櫂〉いたくな撥ねそ)。

へ　口語　文語　文語では「に」と「へ」がかなり正確に使い分けられ、方向・方角を示すのは「へ」〔例〕山へまかり登りにけり)、帰着・相手には「に」〔例〕京に立ち入りてうれし）が用いられた。

と〔口語〕〔文語〕 ①並列を示す場合（例「靴とバッグとを買った」「たとしへなきもの、夏と冬と、夜と昼と」）を、並列助詞ということがある。②文語の「と」には、ほかに(ア)断定の助動詞「たり」の連用形、(イ)タリ活用形容動詞の連用形活用語尾、(ウ)副詞の一部がある。(ア)は体言に接続し、「して」に続くことが多い（例重盛、長子として）。(イ)は漢語を語幹とし（例雨朦朧として鳥海の山かくる）、(ウ)は活用がなく、「と」を除いても意味が通じる（例賀茂川のほどにて、ほのぼのと明く）。

から〔口語〕〔文語〕 接続助詞にも「から」がある。格助詞は体言または「体言＋助詞」の形で全体が体言相当のものに付き（例「東京から電車に乗る」「野菜などから焼き始める」）、接続助詞は用言や助動詞の終止形に付く（例「安くておいしいからまた来よう」「すぐ治るだろうから心配しないでください」）。

より〔口語〕〔文語〕 奈良時代には、「よ」「ゆ」「ゆり」が「より」と同じように用いられた（例田子の浦ゆうちいでて見れば）。

にて〔文語〕・**で**〔口語〕 ①文語の「にて」は、ほかに(ア)ナリ活用形容動詞連用形の活用語尾＋接続助詞「て」と、(イ)断定の助動詞「なり」の連用形＋接続助詞「て」の場合がある。(ア)は「に」の上の部分と併せて一語になり、「…なり」となる（例いはけなくをかしげにておはす）。(イ)は、体言と活用語の連体形に接続し、「であって」の意味になる（例月の都の人にて父母あり）。格助詞の「にて」も体言と活用語の連体形に接続するが、「で」「ために」の意味になるところから見分ける（例竹の中におはするにて知りぬ）。

や〔口語〕 列挙・並列を示す（例果物や野菜や生鮮食品が安い）。これを並列助詞とする場合もある。

して〔文語〕 ①接続助詞「して」がある。格助詞は体言に付き（例「二人して行きけり」）、接続助詞は形容詞・形容動詞・打消の助動詞「ず」に付く（例「波荒くして」「静かにして」「行かずして」）。②連語（動詞の語尾＋接続助詞）の場合がある（例「学問して帰る」）。

⇒準体助詞

（堀崎）

掛詞（懸詞） かけことば

A 花がきれいにさいたま県。
B たれを松虫ここら鳴くらん〈古今集・四〉

【定義】 修辞法の一つ。同音であることを利用して一つの語（またはその一部）に二つの意を持たせて文の内容を豊かにする技巧。またその語。

【解説】 (1)多くは第一の意で上の語を受け、第二の意で下の語に続ける。**A**は第一の意で上を「花がきれいに咲いた」と受け、第二の意で下に「さいたま（埼玉）県」と続く。このことによって「花がきれいに咲いた埼玉県」となる。**B**は第一の意で上を「たれを待つ」と受け、第二の意で下に「松虫」と続き、「だれを待っているのか、松虫が…」という意味になって文の内容が豊かになる。(2)主として和歌に用いられ、短い和歌の内容をふくらませるのに大いに役立った。秀歌と呼ばれる優れた歌は、掛詞・縁語を巧みに使ったものが多い。後には道行《みちゆき》文・謡曲・浄瑠璃などに多用され、現代でも「恐れ入りや（入谷）の鬼子母神《きしもじん》」などと、しゃれ・地口《じぐち》などに使われている。(3)同音異義の語がすべて掛詞になるのではない。二つの意味のそれぞれが文中で働いていなければならない。たとえば、

①人松虫の声すなり〈古今集・四〉
②高砂の松も昔の友ならなくに〈古今集・一七〉

①は「人を待つ松虫」と、「まつ」が二つの意味に働いているから掛詞、②の「松」は一つの意味しかないから掛詞ではない。

【補説】 (1)掛詞は平安時代初期（六歌仙の時代）のころから好んで用いられ、『古今和歌集』で多用された。(2)歌学では「秀句《すく》」「言いかけ」「縁の字」ともいう。 （安藤）

⇒縁語

過去・完了の助動詞 かこ・かんりょうのじょどうし ⇒過去の助動詞 かこのじ、よどうし

完了の助動詞 かんりょうのじょどうし

過去の助動詞 かこのじょどうし

A 自分を誰かと取違えているに違いないと思った。〈井上靖・満月〉
B その人、ほどなく失せにけりと聞き侍りし。

〈徒然草・三二〉

【定義】主として、出来事が生じたり、状態が存在したのが現時点よりも前であることを示す助動詞。回想の助動詞とも。過去の助動詞は次の各語である。

口語 た

文語 き・けり

【解説】⑴例文**A**は、「思う」という動作が、「た」を用いることで現時点より以前のことであることを示す。例文**B**は「死んだ」「聞きました」と、出来事や動作が現時点よりも前に起こったことを示している。⑵過去の助動詞といっても、過ぎ去ったことを単に過去の事実として述べるのではなく、常に現在とのつながりのうえでとらえている。つまり、過去の出来事が、現在の記憶や経験として存在しているといったとらえ方をするわけで、そのため回想の助動詞とも呼ばれる。⑶文語の過去の助動詞「き」「けり」、完了の助動詞「ぬ」「つ」「たり」「り」のすべてが、口語では「た」一語に集約された。したがって「た」は過去と完了の両意を表すので、この項で各語を一括説明する。

(1)た（口語）

①過去にあった、経験したことを表す。

例 はえについて大発見をした。〈尾崎一雄・虫のいろいろ〉

②動作・作用が完了し、確実になったことを表す。

例 おぼしめしはよくわかりました。〈山本周五郎・糸車〉

③動作・状態が継続していることを表す。「存続」ともいう。連体形であることが多い（テアル・テイル）。

例 切り張りをした障子、古びたふすま…〈山本周五郎・糸車〉

④ものごとの確認を示す。

例 国境の長いトンネルを抜けると、雪国であった。〈川端康成・雪国〉

次の会議は何日でしたか。

⑤（終止形で）軽い命令を示す。

例 さあ食った、食った。〈食べロ、食べロ〉

【補説】「た」は文語の完了の助動詞「たり」が「たる」→「た」となったもの。鎌倉時代すでに東国で使われていたが、室町時代には中央で用いられるようになり、江戸時代には完了・過去・確認・存続などの意で広く用いられた。

【活用と接続】

基本形	未然	連用	終止	連体	仮定	命令
た	たろ	○	た	た	（たら）	○

接続 ①動詞・形容詞・形容動詞、および助動詞の連用形に付く。②ガ・ナ・バ・マ行の五段動詞には音便形に付き、「だ」となる（例急いだ・遊んだ）。

(2) き（文語）

過去。直接自分が経験した過去を回想して述べる気持ちを表す。このため「経験過去」、「直接経験の回想」ともいう。[…タ]

例五月五日、賀茂のくらべ馬を見侍りしに（見マシタガ）…〈徒然草・四一〉

【解説】(1)「見侍りし」の「し」は賀茂の競馬を筆者兼好が直接見たことを回想して表している。冒頭の例文B「失せにけりと聞き侍りし」では、聞いたのは兼好自身だから「聞き侍りし」と経験過去の「し」が用いられているが、その人が死んだことを兼好は直接経験していないのだから、「失せにけり〈死ンダソウダ〉」では伝聞の過去の「けり」を用いている（「けり」参照）。(2)未然形「せ」は「世の中に絶えて桜のなかりせば春のこころはのどけからまし」〈古今集・一〉のように「〜せば〜まし」の形で実際には起こらないことを仮定していう（反実仮想）場合だけに使われる。ただし、この「せ」はサ行変格活用動詞の「す」の未然形だとする説もある。

【補説】同形語として願望の終助詞「てしか」（例鳥になりてしか）、副詞（例都のたつみしかぞ住む）があるから注意。

【活用と接続】

基本形	未然	連用	終止	連体	已然	命令
き	（せ）	○	き	し	しか	○

接続 活用する語の連用形に付くが、カ変・サ変の動詞には次のような特別な付き方をする。

	未然形	連用形
カ変	来《こ》：き×　し○　しか○	来《き》：き×　し○　しか○
サ変	せ：き×　し○　しか○	し：き○　し×　しか×

(3) けり（文語）

①過去。過去の出来事を間接的に人から聞いたこととして回想して述べる場合が多いので、伝聞過去・間接経験の回想などとも呼ばれる。［…タソウダ・…タトイウコトダ］

例 今は昔、竹取の翁《おきな》といふ者ありけり（イタトウコトダ）〈竹取物語〉

②気づいて詠嘆する。今までずっとそうであった事実に始めて気づき、意外だという心情をもって詠嘆する。「…なりけり」の形になることが多い。「気づきのけり」ともいう。［…タナア。タノダッタヨ］

例 今宵は十五夜なりけり。（十五夜ダッタノダナア）〈源氏物語・須磨〉

③単なる過去。平安末期より単なる過去にも用いられた。［…タ。］

例 「大納言典侍《だいなごんのすけ》」と申しもあへず泣きけり。（泣イタ）〈平家物語・灌頂巻〉

④単なる詠嘆。鎌倉時代以降に用いられた。［…タナア。…コトヨ］

例 涼風《すずかぜ》の曲りくねって来たりけり［吹イテキタコトヨ］〈一茶・七番日記〉

【解説】(1)「けり」①の例のように、自分の直接の体験ではなく、聞き知ったことを述べる場合が多いので、伝聞過去・間接経験の回想などと呼ばれる。これに対し「き」は自分で直接経験した過去を表すことが多いので経験過去・直接経験の回想などと呼ばれる。②の「けり」は、ある事柄が以前から存在していたことに今はじめて気づいたときの驚き・詠嘆を表すもので、平安時代の和文に多用され、特に和歌によく用いられた。時代が下ると、原義が失われて、単なる過去・詠嘆に用いられるようになる。江戸時代には④の例のように単なる詠嘆の意に用いられることも多かったので「詠嘆の助動詞」ともいわれた。**(2)**未然形の「けら」は、上代だけに見られ、「けら＋ず（打消の助動詞）」「けら＋く（ク語法）」の形で用いられた。「けらく」は「〜たことには」と訳す。**例**神代より言ひ伝《つ》てけらく（言い伝えて来たことには）〈万葉集・八九四〉**(3)**「けり」は『平家物語』などの軍記物では「てんげり」の形で用いられた。これは、完了の助動詞「つ」の連用形「て」に「けり」が付いた「てけり」の間に「ん」が入りこんで強調した表現である。

【補説】(1)「けり」はカ変動詞「来《く》」の連用形「き」にラ変動詞「あり」が付いた「きあり」が転じたもの。奈良時代から近代の擬古文・和歌にまで用いられてきた。**(2)**「けりがつく（結着がつく）」の「けり」は過去の助動詞「けり」が文末に用いられることが多かったことから出た慣用句。また「今日は十五夜だったっけ」の「っけ」は、気づきの「けり」から生まれた終助詞である。

【活用と接続】

基本形	未然	連用	終止	連体	已然	命令
けり	（けら）	○	けり	ける	けれ	○

接続 活用する語の連用形に付く。

⇒完了の助動詞　（秋元）

学校文法 がっこうぶんぽう

【定義】学校教育で行われる日本文法。「教科文法」ともいう。小学校・中学校および高等学校において、国語科の一部として取り扱われる文法。小学校・中学校では「ことばのきまり」のような名称を用いることがある。小学校では体系的な文法書・文典の形態はとらないのが普通であるが、中学校では口語の文法として現代語中心の文法を説き、高等学校では文語の文法として古典語の文法を説くのが普通である。

【解説】「いろんな考え方もあろうが、学校文法では、こうなっている」という言い方があるが、「学校文法」

の正体はかなり曖昧なものである。明治以来、数十種の中等教育用の教科文典が出版された。前期は文語文法であり、昭和期に入って口語文法も取り上げられ、大体の体系は相似たものとなっていったが、定本・学校文法というものはなかった。戦争末期に『中等文法一』（口語篇）、『中等文法二』（文語篇）が国定教科書として文部省から出た。戦後、国定教科書は廃して、検定教科書時代になるが、右の二冊は用例を入れ替えるなどして『中等文法・口語』『中等文法・文語』（一九四七、文部省）として刊行された。これは橋本進吉の文法論を基礎にして、形式を整え、わかりやすく記述されている点で学校文法の中心的位置を占め、各教科書の文法事項記述のよりどころとなった。一九六〇年以降、中学校・高校において文法の単一の教科書が消え、文法の時間を特設することがほとんどなくなった。現行の学習指導要領では、文法は「言語事項」の中に位置し、教材の読解に沿って中学校では口語文法、高校では文語文法を指導することになっている。

（林）

活用《かつよう》

A 村落の目は…勘次の上に注がれねばならなかった。〈長塚節・土〉

B 女御・更衣あまたさぶらひ給ひけるなかに、いと、やむごとなき際にはあらぬが、すぐれて時めき給ふありけり。〈源氏物語・桐壺〉

【定義】 活用語（動詞・形容詞・形容動詞・助動詞）が、文を言い切る際や、後続の語に続いていく際に、規則的に単語の形を変化させること。

【解説】 (1)例文**AB**の傍線部が活用した形。「注ぐ」→「注が」、「れる」→「れ」、「ず」→「ね」、「なる」→「なら」、「ない」→「なかっ」、「た」→「た」（以上、例文**A**）、「さぶらふ」→「さぶらひ」、「給ふ」→「給ひ」、「けり」→「ける」、「やむごとなし」→「やむごとなき」、「なり」→「に」、「あり」→「あら」、「ず」→「ぬ」、「時めく」→「時めき」、「給ふ」→「給ふ」、「あり」→「あり」、「けり」→「けり」（以上、例文**B**）のように単語の形を変化させている。また、このように活用して後の語に続くことにより、断定・否定・命令・希望など、動詞・形容詞・形容動詞一語では表し切れないような、複雑な表現をつくりあげている。用言の変化する部分を語尾、変化しない部分を語幹と呼ぶ。⑵活用形の種類として、学校文法では、口語は、「未然形・連用形・終止形・連体形・仮定形・命令形」、文語は、「未然形・連用形・終止形・連体形・已然形・命令形」と、それぞれ六種類の活用形を認める。これは、文語のナ行変格活用が、「死な・死に・死ぬ・死ぬる・死ぬれ・死ね」と、最多の六種類の活用語尾を持つことに合わせたものである。⑶動詞の活用の型として、学校文法では、口語は、「五段活用・上一段活用・下一段活用・カ行変格活用・サ行変格活用」の五種類を認め、文語では、「四段活用・上一段活用・上二段活用・下一段活用・下二段活用・カ行変格活用・サ行変格活用・ナ行変格活用・ラ行変格活用」の九種類を認める。⑷形容詞の活用の型として、学校文法では、口語は一種類、文語は「ク活用・シク活用」の二種類を認める。これは、連用形が「白し」→「白く」、「悲し」→「悲しく」と異なる活用語尾をとることによる。口語では、「白い」→「白く」、「悲しい」→「悲しく」という活用の認定が行われるため、「ク活用・シク活用」の別をたてる必要がない。⑸形容動詞の活用の型として、学校文法では、口語は一種類、文語は「ナリ活用・タリ活用」の二種類を認める。

【補説】 ⑴動詞の活用を整理する際には、学校文法のような活用表を作る方式とは別に、ローマ字による活用表を作る方式がある。ローマ字で活用表を作ると、語幹と語尾の認定も変わってくる。この方式では、たとえば、口語五段動詞「行く」であれば、

yuk- a(nai), i(masu), u, u(toki), e(ba), e(yo), o(u)

のようにまとめられ、語幹もyukと認定される。また、口語上一段動詞「起きる」であれば、

ok- i(nai), i(masu), iru, iru(toki), ire(ba), iro, i(you)

のようにまとめられる。両者を比較すると、「行く」のほうが語幹直後の母音が交替して活用しているのに対して、「起きる」のほうは、語幹直後の母音は交替せず、

語尾末の母音が交替して活用していることが見てとれる。「行く」のような活用方式を「強変化」、「起きる」のような活用方式を「弱変化」と呼ぶことがある。(2)「雨《あめ》」と「傘《かさ》」が複合して「雨傘《あまがさ》」となるとき、「あめ」→「あま」というように語の形が変化しているが、このようなものは、普通、活用には含めない。活用語のように規則的なものではないし（「雨降り」の場合は「あまふり」にならない）、断定・否定・命令・希望のような表現などともかかわらないからである。（小野）

⇒語幹、語尾

活用連語　かつようれんご

A 傷つけられないうちに、早く、このまま、わかれたいとあせり、れいのお道化《どけ》の煙幕を張りめぐらすのでした。〈太宰治・人間失格〉

B 命長さの、いとつらう思ひ給へ知らるるに、〈源氏物語・桐壺〉

【定義】 用言または体言に助動詞が結びついて、全体として、一つの用言と同じ働きを持つもの。

【解説】 (1)例文**A**の「傷つけられない」、例文**B**の「思ひ給へ知らる」のように、用言に助動詞が結び付いたもの（例文**AB**ともに、連体形となっている）が、活用連語の例である。(2)活用連語の種類としては、(ア)用言＋助動詞（「知らない」「赤からず」など）、(イ)体言＋助動詞（「高い山だ」「深き川なり」）、(ウ)体言（および体言相当語）＋助詞＋助動詞（「疾きこと風のごとし」「掌《たなごころ》を見るがごとし」）を指摘することができる。「活用連語」を最も限定した場合は、(ア)だけを指す。

【補説】 芳賀矢一『中等教科明治文典』（一九〇四）に、「用言と助動詞との連結は之を活用連語と称し、助動詞を時、法、式、相の四種に分ち、尚指定、比較の助動詞をも加へてその連結を表示せり」とあるのが、早い例である。（小野）

仮定形　かていけい

A ① いつもそういう中途半端な形でつかず離れずしていられれば、便利ですよね。〈吉本ばなな・キッチン〉

② 「だけど、五月二十三日って、よく覚えてるね」「日記を見れば、直ぐ分るわ」〈川端康成・雪国〉

【定義】活用語（用言および助動詞）の活用形の一つで、口語だけにある。「仮にそうすれば」と仮定の意を表す形である。活用表では第五段に置かれる。

【解説】⑴例文①の「いられれば」は、「られる」という可能の助動詞の仮定形に接続助詞の「ば」が付いて「もしいられるならば」と仮定条件を表す。⑵形容動詞および「なら」「たら」を語尾に持つ助動詞（ようだ・みたいだ・そうだ・だ・た）は、「ば」を伴わずに仮定の意味を表すことができる。例「すくなくとも、漫画なら、堀木よりは、うまいつもりだ」〈太宰治・人間失格〉「自分の思う通りをその場で話してしまったら、まだ好かったろうにとも考えました」〈夏目漱石・こころ〉

【補説】⑴仮定形接続の助詞は「ば」のみである。⑵仮定の意味を表すのは、文語では「未然形＋ば」の形であったが、口語では、「未然形＋ば」という形そのものがなくなり、仮定の意味は、形の上では文語の「已然形＋ば」を引き継ぐ仮定形で表されるようになった。⑶仮定形は、例文①②のような、まだおこなっていないことを仮に想定するという用法のほかに、ある条件が前提としてすでに整っていることを示す用法がある。例「それにお前の様子を見れば、どうも島へ往くのを苦にしてはいないようだ。一体お前はどう思っているのだい」〈森鷗外・高瀬舟〉「初めは時々議論もしたが、いつのまにか二人の意見は理解され、理解されて見たらば、不服を云う必要がなかった」〈武者小路実篤・友情〉⑷また、次の用法は、「まだおこなっていない」段階と「もうすでにおこなった」段階との中間の、「まだおこなわなかったが、いま早速おこなってみれば」という段階に当たる微妙な用法といえる。例「有り触れた例を挙げて見れば、当時相対死《あいたいじに》と云った情死を謀って、相手の女を殺して、自分だけ活き残った男と云うような類である」〈森鷗外・高瀬舟〉

（小野）

ガとハの問題 ガとハのもんだい

A ① 吾輩は猫である。〈夏目漱石・吾輩は猫である〉

② 僕が首切り賃をわけてやった女だ。〈佐々木俊郎・機関車〉
③ 象は鼻が長い。
④ 僕はうなぎだ。

【定義】 格助詞「が」と副助詞「は」の使用上の問題点。この二語は共通する文法的機能を持ちながら、互いに相容れない独自の機能も持っているため、文法学上、種々の複雑な問題を抱えている。

【解説】 (1)格助詞「が」は、主としてそれが付いた名詞(またはそれに相当する語)が主語になることを表す。副助詞「は」は、名詞(またはそれに相当する語)に付いて、その語を話題として取り立て、例文④のように「僕について いていえば、(昼食は)うなぎだ」と「…についていえば」という気持ちで説明を導くのに用いるので、「取り立て」、「提示」、「主題」を示す助詞とされる。「ガ」と「ハ」はこのように助詞としての性質は異なるが、(ア)名詞(名詞相当語)に付く、(イ)主語(主題)を示す、(ウ)用言の対象を示す(例)「水がほしい」「水はほしい」)などの点で共通した文法的機能を持つ一方、互換が許されない対立的な面も持つので問題になるのである。たとえば例文①は「我輩が猫である」と言うことができる。しかし、例文②は「僕は…」に置き換えることができない。同様に、「だれがそう言ったのか?」「雨が降ったら行かない」などでは「は」に置き換えることはできない。反対に「兄は二階だよ」「その茶碗は太郎が割ったのだ」などでは「が」に置き換えることはできない。また、「我輩は猫である」「我輩が猫である」のように「が/は」の両方が使え、かつそれらが「主語を表す」という共通する文法的機能を示す場合であっても、二つの文意は全く同じわけではない。すなわち、構文的には互換が許容されても、意味の問題まで含めると、完全なる互換を認めるわけにはいかないのである。(2)これまで論じられてきた「ガ」「ハ」の問題点について、主なものを以下に紹介する。

(ア)「は」の前は「旧情報」で、「が」の前は「新情報」である。たとえば、「あの建物は、六本木ヒルズだ」という文においては、「あの建物」は眼前にあって聞き手にすでに把握されていること(すなわち旧情報）である。しかし、それが何の建物かが聞き手にはわからないので、話し手は「六本木ヒルズだ」ということ（新情報）を聞き手に教えているのである。すなわち、「は」の前には旧情報、後には新情報が述べられることになる。一方、「あの建物が、六本木ヒルズだ」というときには、聞き手は「六本木ヒルズ」という建物がどこかにあるということ（旧情報）は知っているが、それがどの建物かがわからないので、話し手は「あの建物」であるということ（新情報）を聞き手に教えているのである。すなわち、「が」の前には新情報、後には旧情報が述べられることになる。

(イ)「〜は」の部分は、文末の陳述部と呼応する。「は」は副助詞（あるいは係助詞）に分類されるが、それは文末にかかっていくからである。「〜は」の意味的勢力は文末にまで及ぶのである。たとえば、「その線は、山脈に突き当たって、そこで終わっていた」〈佐々木俊郎・機関車〉という文では、「その線は」は、「突き当たって」にもかかるが、その意味的勢力は文末の「終わっていた」に及んでいる。一方、「が」はすぐあとに続く用言にかかり、その主体や対象などを示す。むろん、述部構造の単純な文（「彼が死んだ」「日射しがとてもまぶしい」など）では、「〜が」は文末にかかることになるが、例文②の「僕が首切り賃をわけてやった女だ」や、「健太郎が帰った直後にその知らせが届いた」などの例でわかるように、「僕が」「健太郎が」の部分はそれぞれ後続の「わけてやった」「帰った」のみにかかって、その勢力は文末には及んでいない。

(ウ)「〜は」はその文の主題（テーマ）を表すとともに、各種の格の意味をも代行する。例文③の「象は鼻が長い」という文では、「〜は」「〜が」両方が登場している。構文的には、「象は」はこの文全体の主題を提示しており、「鼻が」は後続する「長い」の主格になっていると考えられる。前項で、「は」は文末と呼応すると述べたが、それをそのまとるなら、この場合は「象は——長い」となってしまい、意味的に成り立たない文になる。この文は本来、

「象は鼻が長い（という形態を持つ動物だ）」などという構造をとるものと考えられ、「象は」という主題は、実は文末に省略された「〜だ」にかかり、「象は——だ」というように呼応していると解釈することができる。また、「母が 花子に 着物を 着せた」という文の「〜が」「〜に」「〜を」のそれぞれの格は、「母は、花子に着物を着せた」「花子は、母が着物を着せた」「着物は、母が花子に着せた」のように、各々「〜は」によって主題に引き上げられ得る。これらの場合、「〜は」は意味的には、ガ格（主語）・ニ格（補語）・ヲ格（目的語）の各々の格の意味を代行していると考えられる。

（北村）

⇒総主語

ガとヲの問題 がとをのもんだい

A ① 水が飲みたい／水を飲みたい
② 英語の本が読める／英語の本を読める

【定義】 格助詞「が」は、ふつう主格を示す格助詞といわれるが、文末に「〜たい（希望の助動詞）」や「可能動詞」がある文においては「を」格を代行することもあり、使い分けが問題になる場合がある。

【解説】 例文①②のように、文末に「〜たい（希望の助動詞）」や「可能動詞」がある文においては、「が」と「を」とはそれぞれ交換して用いられる。しかし、両者の文法的機能、文意の異同や、その正誤などを明快に説明するのは簡単ではなく、しばしば「ガとヲの問題」という論題で取り上げられている。まず、「〜が〜たい」と「〜を〜たい」との関係は、すでに室町時代の抄物《しょうもの》や能狂言に「陰符ヲ読テ、揣摩《しま》ヲ見タイソ」「ソノ行タ事カ見タイホトニ」（以上『史記抄』）などとその併用が見られ、江戸時代の人情本などにも「鶏卵《たまご》を食ひたいと申します」「奉公人も末がめでたい」（以上『浮世風呂』）など、どちらの言い方も用いられている。つまり、語史的に見ても、どちらの言い方が本来の形であるのか、不明である。昭和初期に文部省によって編まれた『中等文法一』（一九四四）では、規範的な立場から「〜が〜たい」の方を正式なものとする主旨が見られるが、その確たる根拠は示されていない。そのほか、「〜を〜する」

という他動詞の用法が本来の「～が～たい」に混入したとする説、「～たい」の部分を一種の形容詞と見て、形容詞がヲ格をとらないことから「～が～たい」を本来の形と考える説など、近代の文法理論では「～が～たい」の方を標準的な形と見なす説が多い。しかし、小説・雑誌などの書き言葉に見られる実例としては、「～を～たい」の方がかなり多く、「～が～たい」を標準型と見なす意識とは、大きな食い違いを見せる。その構文的機能や意味の異同を考察すると、「[～が]～たい」と「～を～[たい]」との差とでもなろうか。すなわち、[　]内部がその文の焦点とすれば、それぞれの文の意味には、焦点の相違が深く関係してくるはずである。「[～が]～たい」においては、その「飲みたい」と希望する対象が何であるか（水／茶／ジュース／酒……）が強調される表現となるので、この「～が」を「対象語」と呼ぶ。一方、「～を～[たい]」においては、何かを「～たい」という希望の気持ちに焦点があり、「～を」の部分が特に強調されるわけではない。この事情は、文末に可能動詞がある例文②などにも同様に適用され、やはり「～が」を用いた場合にはそこが強調され、「～を」を用いた場合には可能の気持ちに焦点があるといえよう。

【補説】「～が～たい」と「～を～たい」は、いつでもその「が／を」が互換され得るわけではない。「双子が生まれたことを一刻も早く親に知らせてやりたい」などのように「～を」と「～たい」の間にいろいろな語句が挿入されると、「が」には換えにくくなる傾向があり、また、「彼は彼女を喜ばせてやりたいと思った」などのように、「を」の前が人を表す名詞の場合も、「が」には換えにくい。また、文末に可能動詞ではなく、同じ可能表現でも「～できる」という動詞が使われた場合には、「を」は出にくい傾向にある。

例「○彼は三桁の暗算ができる」
「×彼は三桁の暗算をできる」

最近は、若者の間で「○○を欲しい」とか、「○○をできる」などという表現も見られるようになり、対象語（対象格）の「が」全般が「を」に置き換わる傾向も出ている。⇓対象語

（北村）

仮名遣い《かなづかい》

【定義】元来、仮名を用いて日本語を表記する方法一般の意味であるが、現在、普通には「ある言葉に対して二種類以上の仮名の表記のしかたがある時、そのいずれによるべきかのきまり」をいう。

【解説】元来の意味からいえば、漢字の音・義を用いて日本語を書くようになった万葉仮名、漢字の草書体から作られたいわゆる「かな」(平仮名)、漢字の一部をとって作られたカタカナ、あるいは「ー」(長音符号)までも含んで、仮名の用い方一般であるが、ここではたとえば「蝶」を仮名で書き表すには「てふ」がよいか「ちょう」がよいか、または「チョー」がよいか、動詞オコナウ(オコノー)を書き表すには「行わ・行い・行う・行え」がよいか「行は・行ひ・行ふ・行へ」がよいか、「私ワ弟オ連レテ海岸エ行ク」の助詞は「は」「を」「へ」のほうがよいかという、使い分けのことを仮名遣いというのである。仮名遣いは使い分けの基準によって、表音式仮名遣いと歴史的仮名遣いとに分かれる。表音式仮名遣いとは当代の実際の発音に基いて「かな」を使おうとするものである。仮名は表音文字であるから、その成立時にはそれぞれの仮名が発音の違いを表していたが、たとえば平安中期までの「は・ひ・ふ・へ・ほ」(fa・fi・fu・fe・fo)の音が語中・語尾にあるときには、中世以降「わ・い・う・え・お」(wa・i・u・e・o)となり、表記した仮名と現実の発音とにずれが生ずる。そのずれを無視して、古典籍の表記に基づき、伝統的な表記法にしたものが歴史的仮名遣いである。仮名遣いには、上代特殊仮名遣い、定家仮名遣い、歴史的仮名遣い、表音式仮名遣いに基づいた現代仮名遣いの四種を数えるのが普通である。 ⇒現代仮名遣い、上代特殊仮名遣い、定家仮名遣い、歴史的仮名遣い

(林)

可能動詞《かのうどうし》

【定義】五段活用の動詞(「読む」「書く」「話す」等)に、可能の意味が加わって、下一段活用になった動詞(「読める」「書ける」「話せる」等)のこと。命令形はない。

【解説】五段活用の動詞の中でも、「ある」「降る」「分

かる」等には、対応する可能動詞がない。一段活用の動詞（「見る」「食べる」等）からは、原則として可能動詞をつくることができず、助動詞「られる」を接続した形で可能を表す（「見られる」「食べられる」等）。このように助動詞を接続して可能を表す形は、可能動詞とはいわない。また、「できる」「得る」や、「見える」「聞こえる」等は、可能動詞には含めない。

【補説】通時的に見ると、可能動詞は中世末期頃から抄物等に用例が見られるようになり、江戸時代に入ると盛んに行われるようになるが、

例 金《かね》といふものはなぜ持《もて》ねへだらう。〈浮世風呂・四〉

めらの乾魚等《ひものなんざア》、一生立《たつ》ても食《くへ》ねへ徒《てやい》だ。〈浮世風呂・四〉

のように、打消を伴って不可能を表す形が多いことが特徴である。 ⇒下一段活用 （堀崎）

可能の助動詞 かのうのじょどうし

⇒受身・尊敬・可能・自発の助動詞 うけみ・そんけい・かのう・じはつのじょどうし

上一段活用 かみいちだんかつよう

A …同じような役目を、飽きずに、毎日、繰返している事だけは、…〈芥川龍之介・芋粥〉

B その沢のほとりの木の陰におりゐて、乾飯《かれいひ》食ひけり。〈伊勢物語・九〉

【定義】動詞の活用の型の一つ。五十音図のウ段より上の、イ段一段だけで活用し、一部に「る」「れ」「よ」「ろ」を伴う。

【解説】(1)口語は五十音図ア・カ・ガ・ザ・タ・ナ・ハ・バ・マ・ラの各行で活用する。古語の上二段活用の大部分が口語では上一段活用となった。次のように活用する。

	基本形	語幹	未然	連用	終止	連体	仮定 已然	命令
口語	起きる	お	き	き	きる	きる	きれ	きよ きろ
文語	見る	○	み	み	みる	みる	みれ	みよ

(2)古語では、語幹と語尾の区別がない語が大部分で、カ・ナ・ハ・マ・ヤ・ワの各行で活用する。次の十二語のみである（〈 〉内は複合語）。

・カ行…着る
・ナ行…似る・煮る
・ハ行…干《ひ》（乾《ひ》）る・嚏《ひ》る・簸《ひ》る
・マ行…見る〈おもんみる・顧みる・鑑《かんが》みる・試みる〉
・ヤ行…射る・鋳《い》る
・ワ行…居《ゐ》る・率《ゐ》る〈率《ひき》ゐる〉・用ゐる

＊「嚏《ひ》る」は「くしゃみする」、「簸《ひ》る」は「もみがらを除く」の意。

【補説】(1)口語の上一段活用の動詞は、文語の上一段活用の動詞、上二段活用が上一段活用になった動詞、および四段活用の動詞の一部からなる。口語で、語幹と語尾の区別のない上一段活用の動詞は、文語の上一段活用の動詞と共通のものである。(2)文語で「ヤ行」となっている「射る」「鋳る」（上一段）「老ゆ」「悔ゆ」「報ゆ」（上二段）は、口語ではア行の「射る」「鋳る」「老いる」「悔いる」「報いる」になっている。

（堀崎）

上二段活用 かみにだんかつよう

A 道を過ぐる馬、車もよきてぞとほりける。〈平家物語・一〉

B 木の葉の落つるも、まづ落ちて芽ぐむにはあらず。〈徒然草・一五五〉

【定義】動詞（文語）の活用の型の一つ。五十音図の上部イ・ウの二段で活用する（一部に「る」「れ」「よ」を伴う）。

【解説】(1)五十音図カ・ガ・タ・ダ・ハ・バ・マ・ヤ・ラの各行で、次のように活用する。

基本形	語幹	未然	連用	終止	連体	已然	命令
過ぐ	す	ぎ	ぎ	ぐ	ぐる	ぐれ	ぎよ

(2)口語にはこの活用に属する語はなく、文語の上二段活用の語は大部分上一段活用になった。(3)「老ゆ」「悔ゆ」「報ゆ」の三語はヤ行上二段活用である。未然形「老いズ」となるがア行ではないから注意（上二段活用にア行はない）。

【補説】⑴古語の上二段活用の語は、ほとんどが、現代語では上一段活用の語となったが、「恨む」のように、現代語では五段活用の語になったものもある。⑵上一段活用・上二段活用の活用の種類の見分け方は、未然形（語尾）がイ段になる語のうち、上一段活用十二語以外の語はすべて上二段活用である。例「生きズ」「似ズ」「恥ぢズ」「用ひズ」→いずれも未然形がイ段であるが、上一段活用の「似る」以外はすべて上二段活用。

⇒上一段活用、二段活用の一段化　（堀崎）

カリ活用《かりかつよう》

【定義】古語の形容詞の活用（ク活用・シク活用）の型の一つで、基本活用に対する活用。補助活用とも呼ばれる。

【解説】⑴形容詞の活用には、語尾が「く・く・し・き・けれ」で終わるものと、「から・かり・かる・かれ」で終わるものの二系列がある。このうち前者を「基本活用」、後者を「補助活用」または「カリ活用」と呼ぶ。
⑵基本活用は、助動詞に接続しない。よって希望・推量・否定等を表すためには助動詞を接続したり、命令形によって命令を表すために、別の方法が必要となった。そこで基本活用の連用形に、動詞「あり」を接続し、それを介して、助動詞を接続させたり、命令形を作るという方法ができた。たとえば、

高く＋あら＋ず　高く＋ある＋べし　美しく＋あれ

のような形である。この「～く＋あり（-ku＋ari）」という音の連続から、母音uが脱落して「～かり（-kari）」となり、「高からず」「美しかれ」のような形になった。これを形容詞の活用として認めたのがカリ活用である。また、古語の形容動詞のナリ活用とタリ活用も、カリ活用と同様、動詞「あり」を用いてさまざまな働きを持つ形をつくる方法によってできたものである。

【補説】カリ活用の系列の位置づけに関し、吉沢義則は、ナリ活用・タリ活用とともに形容動詞としたが、橋本進吉が形容詞の補助活用として以来、それに従う説が一般的になった。また、時枝誠記《ときえだもとき》のように、もとの「あり」の付いた形に還元してとらえ、カリ活用をたてない考え方もある。

⇒ク活用、シク活用、タリ活用、ナリ活用　（堀崎）

関係語 かんけいご

【定義】山田文法の用語。山田文法では、単語を観念語と関係語に二大別しており、関係語を各観念語の間の関係を表す語とする。一般の文法でいう助詞がこれに当たる。

【解説】関係語は次のような性質を持っている。

(ア)その語一つでは独立した意味を持たない。例が　て

(イ)文または句の表現に際して観念語を助ける関係に立つ。例鳥が鳴くよ。

(ウ)必ず観念語の下に付き、決して上に位置しない。

【補説】山田文法では、一般の文法でいう「助動詞」は、用言の語尾が複雑化したもの、すなわち「複語尾」として、関係語には含めない。　(林)

⇒観念語

喚体 かんたい

B　み空行く雲にもがもな(空を行く雲であったらいいのになあ)　今日行きて妹に言問《こと》ひ明日帰り来《こ》む〈万葉集・一四・三五一〇〉

【定義】山田文法の用語。述体に対する語。呼びかけの対象となる体言または体言に準ずるものを中心にして、感情を直接に表現するもの。

【解説】他人の思想の了解作用に訴えるもの(述体の表現)ではなく、直接に意志・感動を表すことを目的とするものを山田文法では「喚体の句」と名づけ、これを希望喚体と感動喚体とに分けた。

(ア)希望喚体　希望を表すもので、体言と希望の終助詞「が」「がな」を構成上の必要条件とする。例「知りたる人もがな」「老いず死なずの薬もが」(「が」「がな」の上には必ず「も」を伴う)

(イ)感動喚体　感動を表すもので、体言とそれにかかる修飾語からなる。「ああ、げにも楽しき心よ」などがその例であって、感動喚体の多くは感動を表す終助詞「か・かな・よ・や」を伴うことが多いが、「もれいづる月の影のさやけさ」のように感動の終助詞を伴わないこともある。

山田文法では、希望喚体・感動喚体はともに文語的表現であって、口語にはほとんど見られないとしている。

⇒述体

感嘆詞《かんたんし》　⇒**感動詞**《かんどうし》

（林）

感嘆文《かんたんぶん》

A 細君はたった一言「まあ！」と云ったがそのまあの中には驚ろいたまあと、気を悪くしたまあと、手数が省けてありがたいと云うまあが合併している。〈夏目漱石・吾輩は猫である〉

B 天の原ふりさけ見れば春日なる三笠の山に出でし月かも〈古今集・九〉

【定義】 文を意味上から分類した場合の一つ。感嘆・感動の意を表すもの。感動文ともいう。

【解説】 感嘆文は、文の始めに感動詞のくることが多く、文末に感動を表す助詞の付くのが普通である。感動詞だけからなる場合（口語「もしもし」「おーい」、文語「あな」「いざ」）や、形容詞・形容動詞の語幹をそのまま用いる場合（口語「痛っ！」「すてき！」、文語「さやけ」「あはれ」）もある。感動詞や感動の助詞がなくても、イントネーションやプロミネンスなどの声調によって感動の意を表すこともできるので、形の上からだけでは、感嘆文と定めがたい場合も少なくない。

⇒意味から見た文の種類

（北村）

間投詞《かんとうし》

A 名前は…ええと、…妙な名だったよ、…ナオミ、…ナオミと云うんじゃなかったかな〈谷崎潤一郎・痴人の愛〉

B 思ふらむ　心のほどや　やよいかに…。〈源氏物語・明石〉

【定義】 話し言葉の途中に入れられる、考えたり、言いよどんだりするところをつなぐ言葉。

【解説】 言葉を話している途中で、言葉につまったり、考えたりするときに、はっきりとした意味を持たない言葉をさしはさむことがある。その際、例文**AB**のように、その言葉自体が明確な概念的意味を持たない場合と、「私は、その、ただの通りすがりで…」のように、もともと指示語でありながら、その指示対象が明確でない使い方をするような場合がある。

【補説】⑴間投詞は、学校文法では、正式な品詞名ではない。⑵明治期の資料などには、「郵便ですか。こうっと。来ていました。端書《はがき》と封書が」〈夏目漱石・それから〉のように、現代語では廃れた「こうっと」という間投詞が見られる。⑶間投詞は、感動詞と重なる場合もあるけれども、「その」「こうっと」などの場合は、それぞれ品詞論的には連体詞および副詞＋助詞であるので、完全には重ならない。

⇒感動詞

（小野）

感動詞 かんどうし

A「おれは江戸っ子だ」「うん、江戸っ子か、道理で負け惜しみが強いと思った」〈夏目漱石・坊ちゃん〉

B「されど、門のかぎりをたかう作る人もありけるは」といへば、「あな、おそろし」とおどろきて、〈枕草子・八〉

【定義】自立語で、活用がなく、主語にも修飾語にもならずに、独立語の文節となって、呼び掛け・応答や感情の動きを表す語。「感嘆詞」とも。

【解説】⑴例文Aにおける、応答の言葉「うん」や、例文Bにおける感情を表現する言葉「あな」が感動詞。両者とも活用せず、格助詞「が」が付くこともなく、また、副詞や連体詞のように、文中の他の成分にかかるものでもない。⑵意味・用法の観点からすると、次のような種類分けができる。

(ア)感情の動きをそのままに表すもの
例「ああ、お腹がすいた」「おや、おかしいな」

(イ)呼びかけや挨拶に用いられるもの
例「もしもし、あなたは橋本さんですか」「おはよう、山田さん」

(ウ)応答に用いられるもの
例「いえ、違います」「えっ、そうなの？」

【補説】⑴文中の他の成分から独立している点で、接続詞と共通するところがあるが、接続詞は、前の文との論理関係があるのに対して、感動詞は、必ずしも論理的なつながりに基づいて用いられるわけではないので、接続詞よりも同じ文の中での独立性が高い、といえる。⑵同じ「ああ」でも、嬉しい場合も悲しい場合も楽しい場合もある。感動詞は、そのような感情が大きく動いたことを表現し、そのまま伝えるための語ということができる。(3)時枝誠記《もとき》は、感動詞は、概念を分化させることなく、ただ言語主体の主観的なものを表現するということから、これを「辞」に分類する。この点、感動詞を「詞」相当の自立語に分類する橋本進吉とは大きく立場を異にする。（小野）

間投助詞　かんとうじょし

A 陽子ね、人とおなじお洋服を着るのは好きじゃないの〈三浦綾子・氷点〉
B 少納言よ、香炉峰の雪いかならむ〈枕草子・二九九〉

【定義】助詞の一つ。文中または文末の文節に付いて語調を整えたり、感動・余情・強調の意などを添えたりする助詞をいう。「感動助詞」「詠嘆助詞」とも。間投助詞はふつう次の語とするが、終助詞の一部をこれに加える説もある。

口語 な・ね・さ
文語 や・よ・を（上代語　ゑ・ろ）

【解説】(1)間投助詞は、これを除いても文の内容に影響を及ぼさない。たとえば「これ以上言うな」の「な」（終助詞）はこれを取り除いたら文の内容は全く別なものになるが、「よくそんなことを言うな（ア）」の「な」（間投助詞）は取り除いても文意はほとんど変わらない。(2)終助詞は文末に付くが、間投助詞は文節の終わりであれば、続く文節にも、文末の文節にも付く（例「それがさ、大変なんだ」「そばでも食べるさ」）。

【補説】(1)口語文法では、ふつう間投助詞という分類項目を立てず、終助詞に含めている。(2)「間投助詞」の項目を立てたのは山田孝雄《よしお》である。時枝誠記《もとき》は終助詞と間投助詞とを一括して「感動を表わす助詞」としている。（堀崎）

感動助詞　かんどうじょし　⇒**間投助詞**　かんとうじょし

感動副詞　かんどうふくし

【定義】山田孝雄《よしお》『日本文法学概論』（一九三六）の品詞

分類における用語。観念語のうちの副用語（副詞）の下位分類。

【解説】学校文法の「感動詞」とほぼ一致する。（小野）

⇓感動詞

観念語《かんねんご》

A 或日《あるひ》の暮方の事である。一人の下人が…雨やみを待っていた。〈芥川龍之介・羅生門〉

B むかしをとこ有りけり。〈伊勢物語・二〉

【定義】山田孝雄『日本文法学概論』（一九三六）で用いられている品詞分類上の用語。具体的な物や、事柄を表す語をいう。「関係語」の対。学校文法でいう「自立語」にほぼ相当する。

【解説】(1)例文AB中の——を付けた語が観念語である。(2)山田によれば、「何等かの観念を代表し、時としては一語にて一の思想を発表し得べき性質を有するもの」と説かれる。

【補説】山田の品詞分類の手順は、

- 単語
  - 観念語
    - 自用語
      - 概念語（体言）……名詞・代名詞・数詞
      - 陳述語（用言）……形容詞・動詞・存在詞
    - 副用語……副詞
  - 関係語……助詞

となっている。山田は「助動詞」という品詞を認めず、たとえば「行かない」の「ない」を「行く」という動詞の語尾が複雑に発達したものと考えて「複語尾」と称した。したがって「行かない」が一つの陳述語（動詞）ということになる。（小野）

⇓関係語

願望の助動詞《がんぼうのじょどうし》

⇓希望の助動詞《きぼうのじょどうし》

慣用句《かんようく》

A とんだ道草を食ったものだ。

B 江戸の水飲むと油を売りたがり〈誹風柳樽拾遺〉

【定義】いくつかの単語がひとまとまりで用いられ、全体として特定の意味を表すもの。

【解説】Aの「道草を食う」は全体として「寄り道をする」の意であり、Bの「油を売る」は全体として「無駄話をして怠ける」の意である。使われている各々の単語に難解なものは少ないが、その全体の意味を機械的に解釈しようとしても無駄で、別の意味を生むのである。慣用句は、ことわざ・故事などに由来したものや比喩表現として表されたものなどがある。次のように分類できる。

①表面上の意味解釈だけでは、その意味が類推できないもの。「手が出る」「手を組む」「顔が広い」「固唾《かたず》を呑《の》む」「骨を折る」など。

②文字どおり解釈しようとすると、非現実的になったり、理解困難になるもの。「へそで茶をわかす」「腹が立つ」「一肌脱ぐ」「霞を食う」「命の洗濯」など。

③慣用句の中でしか使われない特定の表現や語句が含まれているもの。「途方にくれる」「糊口をしのぐ」「間髪《かんはつ》を容《い》れず」など。

【補説】 慣用句は「idiom」の訳語である。言語学では、その言語における慣用的表現法全般を指し、文法理論に拘束されない表現や挨拶語などもここに含まれる。日本の国語教育などで一般に慣用句という場合は、そのうちでさらに特殊かつ固定的表現となった語形を指す場合が多く、故事成語（「いざ鎌倉」「大山鳴動して鼠一匹」など）も慣用句に含めていう場合がある。また顔・手・足・腹・肩・背などの身体を表す語が多用されていることも慣用句表現の特徴の一つといえる。　（北村）

完了の助動詞　かんりょうのじょどうし

A 「待て。その人を殺してはならぬ。メロスが帰って来た。約束どおり、いま、帰って来た。」〈太宰治・走れメロス〉

B 秋来ぬと目にはさやかに見えねども風の音にぞおどろかれぬる〈古今集・四〉

【定義】 動作・作用が完結し、その状態が実現していることを表す助動詞。確認あるいは確述の助動詞とも。完了の助動詞は次の各語である。

口語 た

文語 ぬ・つ・たり・り

【解説】 ⑴完了とは、過去に終わってしまったことだけを表すのではなく、現在・過去・未来のテンス（時制）とは別に、動作・作用の実現および終了を表す言い方である。例文Aの「いま、帰って来た」の「た」は、「帰って来る」という動作が今ちょうど完結したことを表しているが、「先週アメリカから帰って来た」という文においては「た」は過去を表している。完了と過去の区別はこの二つの文では「いま」と「先週」という時を表す語によるが、このような語がない場合は文脈により判断することになる。完了の「た」と過去の「た」は紛らわしいが、「もう昼ごはんを食べましたか」という質問文の否定の答えは「いいえ、まだ食べていません」となるのに対して、「きのう昼ごはんを食べましたか」の否定の答えは「いいえ、食べませんでした」となる。つまり、前者は完了の、後者は過去の「た」であって、区別があることがわかる。「た」のほかの意味・用法・接続・活用などについては「過去の助動詞」参照。⑵例文Bの「秋来ぬ」の「ぬ」は、「秋が来る」ということが実現し、その状態が続いていることを表している。「ぬる」も同様である。このように「ぬ」は、ある事態が自然に生じ、その状態が存続していることを表す。以下各語について説明する。

(1)た（口語） 過去の助動詞「た」の項参照。

(2)ぬ（文語）

①完了 ある動作・状態が実現し、終了する。［…タ・…テシマウ・…テシマッタ］

例 言ひたきままに語りなして、筆にも書きとどめぬれば（書キトメテシマウノデ）、やがて定まりぬ（定着シテシマウ）。〈徒然草・七三〉

②確認（確述・強意） 動作・状態を必ずそうだと強く確かめていう。［キット…ダ・タシカニ…ダ・…ニチガイナイ］

例 今度の軍《いくさ》には必ず勝ちぬ（キット勝ツ）と覚ゆるぞ。〈平家物語・七〉 髪もいみじく長くなりなむ（キット長クナルダロウ）。〈更級日記〉

③並立 二つの動作を並べていう。鎌倉時代以降の用

法。［…タリ、…タリ］
例白波の上に漂ひ、浮きぬ沈みぬ（浮イタリ沈ンダリシテ）揺られければ〈平家物語・一一〉

【解説】(1)「ぬ」は、単独で使われたり、過去（回想）の助動詞とともに用いられている場合（～にき・～にけり）は主に完了を、推量の助動詞とともに用いられている場合（～なむ・～ぬべし、など）は主に確認・確述の意味になることが多い。(2)「ぬ」はナ変と同じ活用をし、かつ一音節なので、同形語が多くあって見落としやすい助動詞である。「ぬ」の連用形「に」は、接続助詞「に」や格助詞「に」、断定の助動詞「なり」の連用形「に」などと紛れやすい。また、終止形「ぬ」は打消の助動詞「ず」の連体形「ぬ」ともしばしば混同されやすいが、完了の「に」「ぬ」は、活用する語の連用形に付くことで見分けられる。

【補説】「ぬ」の語源は「どこかへ行く」「時が過ぎ去る」の意味の「往《い》ぬ」だといわれているが、そこから「ぬ」が「ある事態が誰の意図にも基づかずに自然に生じた」という完了の意味を表すことになったと考えられる。

【活用と接続】

基本形	未然	連用	終止	連体	已然	命令
ぬ	な	に	ぬ	ぬる	ぬれ	ね

接続 活用する語の連用形に付く。

(3)つ（文語）

①完了 ある動作・状態が実現し、終了する。［…タ・…テシマウ・…テシマッタ］
例死にければ、陣の外《と》に引き捨てつ（捨テテシマッタ）〈枕草子・九〉

②確認（確述・強意）動作・状態を必ずそうだと強く確かめていう。［キット…テシマウ・必ズ…テシマウ］
例これ隆家が言《こと》にしてむ。（必ズ〈隆家ガイッタコトニ〉シテシマオウ）〈枕草子・一〇二〉

③並立 二つの動作を並べていう。鎌倉時代以降の用法。［…タリ、…タリ］
例僧都《そうづ》、乗ってはおりつ、おりては乗っつ（乗ッテ

ハオリタリ、オリテハ乗ッタリ）、あらましごとをぞし給ひける〈平家物語・三〉

【解説】⑴「つ」は、単独で使われたり過去（回想）の助動詞とともに用いられている場合（「〜てき」「〜てけり」など）は、主に完了の意味で、推量の助動詞とともに用いられる場合（「〜つべし」「〜つらむ」「〜てむ」など）は、主に確認・確述・強調の意味になることが多い。

⑵「つ」の未然形・連用形の「て」は、接続助詞の「て」と接続も同じ連用形であって、非常に紛らわしい。完了の助動詞の場合は「て」のすぐ後に「む」「まし」「き」「けり」などの助動詞か、接続助詞「ば」、終助詞「ばや」が付く。それ以外は接続助詞と考えてよい。

【補説】「つ」の語源は、その意味や活用の型などから、「棄《う》つ」に由来するものと推定されている。「棄つ」の、意志的に物を捨てるという意味が、その動作をすでにしてしまったという意味に転じて、動作・作用を他に及ぼす他動詞や使役の助動詞に付いて働くようになったと考えられる。

【活用と接続】

基本形	未然	連用	終止	連体	已然	命令
つ	て	て	つ	つる	つれ	てよ

接続 活用する語の連用形。

(4)たり（文語）

①完了　ある動作・状態が実現し、終了する。［…タ・…テシマウ・…テシマッタ］

例 くらもちの皇子、おはしたり（イラッシャッタ）〈竹取物語〉

②存続・存在　動作や働きが進行中である。またその結果の状態が引き続き残っている。［…テイル・…テアル］

例 あやしがりて寄りて見るに、筒の中光りたり［光ッテイル］〈竹取物語〉

白妙の衣《ころも》干したり（干シテアル）天の香具山〈万葉集・一・二八〉

③並立　ふたつの動作・働きを並べていう。［…タリ、

…タリ」

例 掃いたりのごうたり（掃イタリフイタリシテ）ちり拾ひ、手づから掃除せられけり〈平家物語・一二〉

【解説】(1)「たり」「り」も完了の助動詞であるが、この二つの助動詞は完了した事態の存続に重点を置いている。存続というのは、ある存在や動作・状態が現存していることや、進行・継続していることをいう。現代語では「〜ている」「〜てある」という言い方で表される。

【補説】完了の助動詞「たり」はもともと接続助詞「て」にラ変動詞「あり」が付いた「てあり」が熟合した語である。助動詞「つ」「ぬ」が完了を中心の意味とするのに対して、同じ完了の助動詞「たり」が、完了よりも存続・存在の方を中心の意味とするのは、「あり」という動詞が取り込まれて成り立っているためである。

【活用と接続】

基本形	未然	連用	終止	連体	已然	命令
たり	たら	たり	たり	たる	たれ	たれ

接続 動詞の連用形、および動詞型活用をする助動詞の連用形に付く。ただしラ行変格活用動詞と助動詞「つ」には付かない。撥音便の形に付く場合、「だり」と濁る（例「澄みたり」→「澄んだり」）。

(5) り（文語）

①完了　ある動作・状態が実現し、終了する。［…タ・…テシマウ・…テシマッタ］

例 車持《くらもち》の皇子《みこ》は、優曇華《うどんげ》の花持ちてのぼりたまへり（上京ナサッタ）〈竹取物語〉

②存続・存在　動作や働きが進行中である。またその結果の状態が引き続き残っている。［…テイル・…テアッタ］

例 うらうらに照れる（照ッテイル）春日に雲雀《ひばり》あがり…〈万葉集・一九・四三一六〉

五月のつごもりに、雪いと白う降れり（降リツモッテイタ）〈伊勢物語・九〉

【解説】(1)「り」は完了の助動詞として分類されているが、その中心的な意味は完了よりむしろ存続の方にある。

(2)「り」の意味は、同じラ変型活用の完了の助動詞「たり」とほぼ同じであるが、一般的傾向として、次のような特色が認められる。

	中心となる意味	成立の時期
り	存在・動作が現存・進行中であることを表す場合が多い	古い時期（記紀歌謡に見える）に成立している
たり	動作の結果の状態が引き続き残っていることを表す場合が多い	「り」よりは後（『万葉集』など以後）に成立している

【補説】 (1)「り」はもともと四段動詞とサ変動詞の連用形に「あり」が付いて「書きあり（kakiari）→書けり（kakeri）」「しあり（siari）→せり（seri）」のように「ia」が「e」となって「書け」「せ」が動詞とされた後に残った「り（ri）」を助動詞として取り出したものという説が有力。助動詞「つ」「ぬ」が完了を中心の意味とするのに対して、同じ完了の助動詞「り」が完了より存在・継続の方を中心の意味とするのは、「あり」という動詞を取り込んで成立しているためである。(2)従来、「り」の接続は「サ変動詞の未然形と、四段動詞の已然形に付く」とされ、「サミシイ（サ→未、四→已）」などと覚えることがあったが、最近、活用形に上代特殊仮名遣いの甲類・乙類の使い分けがある動詞への接続の研究などから「四段・サ変の動詞には、ともにその命令形に付く」という説が有力になった（ただし、この命令形は、命令の意を持つということではなくて、活用表の六段目の活用の形を指しているだけである）。(3)「り」は一音節で、しかもラ行であるために、他の語の語尾と紛らわしく、取り出しにくい助動詞である。四段動詞の命令形、サ変の未然形にしか付かないということで識別できる。(4)「り」は、奈良時代に最も多く用いられたが、平安時代になると、終止形と連体形だけが多く用いられ、それ以外の活用形の使用例は極端に少なくなる。このころから「たり」が優勢になり、「り」は衰退していく。これは「り」が四段活用動詞とサ行変格活用動詞だけに付くのに対して、「たり」にはその制限がないためである。

【活用と接続】

基本形	未然	連用	終止	連体	已然	命令
り	ら	り	り	る	れ	れ

＊命令形「れ」は、上代のみに見られる。

接続 四段活用動詞の命令形、およびサ行変格活用動詞の未然形に付く。ほかに、「四段・サ変ともにその命令形に付く」とする説や「四段の已然、サ変の未然に付く」とする説もある。補説を参照。

⇒過去の助動詞、テンス　（秋元）

擬音語《ぎおんご》　⇒**擬声語**《ぎせいご》

擬情語《ぎじょうご》　⇒**擬態語**《ぎたいご》

基数詞《きすうし》

数詞の一種。人や事物の数量を表すもの。数量数詞、量数詞とも。　⇒数詞　（池上）

擬声語《ぎせいご》

A「にゃあお、くわあ、ごろごろ」という声がして、それからがさがさ鳴りました。〈宮沢賢治・注文の多い料理店〉

B 二の矢に小鏑《こかぶら》とつてつがひ、ひいふつと射切つて〈平家物語・四〉

【定義】物の音や人・動物の声などを言語音でまねて表す語。「擬音語」とも。

【解説】(1)Aの「にゃあお、くわあ、ごろごろ」は猫の鳴き声であり、「がさがさ」は猫がたてる物音である。Bの「ひい」は矢が風を切って飛ぶ音、「ふつ」は命中した音で、いずれも擬声語である。(2)擬声語は「がさがさ鳴りました」のように副詞的用法が中心となるが、この場合「がさがさと」と「と」を伴うこともある。「花火がドンと鳴った」の「ドンと」のように「と」を組み込んで一語を形成するものもある。(3)「にゃあお、くわあ、ごろごろ」のように人や動物の声を表す語を擬声語、「がさがさ」のように物音を表す語を擬音語と区別することがある。

【補説】(1)同じ「がさがさ」という語でも、Aの「がさがさ鳴りました」は擬声語だが、「手が荒れてがさがさだ」では擬態語となる。このように擬声語・擬態語の区別がつかないことも多いので、両方を合わせて、オノマトペ・音象徴語などと呼ぶこともある。(2)アクセントは、擬声語の「がさがさ鳴りました」では頭高型となるが、擬態語の「手が荒れてがさがさだ」では平板型となる。品詞も前者は副詞だが、後者は「がさがさだ」で形容動詞となる。擬声語の中には「がらがら」(玩具)、「わんわん」(犬の幼児語)のように体言になるものもある。(3)現在の漢字平仮名交じり文では、擬声語は片仮名で表記されることが多い。(4)日本語の擬声語は、野鳥のさえずりと昆虫の鳴き声が豊富なことが特徴である。日本語の擬声語・擬態語の多種多様な使い方は、朝鮮語とともに他の言語をはるかにしのぐといわれている。

⇒擬態語

（秋元）

擬態語　ぎたいご

A 顔がまるでくしやくしやの紙屑のようになり、お互いにその顔を見合わせ、ぶるぶるふるえ、聲もなく泣きました。〈宮沢賢治・注文の多い料理店〉

B いとよく肥えて、つぶつぶとをかしげなる胸を開けて、乳など含め給ふ。〈源氏物語・横笛〉

【定義】事物の動き・状態を、それにふさわしいと思われる言語音で象徴的に表した語。

【解説】(1)例文Aの「くしゃくしゃ」は、紙屑がしわくちゃになった状態を視覚的・触覚的にとらえ、それを音で表現したもの、「ぶるぶる」も、小刻みにふるえる様子を音で表現したものである。例文Bの「つぶつぶ」は、ふっくらと豊かな様子を、果実の「粒《つぶ》」の連想による音で表したものと思われる。音のしないものを感覚(視覚・触覚・味覚など)によって音に写しかえるという、言語として一風変わった性質を持つものである。(2)擬態語の中でも「赤ちゃんがすやすやと眠っている」のように特に生物の動作や様態を表すものを「擬容語」、「いつまでもくよくよと悩んでいる」のように人の心の状態を表すものを「擬情語」、「きらきら」「さらさら」など無生物の動きを表すものを「擬状語」と呼ぶことがある。

(3)文中で連用修飾語（副詞）となる場合、「指輪がきらりと光る」のように必ず「と」を伴うものと、「ぶらぶら（と）歩く」のように、「と」を伴うことも伴わないこともあるものとがある。(4)擬態語の中には、「泉が滾々《こんこん》と湧く」「堂々と歩く」など漢語のものもあるし、また「ジグザグ（zigzag）の道」など外来語のものもある。

【補説】(1)擬態語は擬声語とともにオノマトペ・音象徴語とも呼ばれる。(2)擬態語は、触覚（ザラザラ・ツルツル・ベタベタ）や人の態度（キョロキョロ・ボンヤリ）を表すものが多く、味覚や嗅覚を表すものは少ない。擬情語は、イソイソ・ソワソワ・イライラなど落ち着かない心理を表すものに集中している。（秋元）

⇒擬声語

希望の助動詞 きぼうのじょどうし

A 「他にやりたいことがあって…」〈吉本ばなな・とかげ〉

B いかまほしきは命なりけり〈源氏物語・桐壺〉

【定義】ある動作・作用が実現することを望む気持ちを表す。願望の助動詞、希求の助動詞ともいう。希望の助動詞は次の各語である。

口語 たい・たがる

文語 たし・まほし

【解説】(1)例文Aは「やりたい」と自分が望む気持ちを表し、例文Bは「生きたい」という希望を表す。以下各語を説明する。

(1)たい（口語） たし・まほし（文語）

①主語が一人称の場合　自己の希望を表す［…タイ］

例その静かさを自分は書きたいと思った。〈志賀直哉・城の崎にて〉

常に聞きたきは、琵琶・和琴《わごん》。〈徒然草・一六〉

いかなる人なりけん、たづね聞かまほし。〈徒然草・四三〉

②主語が一人称以外の場合　相手がそうするよう自分が希望をする意を表す。［…シテホシイ］

例次ページを参照されたい。

同じ遊び女《め》とならば、誰もみなあのやうでこそあ

りたけれ。〈平家物語・一〉
少しのことにも、先達《せんだつ》はあらまほしきことなり。〈徒然草・五二〉

【補説】(1)「まほし」は助動詞「む」のク語法「まく」に形容詞「欲し」が付いた「まくほし」が変化したもの。平安時代に和歌や和文に多く用いられたが、平安末期以降、和歌に用いられる以外は「たし」にとって代わられた。なお、「あり」と熟合して一語になり、形容詞「あらまほし（理想的ダ）」の語ができた。

例家居のつきづきしく、あらまほしきこそ（理想的ナノコソ）興あるものなれ。〈徒然草・一〇〉

(2)次のような「たい・たし」の用法がある。

例水が欲みたい。

それ（琵琶ノ奏法）が承りたく候ひて…。〈古今著聞集・六〉

この場合、「が」は主語ではなく、「…タイ」の対象であって、主語は表されていない。

【活用と接続】

基本形	未然	連用	終止	連体	仮定	命令
たい	たかろ	たかっ たく とう	たい	たい	たけれ	○

接続 動詞・助動詞「せる」「させる」「れる」「られる」の連用形に付く。

基本形	未然	連用	終止	連体	已然	命令
たし	たから	たく たかり	たし	たき たかる	たけれ	○
まほし	まほしから	まほしく まほしかり	まほし	まほしき まほしかる	まほしけれ	○

接続 **たし** 動詞・助動詞「る」「らる」「す」「さす」「しむ」の連用形に付く。
まほし 動詞・助動詞「す」「さす」「しむ」「ぬ」の未然形に付く。

(2)たがる（口語・文語）

一人称以外のものの動作・作用にそうしたい気持ちが表れる意。［…タイヨウスデアル］

例 妻も行きたがったが、…自分は来させなかった。〈志賀直哉・和解〉

御見参《ごけんざん》に入りたがり候。〈宇治拾遺物語・七七〉

【補説】「たがる」は「たい」の語幹に、気持ちや様子を外に見せる意を表す接尾語「…がる」が付いたもの。鎌倉時代以後古典の文中にもしばしば用いられる。

基本形	未然	連用	終止	連体	仮定	命令
たがる	たがら（たがろ）	たがり たがっ	たがる	たがる	たがれ	○

接続 動詞・助動詞「れる」「られる」「せる」「させる」の連用形に付く。（安藤）

基本形 きほんけい

A ① 稲妻ははたはたとクレオパトラの瞳から飛ぶ。〈夏目漱石・虞美人草〉

② わが世界と他の世界と喰い違うとき二つながら崩れる事がある。破けて飛ぶ事がある。〈夏目漱石・虞美人草〉

【定義】佐久間鼎《かなえ》による、活用形についての用語。口語において、文を言い切る時の形と体言を修飾する時の形とを合わせたもの。

【解説】佐久間鼎は、『日本語の表現と語法』（一九三六）において、述定（言い切る形）と装定（体言を修飾する形）との関連性を述べ、口語においては、どちらも同じ形が用いられるとし、それらを統合する用語として「基本形」という言い方を用いている。例文①②の「飛ぶ」は、①が言い切りの形で、②が体言を修飾する形なので、文における働きは異なるが、語形としては同一の「基本形」ということになる。

【補説】(1)この「基本形」という概念は、言い切る形と体言を修飾する形が、必ずしも常に同一ではない文語の活用語には当てはめることができない。そのことは、佐久間鼎も認めている。(2)その後、三尾《みお》砂《いさご》も『話言葉の文法』（一九四二）で「基本形」を用い、現代における文法研究にも、寺村秀夫『日本語のシンタクスと意味II』（一九八四）を始めとして、「基本形」は受け継がれている。(3)言い切りの形を用言の代表形と見て、それを「基本形」と称することもある。これは、現実に用いられる具体的な語形というよりも、語として抽象化した存在についての称である。また、この場合は、文語・口語ともに用いることができる。　⇒終止形、連体形　（小野）

疑問代名詞　ぎもんだいめいし

A 何処《どこ》を押せば其様《そん》な音《ね》が出ます。〈二葉亭四迷・浮雲〉

B いづれの御時《おほんとき》にか…〈源氏物語・桐壺〉

【定義】 話し手との関係が不定の人や事物などを指していう語。学校文法でいう「不定称」に相当する。

【解説】 (1)例文**A**の「何処」は、適当な場所がわからないことを表しており、**B**の「いづれ」は、時の天皇の御名がわからないことを表している。(2)疑問代名詞としては、次のような語があげられる。

［口語］だれ・どいつ・どなた・なに・どれ・どこ・どちら・どっち

［文語］たれ・いづれ・なに・いづこ・いづち・いづら・いづかた

【補説】 この名称は、明治初年の田中義廉《よしかど》『小学日本文典』（一八七四）や中根淑《きよし》の『日本文典』（一八七六）などに見られるが、大槻《おおつき》文彦『広日本文典』（一八九七）以後は「不定称」というのが普通になった。　（池上）

⇒不定称

疑問文　ぎもんぶん

A 京都は好きか？〈志賀直哉・暗夜行路〉

B いかに思ひ始めることにか…〈更級日記〉

【定義】 文をその性質・意味から分類した一種。疑問の意を表すもの。また通常、反語表現も含める。

【解説】 文を性質・意味から分類すると、肯定文・否定文・感嘆文・命令文などに分けられるが、疑問文はそれらと並ぶ一種である。ふつう、疑問文は次のような形で作られる。

①疑問を表す語を用いる。

「それは何」「わたしの席はどこ」「今、何時」

②文末・文中に疑問を表す助詞を用いる。

「あなたは山田さんですか」「今日も仕事なの」

「雪は今日までありや」〈枕草子・八七〉

「国のうちに、年老いたる翁・媼やある」〈大鏡・序〉

＊文語の場合は、係助詞「や」「か」を用いる。ふつうこれらの語を受ける語句は言い切りになり、活用語で終わる場合は、係り結びとして連体形で結ばれる。「か」は疑問を表す語とともに、また「や」は単独で用いられることが多い。

③文末のイントネーションを上げる。

「ここは上野?」「まだ食べる?」

【補説】文中に「だれ」「どこ」などの疑問を表す語があれば、必ず疑問文になるということではない。「だれもいない」「どこか悪かったんだ」などは当然疑問文ではない。このように、その文の疑問の意は、文全体の構造や発話態度などによって決まる。⇒意味から見た文の種類、感嘆文、反語表現、命令文

（北村）

客語《きゃくご》 ⇒**目的語**《もくてきご》

逆接《ぎゃくせつ》

A 仙吉はAを知らなかった。しかしAの方は仙吉を認めた。〈志賀直哉・小僧の神様〉

B ゆくりなく風吹きて、こげどもこげども、後《しり》へ退《しぞ》きにしぞきて…〈土佐日記〉

【定義】接続関係を説明する語の一つ。前後が相反するつながりや、前の内容から後ろの内容へ順当に進行しないつながりをいう。順接に対するもの。

【解説】⑴例文Aでは、前文「仙吉がAを知らない」ことと後文「Aが仙吉を知っている」こととが相反する。例文Bでは、前句「こぐ」ことが順当に進行すれば船が進んでゆくはずのところが、その見込みと相反して「退く」結果となり、順当に進行していない。このように論理的に相反する文や句、あるいは順当な結果にならない文や句をつなぐのが逆接の表現である。⑵形の上からは、逆接表現には次のようなものがある。

㋐文と文とを接続詞によってつなぐもの（例文A）

㋑文相当のまとまり（句）に接続助詞を付けて前句と

し、後句へつなぐもの（例文B。「ども」が接続助詞）

【補説】逆接は、特に(イ)、つまり複文において、条件表現の形をとって現れることが多い。意味の上からは大きく仮定表現（次の例文の……部）と確定条件（次の例文の——部）とに分けられる。例「わたくしはこんなにかよわい体ではございますが、ついぞ病気を致したことはございませんから、島へ行ってからどんなつらい仕事をしたって、体を痛めるようなことはあるまいと存じます」〈森鷗外・高瀬舟〉 ⇒順接　（鈴木）

擬容語《ぎようご》 ⇒**擬態語**《ぎたいご》

共通語 きょうつうご

【定義】国内すべての地で互いの思想や感情を伝え合うことのできる言葉。

【解説】(1)日本語では、東京の山の手言葉がこれに当たる。各地の方言に対置される。(2)広義では、言語を異にする民族・集団がある一定範囲で意志疎通をはかるために用いられる言語も、共通語と呼び得る。その範囲はむろん「一国内」とは限定されないから、「中世ヨーロッパの学界・宗教界ではラテン語が共通語であった」とか「インターネットの世界では英語が共通語となっている」などということができる。

【補説】今日では各「方言」に対して、全国どこでも共通する言語を共通語と呼んでいるが、第二次大戦後までは「標準語」あるいは「普通語」などと表現することがあった。今日でも標準語という呼称は共通語という意味でかなり使われることが多いが、厳密にいえば標準語とは、共通語がさらに人為的に整理された規範性の強いものであり、理想的言語としての意味合いを帯びた呼称である。標準語を方言に対立させれば、方言は逆に非理想的言語という価値付けがなされることになってしまうので、今日では、方言と対立する言語の呼称に「共通語」を用いるのが一般的である。 ⇒標準語、方言　（北村）

京へ筑紫に坂東さ きょうへつくしにばんどうさ

【定義】方向を示す助詞に地方によって違いがあることを示した、室町時代の諺《ことわざ》。

【解説】同じく方向を示す助詞でも、京都地方では「町へ行く」、北九州地方では「町に行く」、関東地方では「町さ行く」のような使い分けがあるという意味。ふつう文法といえば、(ア)文語文法（古典文法）と、(イ)口語文法（現代文法）とに分け、(ア)は平安時代の京都中心の、(イ)は近代・現代の東京中心の、それも話し言葉よりは書き言葉本位の日本語を整理したものと考えるのが常識である。しかし、右のような文法の対象とする言語以外の、実際に使われている言語があって、その言語は時代の移り変わりによって、また用いられる地域・地方によってさまざまな変化を示している。このような、大まかな意味での方言差は、音韻・アクセントにも、語彙・語義の面にも現れるが、この「京へ筑紫に坂東さ」は、文法上大きな働きをする格助詞「へ」「に」「さ」にも地方差・方言差があることを示しているのである。ロドリゲスの『日本大文典』（一六〇四～一六〇八）が近畿と九州と関東の三大方言を認めていたのと「京へ」と「筑紫に」と「坂東さ」は符合している。

【補説】この諺には三条西実隆《さねたか》の日記（明応五年〈一四九六〉正月九日の条）に連歌師宗祇《そうぎ》の談として載っている、「京に筑紫へ坂東さ」の形のものもある。（林）

切れ続き　きれつづき

【定義】文の構成上、文中のある個所で意味内容がさらに後に続いていくか、あるいはそこで完結するか、という二つのことをまとめていう。「断続」とも。

【解説】文の成分である文節には、文に切れ目（完結）をつくる「切れる文節」と、次の言葉に続いていく「続く文節」とがある。たとえば「見通しは明るい」という文では「明るい」という文節はそこで文を完結させ、意味を終了させている。これに対して「明るい未来をつくりましょう」「明るく、未来を開きましょう」という文では、「明るい」という文節は「未来」という語に、「明るく」という文節は「開きましょう」という文節に意味的にかかって続いていく修飾語になっている。「切れ続き」はこの「切れる」（断止）、「続く」（接続）を包括的にとらえた語である。

【補説】「花が咲き、鳥が歌う」の「咲き」は、連用中止法と呼ばれている形で、意味が完全に終止していないから「続き」である。「切れ続き」を確かめることは、文の意味内容を正しくとらえるために重要である。

（北村）

近称　きんしょう

A これでも下女《げじょ》の面《つら》よりよっぽど上等だ。〈夏目漱石・坊っちゃん〉

B ここにおはするかぐや姫は重き病《やまひ》をしたまへば…〈竹取物語〉

【定義】 人《じん》代名詞の三人称、または事物代名詞を、話し手・聞き手との遠近・親疎の関係によって分けたものの一つ。指される内容が話し手に近い人物・事物・方向である場合をいう。「これ・ここ・こちら」など。

【解説】 ⑴例文Aの「これ」は話し手（坊っちゃん）自身の容貌を指しており、Bの「ここ」は話し手（竹取の翁）のいる場所を指している。⑵主な近称の代名詞を次にあげる。

口語 これ・こいつ・こっち

文語 こ・これ・ここ・こち・こなた

例 おれを見る度にこいつはどうせ碌《ろく》なものにならないとおやじがいった。〈夏目漱石・坊っちゃん〉

【補説】 大槻《おおつき》文彦『広日本文典』（一八九七）以来もっぱら話し手との空間的な距離によって、最も話し手に近い所の人物や事物を指すのが近称であるという考え方が一般的であった。しかし今日では、山田孝雄《よしお》『日本文法学概論』（一九三六）や時枝誠記《ときえだもとき》『日本文法口語篇』（一九五〇）などのように、空間的な距離だけでなく心理的距離も重視するようになっている。

⇒遠称、中称、不定称

（池上）

句　く

【定義】 文の要素の単位の一つ。「主語―述語」の関係を有するひと続きの言葉が、文の成分となっている場合、これを句と呼ぶ。

【解説】 「句」という用語は、いくつかの文法論で、いろいろな使われ方をしており、全体としてはかなり紛らわしい存在となっているだけに注意が必要である。大槻《おおつき》文彦の文法論においては、文、あるいは文章が完全に完結していない言いかけの表現が句とされている。山田孝《よし》雄《お》の文法論においては、「統覚作用（意識の統合作用）」という難解な概念である。それは具体的には「説明、想像、疑問、命令、禁制、欲求、感動など一切の思想を網羅するもの」とされているが、要は言葉の作用によって新たに生まれ確認できた一つの認識とでも考えればよいだろうか。一般の文法論でふつう「文論」と呼んでいるものを、山田文法では「句論」と呼ぶ。松下大三郎は、一般の文法論で「文」「文節」としているものをそれぞれ「断句」「詞」と呼んでおり、詞が他の部分に依存せず、独立性を有するとき、それは断句と呼び得ると説明している。時枝誠記《ときえだもとき》や神保格《じんぼうかく》の文法論では橋本文法での文節を句と呼び、時枝文法では特に句が「詞」と「辞」からなるものとする。今日、一般の文法論では、「主語—述語」（ただし主語は略される場合もある）の関係を有する従属節を句と呼ぶことが多い。　⇓従属節（北村）

ク活用　くかつよう

B かきつばたいとおもしろく咲きたり。〈伊勢物語・九〉

【定義】形容詞の活用の型の一つ。文語の形容詞のみに見られ、シク活用と対立する活用の型。

基本形	語幹	未然	連用	終止	連体	已然	命令
高し	たか		く	し	き	けれ	○
		から	かり	○	かる	○	かれ

【解説】(1)文語の形容詞は、活用語尾の違いから、「ク活用」と「シク活用」の二種類に分ける。(2)形容詞には、「基本活用」と「補助活用」の二つの活用系列がある。ク活用の「○・く・し・き・けれ・○」とシク活用の「○・しく・し・しき・しけれ・○」を「基本活用」、ク活用の「から・かり・○・かる・○・かれ」とシク活用の「しから・しかり・○・しかる・○・しかれ」を「補助活用」または「カリ活用」と呼ぶ。①基本活用は、形容詞本来の活用の型であり、助動詞を接続することがで

きない。②希望・推量・否定等を表す助動詞を接続したり、命令形によって命令を表すため、基本活用の連用形に、動詞「あり」を接続した「高く＋あら＋ず」「美しく＋あれ」のような形ができた。この「〜く＋あり（-ku＋ari）」という音の連続から、母音uが脱落して「〜かり（-kari）」となり、「高からず」「美しかれ」のような形になった。これが、「補助活用（カリ活用）」である。(3)ク活用とシク活用の見分け方は、打消の助動詞ズか、動詞「なる」を付け、「若からズ・若くナル」のように「から」「く」となるものはク活用、「美しからズ・美しくナル」のように「しから」「しく」となるものはシク活用である。(4)連体形と連用形に音便が現れる。

・イ音便…連体形―き→―い

例されどかたいものかな人の心は〈源氏物語・蜻蛉〉

・撥音便…連体形―かる→―かん

例世のうきよりは住みよかんなるものを〈平家物語・灌頂巻〉

・ウ音便…連用形―く→―う

例雨もいたう降りければ〈伊勢物語・六〉

【補説】(1)カリ活用の終止形は一般に用いられないが、「多し」は例外で、終止形に「多かり」が用いられることが多い。(2)ク活用の語は客観的状態、シク活用の語は感情を表すものが多いという傾向がある。

⇒音便、カリ活用、シク活用　（堀崎）

ク語法　くごほう

B ①…嘆かくを　止《とど》めもかねて…〈万葉集・一七・四〇〇八〉

②…音のみに　聞きし吾妹《わぎも》を　見らくし良しも〈万葉集・八・一六六〇〉

③夜のほどろ　出でつつ来《く》らく　度《たび》まねく（度重ナッテ）…〈万葉集・四・七五五〉

④…悪《あ》しけくも　良けくも見むと…〈万葉集・五・九〇四〉

⑤ぬば玉の　妹が乾《ほ》すべく　あらなくに…〈万葉集・一五・三七一二〉

⑥明かしつらくも　長きこの夜を〈万葉集・四・四八五〉

【定義】動詞・形容詞および動詞型活用の助動詞に、接尾語「く・らく」が付いて名詞相当の語となる、奈良時代特有の語法の一つ。

【解説】例文①の「嘆かく」は動詞「嘆く」の未然形に「く」が付いて「嘆くこと」の意になっている。②の「見らく」は動詞「見る」の未然形「見《み》」に「らく」が付いて「見ること」の意になっている。③の「来らく」は動詞「来る」の終止形「来《く》」に「らく」が付いて「来ること」の意になっている。④の「悪しけく」と「良けく」はともに奈良時代の形容詞の未然形「悪しけ・良け」に「く」が付き、全体で「悪い人になろうと良い人になろうと」の意になっている。⑤の「なく」は奈良時代の打消の助動詞「ぬ」の未然形「な」に「く」が付いて「ないことなのに」の意になっている。⑥の「つらく」は完了の助動詞「つ」の終止形に「らく」が付いて「明かしたこと（よ）」の意になっている。

【補説】(1)この語法は平安時代に入ってからも「見きとないひそ人の聞かくに」〈古今和歌集・一五〉などのように、主に和歌の中で用いられた。(2)現代語では、

曰《いわ》くのありそうな身の上…〈坪内逍遙・当世書生気質〉

…恐らくは其様《そのよう》な事であろう。〈二葉亭四迷・浮雲〉

…我々の思わく通りになる…〈夏目漱石・野分〉

などのような名詞・副詞の一部として残っている。ク語法の成立の説明として、大野晋《すすむ》の「アク説」がある。

⇒アク説　（池上）

屈折語　くっせつご

【定義】諸言語をその構造や特徴から分類した一つ。名詞や動詞などが、文中でその性・数・格や時制などの違いに応じて形が変化することを「屈折」と呼び、そのような特色を持つ言語を屈折語という。

【解説】(1)たとえば英語は一人称の主格をI、所有格をmy、目的格をmeと変化させ、動詞も時制によってsing（現在）、sang（過去）、sung（過去分詞）のように変化させる屈折語である。(2)構造の仕組みに着目して、その特徴により言語をいくつかのタイプに分類する考え方を言語類型論というが、屈折語はそのタイプの一つである。「膠着語」のように名詞や動詞に「付属要素」が接

合するのではなく、語形が規則的に変化することで、文法的機能を示すという特徴がある。このタイプに属する言語としては、ギリシャ語・ラテン語・ドイツ語・フランス語などがある。

【補説】屈折語はinflexional languageの訳語である。

⇒膠着語、孤立語　（北村）

句読点《くとうてん》

【定義】書き言葉に用いる「。（まる＝句点）」と「、（てん＝読点）」。また、広義にはそれらを含むさまざまな符号（＝くぎり符号という）を指す。

【解説】⑴句点は文末に用い、読点は文の途中の句切りに用いる。句読点を区切り符号の意で用いるときには、句点、読点のほかに、「・（なかてん）」「（　）（かっこ）」「「　」（かぎかっこ）」「『　』（二重かぎ）」「……（点々）」「――（中線）」「？（疑問符）」「！（感嘆符）」「＝（つなぎ）」「-（つなぎてん）」などがある。また、横書きの場合の区切り符号としてはこれ以外に「：（コロン）」「；（セミコロン）」「，（コンマ）」「“　”（引用符）」などがある。こうした符号の用い方を「句読法」というが、これには必ずしも確立したきまりはない。⑵文法的観点からいえば、文・文章のどこに句読点を打つかで、文法的な係り受けのあり方が変わってしまうという点が、特に注意される。たとえば「ふたえにまきてくびにかくる数珠《じゅず》」という文面で、「二重にまき、てくびにかくる数珠」と「二重にまきて、くびにかくる数珠」とでは、読点のわずかな位置の違いが「首」と「手首」という身体箇所の違い、ひいては数珠の長さの違いを生じさせてしまう。あるいは電報文と呼ばれる文面「アスルスバンニコイ」では、「アスルス、バンニコイ」と「アス、ルスバンニコイ」の読点位置の違いが「明日留守、晩に来い」と「明日、留守番に来い」という意味の違いになる。また「警官は血まみれになって逃げる泥棒を追いかけた」という文面では、「血まみれになって」という部分がどの部分と呼応するかをはっきり示すため、「警官は、血まみれになって逃げる泥棒を追いかけた」と「警官は血まみれになって、逃げる泥棒を追いかけた」との書き分けが可能で、読点を打つ場所がいい加減だと、読む側に大きな誤解を生じさせるという好例にもなる。

【補説】 我が国における句読法の最初の基準試案は、文部省図書課が国定教科書のために設けた「句読法案」(一九一〇)で、戦後は、文部省国語調査室編集の「くぎり符号の使ひ方」(一九四六)、「公文用語の手びき」(一九四九)などが出たが、これらもそれぞれ案であって、正書法として決定されたものではない。西洋などにおいては早くから句読点の正書法が確立していた地域もあったが、日本語においては、古来文章を書く際にほとんど句読点を施すという習慣は生じなかった。これは、日本語が漢字仮名交じり文という表記手法をとっていたため、一般に自立語は漢字で、付属語は仮名で書かれるということが多く、そのため文節の区切りが比較的わかりやすかったためでもあろう。さらに墨書き表記の場合においては、文字の大小や墨の濃淡をもって分かち書きの役割を担わせていたとも考えられる。区切り符号とはまた違う部類のものとして「゛(濁点)」「。(半濁点)」がある。これらは、漢文訓読における訓点の用法や、キリシタン資料における表記の影響によって生じたものと考えられる。今から考えると、濁点を打たない文面など、さぞ読みにくかっただろうと思われるが、日本語ではガザダバの四行(濁音)とパ行(半濁音)しかないので、それほど読むのに苦労がなかったとも考えられる。(北村)

⇒終止符

敬語 けいご

A ① わたしをお忘れになったんですか。〈島崎藤村・伸び支度〉
② 忘れる処か、今そこでうかがったようにおぼえているんです。〈若松賤子・忘れ形見〉
③ それは又誰にもわからなかったそうでございます。〈芥川龍之介・地獄変〉

B ① もの知らぬことなのたまひそ〈竹取物語〉
② いで、御消息《せうそこ》きこえむ。〈源氏物語・若紫〉
③ また、いとあはれなることも侍りき〈方丈記〉

【定義】 待遇表現(話し手と聞き手の関係、場面に配慮した表現)の一つ。聞き手、会話の中の人物を高めるために用いる言語表現。ふつう、尊敬語・謙譲語・丁寧語に三分類されることが多い。

【解説】 (1)例文の傍線部はいずれも敬語である。例文A①は「お忘れになった」、B①の「なのたまひそ」(=おっしゃるな)と、聞き手の動作を高めて表現する尊敬語。A②は「うかがった」(=お聞きした)、B②は「きこえむ」(=申し上げよう)と、話し手の動作をへりくだらせて、動作の及ぶ相手に敬意を表す謙譲語、A③の「ございます」、B③の「はべりき」(=ございました)は、「そうである」「あった」に比べ丁寧な言葉遣いをすることによって、聞き手・読み手に対して敬意を表す丁寧語である。(2)敬語は、話し手の意識からみた場合の違いによる用語の違いである。たとえば「行く」という動作についてA(話し手)がB(聞き手)に話すとき、

Aが行く・Bが行く(通常〈対立〉表現)

B′さん、いらっしゃいますか(尊敬表現)

A′がまいります(謙譲表現)

Aが行きます・Bさんがいらっしゃいます(丁寧表現)

となり、これを図示すると、次のようになる。

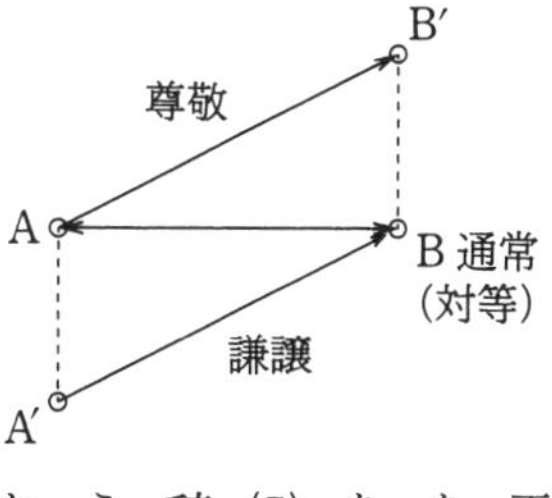

丁寧表現は、主語に関係なく、言葉遣いを丁寧にすることによって聞き手に敬意を表す。

(3)敬語は、①文法、②語彙、③修辞、④音声などに表れるが、うやうやしい音声で話すか、ぞんざいな音声で話すかは文法上のことでなく、また、「取ってください」「取ってくれない?」「取ってくれないか」「恐れ入りますが、取ってくださいませんか」のような言い回しの違いも、文法的な差違とはいえない。主として取り上げられるのは、次のようなものである。

(ア)接頭語・接尾語による語彙(お父さま)や、特定の語彙(おっしゃる)による表現

(イ)助動詞・補助動詞による言い回し

(4)尊敬語・謙譲語・丁寧語には次のようなものがある。

①**尊敬語**　おっしゃる/お話しになる/話される/お帽子/ご子息/娘御《ご》など。

②**謙譲語**　申し上げる/お話しする/拙宅/愚息など。

謙譲語の形になっていても、「だれとここへ参られた」「貴殿の申されることは信じがたい」「それがよろしいかと存じます」などは、謙譲というより、荘重な意識をもって語っている表現だとして、特に「荘重語」と呼ぶこともある。

③**丁寧語** 「～です／～ます／～ございます」を用いる。文末がこの形で表現される文体を「敬体」、文末が「～だ／～である」の形で表現される文体を「常体」と呼ぶ。また「お茶／お大根／ご相談／雨が降ってまいりました」など上品さを表す言い方は、「美化語」と呼ぶ場合がある。

【補説】⑴敬語を使用する目的は、まずは相手に対する敬意を示すことが第一義であるが、必ずしも相手に対する敬意ばかりを表すのではない。しばしば、自分の品性や教養、相手との心理的距離などを表す手段として用いられることがある。また、あまり敬語を多用しすぎると、話し手と聞き手の距離感ばかりが強調され、結果としてよそよそしさや、慇懃《いんぎん》無礼な態度が伝わってしまうことになる。⑵話し手が、相手より自分自身を高めるように用いる敬語がある。古代、限られた高位の人物（神・帝など）が自分に対して用いた自称の尊敬語や、相手が自分に隷属する身分であることを意識して、自分の動作に用いた尊敬語などがこれに該当するが、語り手の敬意が交りこんだとする説もある。例「われは近う失はれんずると思し召すぞ」〈平家物語・三〉 自己尊敬・自己敬語・自敬表現とも。⑶なお、敬語は「貴兄／先生／様／殿」などの「敬称」や、「人称代名詞」の問題も含められる。

⇒謙譲語、尊敬語、待遇表現、丁寧語 （北村）

形式形容詞 けいしきけいようし

A 彼は優れて美なり。乳《ち》の如き色の顔は燈火《ともしび》に映じて微紅《うすくれなゐ》を潮《さ》したり。〈森鷗外・舞姫〉

【定義】山田孝雄《よしお》の品詞分類における用語。意味が抽象的で、実質的な概念のある語の後に添えて用いられる形容詞。

【解説】具体的には、「如し」の一語。学校文法では比況の助動詞の一つとされる。「如し」は、活用のタイプは形容詞でありながら、他の実質形容詞、たとえば「赤し」「悲し」のように実質的な意味を持つわけではなく、ただ、上にくる語をうけて、「まるで～であるかのようだ」という意味を示すだけの働きをする。（小野）

⇒形式用言

形式体言 けいしきたいげん

A 表町に田中屋の正太郎とて歳は我に三つ劣れど、家に金あり身に愛敬あれば人も憎まぬ当の敵あり〈樋口一葉・たけくらべ〉

【定義】山田孝雄《よしお》の品詞分類における用語。代名詞および数詞を指す。実質体言の対。

【解説】例文Aの「我」「三つ」が形式体言。

【補説】山田孝雄の文法学説による「形式体言」は、一般的な「形式名詞（形式体言）」とはかなり概念が異なる。（小野）

⇒形式名詞、実質体言

形式動詞 けいしきどうし

A 宮は誰と組み、富山《とみやま》は誰と組むらんとは、人々の最も懸念するところなりけるが、〈尾崎紅葉・金色夜叉〉

【定義】山田孝雄《よしお》の品詞分類における用語。実質的な概念のある語の後に添えて、抽象的な意味で用いられる動詞。

【解説】具体的には、サ変動詞「す」の一語。「す」は動作一般を抽象的に表すもので、例文Aでは上の「懸念」と結びついて、はじめて具体的な意味内容が明らかになるものである。

【補説】「形式動詞」という用語は、松下大三郎も用いているが、「歴史を研究する」などの「する」以外に、「厭ひも果てじ」の「果つ」、「山に登ってみる」の「みる」なども含まれる点、山田孝雄とは異なる。（小野）

⇒形式用言

形式名詞 けいしきめいし

A 古い話である。僕は偶然それが明治十三年の出来事だと云うことを記憶している。〈森鷗外・雁〉

B おとに聞くと見る時とは、何事も変はるものなり。〈徒然草・七三〉

【定義】本来の実質的意味を失い、具体的で実質的な意味を持つ修飾語（句）を伴って用いられる名詞。

【解説】⑴例文Aの「こと」が形式名詞。ここの「こと」は、たとえば「ことが起こらないように気をつける」のような「事態・出来事」という意味を失い、「ことを記憶している」というだけでは意味が通らないので、「明治十三年の出来事だと云う」という修飾句を伴わなければ用いることができない。⑵同じような性質を持つ語として、例文Bの「もの」「時」のほか、「ところ」「ため」「つもり」「はず」などをあげることができる。⑶このような語は修飾語を伴わなければ名詞として用いることができない点で「不完全名詞」とも呼ばれる。

【補説】⑴実質的な意味を失っているという基準と必ず連体修飾語（句）を伴わなければならないという基準のどちらを優先させるかで、形式名詞の範囲は異なる。⑵山田孝雄《よしお》も「形式体言」という用語を使うが、ここの「形式名詞」とは異なる。

⇒形式体言　（小野）

形式用言　けいしきようげん

A 吾輩は猫である。名前はまだ無い。〈夏目漱石・吾輩は猫である〉

B これはいと浅くはべり。〈源氏物語・若紫〉

【定義】山田孝雄《よしお》の品詞分類における用語。意味が抽象的で、実質的な概念のある語の後に添えて用いられる動詞・形容詞。実質用言の対。

【解説】具体的には、存在詞「あり」「居《お》り」「侍り」「いますがり」、形式動詞「す」、および形式形容詞「ごとし」のこと。

⇒形式形容詞、形式動詞、実質用言　（小野）

敬称　けいしょう

A「駅長さん、弟をよく見てやって、お願いです。」〈川端康成・雪国〉

B 粟田殿の騒がし申したまひけるは…〈大鏡・花山院〉

【定義】人に敬意を表すため、姓名や地位・職名の後に添える語。

【解説】⑴西欧語の敬称（「Mr.」「Miss」など）は、多く名の前に添えることが多いが、日本語では原則として、姓名・職名などの後に添える。中国由来の漢語表現から出たものが多く、「先生」「大兄」「大人」など手紙の宛名に添えられるものが多い。和語由来のものでは「様・さん」「殿」などがある。特定の地位や職名に添える「陛下（天皇・国王に）」「関（力士に）」「画伯（画家に）」などもある。友人に用いる「君」や子どもに用いる「ちゃん」も広義では敬称だが、必ずしも「敬意」から添えているわけではなく、これらは「親愛」表現と見なして、敬称に入れないことがある。⑵職名自体が敬称となることもあり、「〜社長」「〜部長」「〜頭取」などがある。

【補説】⑴敬称は日常会話で相手を呼ぶ時になくてはならぬ言い方だが、通常では姓名の後には「〜さん」を添えるのが一般的である。相手が客や高位の人物なら、「〜さん」は「〜様」に変化することが多く、これは敬意の度合いの違いによる。⑵「尊父」「岳父《がくふ》」「ご内儀」「ご子息」「ご主人」などの言い方は、敬意はあるが姓名に添えるものではないから、敬称ではなく尊敬語として扱う。⑶「社長・校長・頭取」などを人物を指す語として用いる場合は尊敬語として扱う。⑷手紙の宛名に添える敬称には次のようなものがある。

㋐一般的に相手の姓名に

「様」・「殿（公用、事務用に使用されることが多い）」

㋑特定の職業や地位に

「大兄」（先輩・同輩に）

「学兄」（学問、文学上の友人に）

「画伯」（画家に）

「丈」（歌舞伎役者に）

「関」（力士に）

「上人・猊下《げいか》」（高僧に）

「陛下」（天皇・国王に）

「殿下」（皇太子・親王などに）

「閣下」（高官に）

（北村）

係助詞《けいじょし》 ⇒**係助詞**《かかりじょし》、**副助詞**《ふくじょし》

継続・反復の助動詞 けいぞく・はんぷくのじょどうし

B 昼はも　嘆かひ暮らし　夜はも　息衝《づ》きあかし
〈万葉集・五・八九七〉

【定義】動作・作用が繰り返して行われること、また引き続いて行われることを表す。反復・継続の助動詞は、奈良時代に用いられた「ふ」だけである。

【解説】(1)例文Bの「嘆かひ」は「何度も嘆いて」と、「嘆く」動作が何度も繰り返されること（反復）を表す。
(2)また、次の例のように動作が引き続いて行われることを表す。例秋の田の穂の上《へ》に霧《き》らふ（ズットカカッテイル）朝霞いつへの方に我《あ》が恋やまむ〈万葉集・二・八八〉
(3)反復・継続の「ふ」が付くことによって、その前の母音が［a］→［o］と変化することがある。例「移らふ→移ろふ」「奉《たてまつ》らふ→奉ろふ」「休まふ→休もふ」

【補説】奈良時代には多くの動詞に自由に接続し、活用形も揃っているので一つの助動詞とされるが、平安時代以降は「語る」「住む」「祈《ね》ぐ」「呼ぶ」などごく限られた動詞にしか付かなくなった。このため接尾語化して「語らふ」「住まふ」「願ふ」「呼ばふ」など一語の動詞となった。現代語の「語らい（語らひ）」「すまい（住まひ）」などはそれらの動詞の連用形が名詞に転じたものである。

【活用と接続】

基本形	未然	連用	終止	連体	已然	命令
ふ	は	ひ	ふ	ふ	へ	へ

＊まれに下二段型の用例がある。

接続 動詞の未然形に付く。

（池上）

軽卑語 けいひご

【定義】待遇表現の分類の一種。相手または話題の人を見下し、自分を優位に立たせて、相手・話題の人を軽んじ卑しめる表現。軽侮《けいぶ》語、軽蔑語などともいう。

【解説】待遇表現には「敬語・親愛語・尊大語」などの分類があるが、軽卑語もその一種。相手を蔑視する態度がなくても、親しい者に対するぞんざいな表現や、「敬体（です・ます・ございます）」表現を使うべきところを、

「常体（だ・である）」表現を使ったとき軽卑語となる場合がある。「畜生」「てめえ」「このあま（女）」「くそばばあ」「くたばれ」「ど阿呆」など、ののしり、けんかなどの口頭表現に多く使用される。

【補説】日本語の軽卑語は、他の言語の場合と比較して、それほど多くはないといわれる。敬語の発達とその体系の大きさが、その対極的位置にある軽卑語の発達を抑制したとも考えられるが、一口に軽卑とはいっても、そこにはいろいろな意識の違いもある。相手を呪い罵倒する意識、相手を自分の配下に組み入れようとする意識、また上等なものを前提としてそれと対比的に下等なものを強調する意識など、軽卑語にこめられた発話意図には多彩なものがある。「馬鹿」「まぬけ」「鬼」「お多福」「やつ」などの名詞によるものが最も多いが、「しゃべりくさる」「殺《や》っちまえ」「言いやがる」や、「ぶんなぐる」「ひんまがる」「ぶっ殺す」「どケチ」「ボヤボヤするねえ」「女め」など、助詞・助動詞や接頭語・接尾語などによる表現もある。

⇓待遇表現

（北村）

形容詞　けいようし

A 吾輩は猫である。名前はまだ無い。〈夏目漱石・吾輩は猫である〉

B はじめより、「われは」と、思ひあがり給へる御かたがた、めざましき者におとしめそねみたまふ。〈源氏物語・桐壺〉

【定義】自立語で活用があり、言い切りの形が、口語では「い」、文語では「し」になるもの。

【解説】⑴例文**AB**における「無い」「めざまし」が形容詞。言い切りの形は、それぞれ、口語で「無い」「めざましい」、文語で「無し」「めざまし」となる。活用は口語は一種類、文語ではク活用とシク活用の二種類がある。

【口語】

	語幹	未然	連用	終止	連体	仮定	命令
無い めざましい	な めざまし	かろ	かっ く	い	い	けれ	◯

【文語】

	語幹	未然	連用	終止	連体	已然	命令
無し（ク活用）	な	から	く かり	し	き かる	けれ	かれ
めざましい（シク活用）	めざま	しから	しく しかり	し	しき しかる	しけれ	しかれ

(2)文語の活用表における「く・し・き・けれ」「しく・し・しき・しけれ」の系列を本活用、「から・かり・かる・かれ」「しから・しかり・しかる・しかれ」の系列を補助活用（カリ活用）と呼ぶ。補助活用は、形容詞の連用形に「あり」を連ねたもの（ku＋ari→kari）であるが、この補助活用によって、本活用における未然形と命令形の空白を埋めている。(3)動詞「あり」による補助活用によってはじめて形容詞の命令形が可能となるということと、現代語で形容詞を用いて命令表現を作るとすると、「無くなれ」「めざましくなれ」のように動詞「なる」を用いることをあわせて考えると、形容詞は、口語・文語とも一貫して、動詞の力を借りないと命令の言い方を持ちえない品詞であったということになる。(4)形容詞「多し」は、「つきせず多かる紙を、書きつくさんとせしに」〈枕草子・三一九〉、「これにつけても、憎み給ふ人々多かり。」〈源氏物語・桐壺〉のように、補助活用の方を主に使い、しかも、一般的には用いられない終止形の「多かり」も用いる、特別な語として知られている。

【補説】(1)「大きな」を形容詞「大きい」の連体形と誤認することがあるが、「な」を形容詞の連体形活用語尾とすると、「赤な本」「悲しな気持ち」のようなものを認めてしまうことになるので、「な」を形容詞の活用語尾とすることはできない。「大きな」は連体詞または形容動詞（連体形だけが使われる）の連体形ということになる。(2)日本語教育では、学校文法でいう「形容詞」を「イ形容詞」、「形容動詞」を「ナ形容詞」と呼ぶが、これは連体形が「い」なのか「な」なのかを誤認しないようにという教育的配慮もしながらグループ分けをしたものである。(3)色名を表す形容詞は、古代では「赤し」「青し」「白し」「黒し」の四種だけであった。「黄色い」はもと形容動詞「黄なり」であり、これが形容詞として用いられるのは、近世になってからである。(4)もと形容動詞だったものが、形容詞に変化したものとしては、「鋭《するど》なり」→「鋭し（鋭い）」、「ひき（低）なり」→「低し（低い）」、「大きなり」→「大きい」があげられ、近年では、「ナウだ」→「ナウい」という例もある。(5)「大きなり」が「大きい」に形容詞化した近世において、古代から存在した形容詞「小さし（小さい）」から「小さな」という連体詞が生じた。

⇒カリ活用、形容動詞、補助活用　（小野）

形容動詞　けいようどうし

A　いくら結城紬《ゆうきつむぎ》が丈夫だって、こう着つづけではたまらない。〈夏目漱石・吾輩は猫である〉

B　いと、あつしくなりゆき、もの心ぼそげに里がちなるを、いよいよ「あかずあはれなるもの」に思ほして、〈源氏物語・桐壺〉

【定義】自立語で活用があり、言い切りの形が、口語では「だ」、文語では「なり」「たり」であり、事物の状態や性質を表す語。活用の型は動詞に似て、意味的には形容詞と共通するところから名づけられた。

【解説】(1)例文ABにおける「丈夫だっ」「あはれなる」が形容動詞。言い切りの形は、それぞれ、「丈夫だ」、「あはれなり」となる。口語は活用の型は一種類だが、文語ではナリ活用とタリ活用の二種類がある。

［口語］

	語幹	未然	連用	終止	連体	仮定	命令
丈夫だ	丈夫	だろ	で だっ に	だ	な	なら	○

［文語］

	語幹	未然	連用	終止	連体	已然	命令
あはれなり（ナリ活用）	あはれ	なら	なり に	なり	なる	なれ	なれ
堂々たり（タリ活用）	堂々	たら	たり と	たり	たる	たれ	たれ

(2)ナリ活用、タリ活用ともに、「あはれに」+「あり」、「堂々と」+「あり」が複合して形成されたものである。(3)上代においては、「なり」と「〜にあり」が共存していた。(4)「タリ活用」の形容動詞は、訓点資料の漢文訓読文などに多く用いられる。(5)「タリ活用」の形容動詞は、現代語においては、「堂々たる態度」(連体詞)、および「堂々としている」(副詞)のように別の品詞として扱われる。(6)同じ語が名詞・形容動詞の両方に用いられる場合がある。たとえば「健康に留意する」の「健康」は名詞であり、「健康な体」の「健康な」は形容動詞である。後者は前掲の活用表のように活用する。

【補説】 (1)形容動詞が一つの品詞として立てられたのは新しいことで、それまでは形容詞の中に含めて考えられることが多かった。日本語教育では、形容動詞を「ナ形容詞」と名づけて形容詞の一類として考える。(2)形容動詞を一品詞として独立させたのは吉沢義則であり、カリ活用・ナリ活用・タリ活用の三種を認め、副詞法の「—く」「—に」「—と」の三種も認めた。橋本進吉が、このなかからカリ活用を形容詞の補助活用に繰り入れ、ナリ活用とタリ活用とを形容動詞と認定したのが、今日の学校文法へとつながるものである。(3)形容動詞を一品詞として認めない説としては、山田孝雄《よしお》の、語幹を副詞、語尾を存在詞と認定する説、時枝誠記《もとき》の、語幹を体言、語尾を助動詞と認定する説などがある。(4)語幹が同じで形容詞型にも形容動詞型にも活用する語がある。たとえば、「細かい—細かだ」「黄色い—黄色だ」「四角い—四角だ」など。(5)「丈夫です」の類は、「形容動詞語幹+丁寧な断定の助動詞」とされてきたが、現在では、「形容動詞の丁寧な言い方」と認めて、活用表に「—でしょ・でし・です」を加えることもある。

⇒形容詞

(小野)

希求言 けぐげん

東条《とうじょう》 義門《ぎもん》が『和語《わご》説略図《せつのりゃくず》』(一八三三)で用いた文語活用形の名称の一つ。前著『友鏡《ともかがみ》』(一八二三)では「使令」としていた。現行の「命令形」に当たる。

⇒使令《しれい》、命令形

(池上)

言語過程説　げんごかていせつ

【定義】時枝誠記《ときえだもとき》（一九〇〇―一九六七）が提唱した言語本質観。言語の本質は「話し、書き、聞き、読む」人間の言語活動それ自体にあるのであって、構成された実体としての言語にあるのではないとする学説。言い換えれば、言語は思想の表現過程であり、理解過程であるとする考え方である。

【解説】言語とは何であるか、言語の本質は何であるか、という課題は、個々の言語の垣根を越え、また時代の推移を越えた課題である。時枝はその主著『国語学原論』（一九四一）、『国語学原論続篇』（一九五五）によって、定義に示したような考え方を示し、この考え方は言語過程説と呼ばれるようになった。上記の著書の中で、西洋近代言語学、特にソシュール学派におけるラングの考え方を、言語は人間に外在するもの、言語は人間の参与を経ずして、既に構成されている存在だとする言語構成説であるとして、批判的に扱うべきだとし、言語過程説のアンチ・テーゼと位置づけた。このことも言語過程説を理解する一助となるであろう。言語過程説の要点は次のようである。

(ア)言語は思想の表現過程・理解過程そのものである。

(イ)言語は、音声（発音行為）あるいは文字（記載行為）を媒介とする表現過程であり、同時に音声（聴取行為）あるいは文字（読字行為）を媒介とする理解過程である。

(ウ)言語は、人間の行為、活動、生活の一つである。

(エ)言語の成立条件は、話し手（書き手を含む）・聞き手（読み手を含む）・素材の三つである。

(オ)言語は「話すこと」「聞くこと」「書くこと」「読むこと」の四つの形態のいずれかにおいて成立する。

(カ)言語の研究は、言語を行為する主体的立場を観察することにある。

具体的には、助詞・助動詞の本質を追求することも、言語過程説の大きな課題であった。言語過程説では、表現主体が客体界の事物である素材を、場面の制約のもとに概念化し、概念―聴覚映像―音声（文字）という過程を経て表現が成立し、理解は音声（文字）という表現形態を通して、逆の方向を経て概念に到達する。この過程そのものが言語であると説く。概念化は、主体の素材に対する把握の仕方であり、この把握の仕方の差が言語における意味の差である。概念化の過程を経た語は、古来、体言・用言を代表とする「詞《し》」である。表現主体の立場の直接表現は、概念化の過程を踏まずに表現される。すなわち助詞・助動詞を代表する「辞《じ》（てにをは）」である。「詞」と「辞」との間には次元的な相違、表現本質の相違がある。この表現本質の相違から、辞は常に詞を統括する働きを示し、日本語の文の基本的文型は入子型《いれこがた》構造になる。詞と辞との二大別は語の分類にも影響を及ぼした。形容動詞の否定、助動詞と接尾語との区別、敬語法における素材敬語と対者敬語との区別など、あげるべき事項が多い。　⇒入子型構造、時枝文法　（林）

謙譲語　けんじょうご

A「時に大哥《あにい》。どうでしょう。あしたはお供をさせて頂くわけには…」〈岡本綺堂・山祝いの夜〉

B 院などにまゐり（参上シテ）、いととうまかでなむ（大急ギデ退出シマショウ）。〈源氏物語・葵〉

【定義】待遇表現で、敬語の分類の一つ。相手や話題中の人物、またその人に関係のあるものに対し敬意を示すため、自分の側の動作・状態、所有物などを低め、へりくだっていう言い方。

【解説】(1)例文**A**の「お供をさせて頂く」は、「お供したい」ということを、へりくだって相手に許可を願うという形で表現して敬意を表した言い方。**B**の「まゐりて」「まかでなむ」は、光源氏が桐壺上皇の御所に「参上し」て、御前を「退出し」てこようという表現で、自分をへりくだらせて上皇に対する敬意を表している。謙譲の動詞はこのように自分の側の動作・状態に用いて、相手に敬意を表すものである。(2)謙譲語はいくつかの決まった言い方でいう。その種類は次のようである。

(ア)謙譲の意を持つ特別な語を用いる。
「する→いたす」「食べる・もらう→いただく」「行く・来る→まいる」「言う→申し上げる・奏す」「子息→せがれ・愚息」など。

(イ)動詞を「お（ご）〜する」の形にする。「お持ちする」「御案内する」など。

(ウ)謙譲の意を持つ補助動詞などを用いる。「待たせていただく」「読み奉る」「語り聞こゆ」など。

(エ)謙譲の意がある接頭語や接尾語を加える。「拙宅」「小社」「わたくしめ」「手前ども」「憶良《おくら》ら」など。

【補説】謙譲語を次の二つに分ける考え方もある。

①話し手が、自分の動作・状態の及ぶ対象やその所有物を高める。(例)「先生からいただく」「皆様に申し上げる」「お手紙を差し上げる」など）

②自分の動作を低めてへりくだり・かしこまり・つつしみの意を表す。(例)「お宅にうかがう」「明日参ります」「承っております」など）

本来へりくだる意味であった「いただく」「申す」「差し上げる（奉る）」などの語が、現代ではへりくだりの意をほとんど持たなくなったために右のような分類が考えられるようになったものである。

⇒尊敬語、待遇表現、丁寧語（北村）

現代仮名遣い　げんだいかなづかい

【定義】現在、口語文に用いられている仮名遣い。昭和二一年（一九四六）一一月一六日付けの内閣告示によって急速に普及し、同六一年（一九八六）七月一日付けで改定されたが、内容的に大きな変化はなかった。主として現代語の発音に基づいて書き方を定めているが、助詞「は」「へ」「を」はそのまま、歴史的仮名遣いの書き方に従っている。

【解説】歴史的仮名遣いは千年も前の綴り字法をそのまま用いる仮名遣いである。字音仮名遣いも同類であって現代の発音とは合致しない。不便である。そういう意見は明治時代からすでにあった。太平洋戦争敗戦後、国語審議会は漢字使用を制限する当用漢字と並行して、現代口語文に適応する仮名遣いを作成した。この仮名遣いは、語を現代語の音韻に従って書き表すことを原則とし、一方、表記の慣習を尊重して一定の特例を設けるものである。この仮名遣いは、法令・公用文書・新聞・雑誌・放送など、一般の社会生活において、現代の国語を書き表すための、仮名の使い方のよりどころを示すものである。この仮名遣いは、主として現代文のうち口語体のものに適用する。以上のような原則のもとに、

・助詞「を」「は」「へ」は歴史的仮名遣いのままとする
・オ列長音はオ列の仮名に「う」を添える
・動詞「言う」は「いう」と書く
・「ぢ」「づ」は同音連呼（例ちぢむ、つづみ）、二語連合（例はなぢ、みかづき）のほかは用いない
・歴史的仮名遣いでオ列の仮名に「ほ」「を」が続くものは「おほやけ→おおやけ」「とを（十）→とお」「とほり→とおり」のように書く

のような特例を設けるものである。現代仮名遣いの第二の特色は、和語・漢語の別なく、現代語音でひとしなみに示そうとしたことである。

例あはれ→あわれ　ゑづ（絵図）→えず
くわんいう（勧誘）→かんゆう

現代仮名遣いの「付表」では、現代語の音韻を目印として、現代仮名遣いと歴史的仮名遣いとの主要な仮名の使い方を対照させ、例を示した。次に例を一部あげる。

現代語の音韻	現代仮名遣いで用いる仮名	歴史的仮名遣いで用いる仮名	例
イ	い	ゐ	井戸《ゐど》→いど　居る《ゐる》→いる 権威《けんゐ》→けんい
		ひ	貝《かひ》→かい　合図《あひづ》→あいず 費《つひ》やす→ついやす
オー	おう	をう	翁《をう》→おう
		あう	桜花《あうくわ》→おうか　奥義《あうぎ》→おうぎ
		あふ	扇《あふぎ》→おうぎ　押収《あふしう》→おうしゅう
		わう	弱《よわ》う→よおう　王子《わうじ》→おうじ
		はう	買はう→買おう　舞はう→舞おう

現代仮名遣いは表音式仮名遣いが基本である。したがって文法の活用表も影響をうけて文語のハ行四段（例思ふ、言ふ）はワ・ア行五段に、文語のワ行上一段（例率ゐる、居《ゐ》る）はア行上一段になった。⇒仮名遣い（林）

語 ご

【定義】意味的なまとまりをもった、「言葉」の最小の単位。「単語」とも。

【解説】⑴語はふつう、単語とほぼ同義のものを指すと考えてよいが、その用いられ方は多義的であり、言語一般を指す場合や一般的語句を指す場合、思想の発表の材料と見なす場合（山田孝雄《よしお》）、文節を構成する単位と見なす場合（橋本進吉）、単語だけでなく接頭辞（接頭語・接尾語）も含めて呼ぶ場合など、各種多様な扱われ方がある。⑵語構成論では、単純語は厳密に単語と呼び、単純語と合成語を合わせて語と呼ぶ、という考え方も存在する。（北村）

口語文法と文語文法 こうごぶんぽうとぶんごぶんぽう

【定義】「口語文法」とは、現代の共通語（標準語）として語られている言葉、およびそれに基づく書き言葉（口語文）に見られる言葉の用い方の通則であり、「文語文法」とは、江戸時代以前の文献に見られる言葉の用い方の通則である。

【解説】前者は日常の言語活動のための実用文法という色合いが濃く、後者は古典読解のための解釈文法という色合いが濃い。歴史的に言えば、江戸時代までが文語文法、明治時代からが口語文法の時代ということになるが、実際はそう単純ではない。江戸時代後期の戯作《げさく》文学には、口語文法的な現象の萌芽が見られるし、明治時代初期の小説類はむしろ文語文法によっているし、短歌や俳句の中には、文語的な表現が現代も使われている。また、学校文法でいう「文語文法」は平安時代中期の文学作品の言葉の用い方を基礎にしているが、奈良時代の文献にそれとは多少違った語法が見られることも知られている。さらに言えば、文語文法から口語文法に移行する際の過渡的な現象が室町時代の抄物《しょうもの》やキリシタン資料、江戸時代の狂言台本や歌舞伎脚本など、文学史的には傍流の資料に見られることも注意する必要がある。

【補説】口語文法と文語文法を比較すると、次のような相違点があげられる。

(ア)口語では活用形の名称が未然形・連用形・終止形・

連体形・仮定形・命令形となるが、文語では未然形・連用形・終止形・連体形・已然形・命令形となる。

(イ)動詞の活用の種類は、口語では五種類（五段・上一・下一・カ変・サ変）だが、文語では九種類（四段・上一・上二・下一・下二・カ変・サ変・ナ変・ラ変）である。

(ウ)形容詞の終止形は口語では「―・い」だが、文語では「―・し」である。

(エ)形容詞の命令形は口語にはないが、文語にはある。

(オ)形容詞の活用の種類は、口語では一種類だが、文語では二種類（ク活・シク活）ある。

(カ)形容動詞の終止形は、口語では「―・だ」だが、文語では「―・なり」である。

(キ)形容動詞の命令形は、口語にはないが文語にはある。

(ク)助動詞については語形・活用のしかた・意味などにかなり口語と文語の違いが見られる。

(ケ)助詞については過半は文語・口語共通であるが、「ものから」「なむ」「ばや」など文語独特の語も多い。

（池上）

合成語 ごうせいご

A トシオはズボンの尻のポケットから、皺だらけの千円札を出して切符を二枚受け取る。〈三田誠広・僕って何〉

B 后《きさい》の宮の姫宮こそ、…ありがたき御かたち人になむ。〈源氏物語・桐壺〉

【定義】 語の構成から見て、二つ以上の「意味を持っている部分」が組み合わさってできている語。複合語と派生語の両方を含む。

【解説】 単語を構成上から分類したとき、それ以上小さく分解することのできない語を「単純語」と呼ぶのに対して、合成語は二つ以上の「意味を持っている部分（形態素）」が組み合わさって成立している語である。たとえば、例文**A**の「千・円・札」や**B**の「姫・宮」「あり・がたし」など、いくつかの「単独で用いられる語」の組み合わせによるものや、**A**の「皺・だらけ（接尾語）」や**B**の「御（接頭語）・かたち・人」などのように接頭語・接尾語が加わって構成される語もある。ふつう、前者を「複合語」、後者を「派生語」と呼ぶ。

【補説】解説に述べたように、今日では一般に合成語の下位分類として「複合語」を位置づけるが、合成語を複合語と同等に扱う場合もある。

⇒単純語・派生語・複合語　（秋元）

構造から見た文の種類《こうぞうからみたぶんのしゅるい》

A ①その平三郎は いま大きないびきをかいている。〈水上勉・雁の寺〉

②私は、きっと、頭が 悪いのです。〈太宰治・千代女〉

③蜂すずめは 花の蜜を食べ、かわせみは お魚を食べ、夜だかは 羽虫をとって 食べるのでした。〈宮沢賢治・よだかの星〉

【定義】文をその構造から分類した種類。文中に「主語—述語」の関係がどのように表れているか、で分類する。

①は**単文**……文中に「主語—述語」の関係が一つだけ成立している文。

②は**複文**……文中に「主語—述語」の関係が二つ以上成立している文。

③は**重文**……文中に「主語—述語」の関係が二つ以上成立し、かつそれらが互いに対等に並ぶ関係にある文。

【解説】単文とは「主語—述語」の関係をただ一つしか含まない文をいう。つまり単文は、従属的な節がない文を指す。

例 花が咲いた。／太郎が絵を描いた。／これは何ですか。

複文は「主語—述語」の関係を二つ以上含む文である。つまり複文は従属的な節を含み、かつ、その節が「主語—述語」の関係にある。

例 これは兄がくれた本だ。／日が暮れると、あたりは真っ暗になった。（傍線部の従属的な節が「主語—述語」の関係になっている）

重文は「主語—述語」の関係を二つ以上含む。かつ、それらの節が、互いに対等・対立の関係にある。これを対立節とよぶことがある。

例 花は咲き、鳥は歌う。／頭も痛いし、熱もある。／

明治以降、土佐は高知県になり、越後は新潟県になり、讃岐は香川県になった。（傍線部の節が対等の関係になっている）

【補説】(1)この分類は、オランダ文法・英文法からの移入によって、日本語文法に採り入れられたものである（英文典との関係でいえば、単文は simple sentence、複文は complex sentence、重文は compound sentence にそれぞれ該当する）。西欧語の多くには、文にも節にも「主語—述語」の関係が認められる。そこで、「主語—述語」の関係にある部分がどのように組み合わされて一つの文を構成しているのか、という観点からこの分類が考えられた。多くの西欧語では、命令文や感嘆文などを除けば、ふつうどんな文や節にも「主語—述語」の関係が認められるから、その文の中にいくつの節があるか、その節が互いにどんな関係にあるか、ということが文の組み立てられ方の大切な観点になる。しかし、日本語では、文にも節にも「主語」は必須ではないため、この「主語—述語」の関係から文を類別するという方法は、いろいろな問題を生じさせてもいる。たとえば、主語がない文（「もう八時だ」「明日から夏休みだ」など）は、単文ではないのか、とか、主語のない節を持つ文（たとえば「私は昨日買ってきた本を読んだ」「妹は食べ残したケーキを冷蔵庫に入れた」など。傍線部の節には見かけ上、主語がない）は、複文とは呼べないのか、などの問題である。(2)単文を「主語—述語」の関係が文全体で一回だけ成立する文と見なす説もある。この場合は一文中に「主語—述語」の関係がいくつあるかということではなく、その文で大きな呼応をなす「主語—述語」関係が一回のみ成立しているという説明になる。この立場からすると、先の複文の例の「これは兄がくれた本だ」は、「これは」という主語と、それに呼応して叙述する「兄がくれた本だ」という述語の関係が一回だけ成立している文ということになり、単文と見なされる。こうした定義の揺れは、これらの分類にいっそうの混乱を与えている。(3)いずれにせよ、こうした「主語—述語」の観点による分類を、「主語—述語」の関係が必ずしも明確ではない日本語に単純に当てはめて考えても、それによって日本語の文の構造がよりよく見えてくるとは言い難い。この分類は、比較的単純な組み立ての文においてその構造を特徴づけはするが、複雑な組み立ての文においては、かえって見通しを悪くすることさえある。たとえば、「朝になると日が昇り、夜になると月が出る」や「昼は明るく、夜は暗いのは、当然だ」というような文はどう分類すべきかなどの問題は、いくつかの見解の相違を生じさせている。（北村）

⇒意味から見た文の種類、節

後置詞《こうちし》

【定義】 名詞または名詞相当の語句の後ろに置かれ、文中の他の成分との関係を表す働きを持つ語に与えられた名称。postposition の訳で前置詞（preposition）に対する。

【解説】 西欧語文法で用いられる名称で、日本語でも「学校|で」「八時|に」のように、名詞や名詞相当の語の後に助詞を置くことによって、他の成分との関係を示すので、後置詞とする場合もある。（堀崎）

膠着語《こうちゃくご》

【定義】 諸言語をその構造や特徴から分類した一つ。単語に助詞・助動詞・補助動詞などの付属要素が接合して文法的機能を示す言語を指す。日本語はこの膠着語に属するといわれる。

【解説】 ⑴構造の仕組みに着目して、その特徴により言語をいくつかのタイプに分類する考え方を言語類型論というが、膠着語はそのタイプの一つである。膠着の膠は「にかわ＝接着剤」で、「膠着＝接合」を意味し、膠着性を示す部分は「私|は‖……行|った‖」のように自立語に付属語が接合して構成され、文法的機能を示すという特徴を指している。このタイプに属する言語としては、日本語のほかに、朝鮮語、トルコ語、ツングース語、蒙古語などがある。⑵ほかのタイプには、単語が語形変化して文法機能を示す「屈折語」（ドイツ語・フランス語など）、単語が語形変化せず文中での語順が文法機能を示す「孤立語」（中国語・ビルマ語など）などがある。日本語・中国語・英語の表現を比べてみる。

私は　彼女の　家へ　行く。
我　去　她的家
I go to her house.

私は　彼女の　家へ　行った。
我　去(了)　她的家
I went to her house.

彼女は　私の　家へ　来た。
她　来(了)　我的家。
She came to my house.

【補説】 膠着語は **agglutinative language** の訳語である。日本語の動詞は特に膠着性が強く、たとえば、「残業さ(する)」に「せ＋られ＋て＋い＋まし＋た＋よ＋ね」のように、多数の付属要素が接合され得る。

⇒屈折語、孤立語　（北村）

呼応《こおう》

A　どうか自由にさせてほしい。〈芝木好子・ゴッホの墓〉

B　もと光る竹なむ一筋ありける。〈竹取物語〉

【定義】 文中である語が用いられたとき、その語がかかっていく先に特定の語や表現が用いられること。

【解説】 (1)例文 **A** の副詞「どうか」は後の「ほしい」という願望の表現にかかり、「どうか自由にさせる」とは言わない。例文 **B** は本来「竹一筋ありけり」という文だが、強意の係助詞「なむ」があるために「ありける」となっている。(2)「呼応」として取り上げられるのは、普通例文 **A** のような陳述の副詞（例もし雨が降ったら・いかに苦しからむ）と例文 **B** のような係り結び（例花ぞ散りける・月こそおもしろけれ）である。

【補説】 (1)広義には主語―述語、修飾語―被修飾語も一種の呼応だが、普通これらを呼応とは呼ばない。ここまで広げると、語と語の関係はすべて呼応ということになるからである。(2)「せめて話だけは聞いてください」「およそ十人ほど」「そのうえ風までが吹き出した」のような、副詞・接続詞とある種の助詞との呼応も呼応の一種であり、さらに「いいえ、そうではありません」「アラすばらしいわネエ」などの応答・感動を表す感動詞も呼応をとるといってよい。この方面の研究もなされているが、現段階の、学校文法などでの「呼応」は解説で説明したように陳述の副詞と助詞による係り結びに限られている。

⇒係り結び、陳述の副詞　（安藤）

語幹　ごかん

【定義】活用語が活用するとき、変化しない部分。

【解説】⑴たとえば、口語五段活用動詞「取る」が「とらない、とります、とる、とるとき、とれば、とれ、とろう」と活用するとき、「と」の部分は変化していないことに気づく。これが語幹である。⑵用言には、上一段活用動詞「見る」「着る」（口語・文語とも）、文語下一段活用動詞「蹴る」、文語下二段活用動詞「得《う》」「経《ふ》」、カ行変格活用動詞「来る（来《く》）」、サ行変格活用動詞「する（す）」など、語幹と語尾の区別がないものもある。

⇒活用、語尾　（小野）

語根　ごこん

A ほの暗く荒れはてた、明らかに現在使用されていない通路とわかるが、…。〈夏樹静子・東京駅で消えた〉

B 午《うまの》時ばかりより雨になりて、しづかにふりくらすまま、したがひて世の中あはれげなり。〈蜻蛉日記・下〉

【定義】語を構成する要素のうち、それ以上分解することができない、最小の意味的な単位。語基とも。英語 **root**。ドイツ語 **wurzel**。

【解説】例文**A**の「ほの暗い」の「ほの」は、「ほのか」「ほのめく」「ほのぼの」などの「ほの」と共通した意味の「かすかに」また「わずかに識別される」を持っているが、単独の用法がない。このような最小の意味的な単位を語根という。同様に例文**B**の「しづか（しずか）」「しづしづ（しずしず）」「しづまる（しずまる）」などから語根「しづ（しず）」を抽出することができる。「語根」という用語は現代語の分析ではあまり用いられない。

【補説】⑴語幹という言葉は、語形変化する動詞（例「たべる」）・形容詞（例「さむい」）・形容動詞（例「しずかだ」）の活用語の中で「たべ」「さむ」「しずか」のように変化しない部分をいう。なお、「しずか」は〈語根

（しず）＋接尾語（か）〉で語幹と考える。(2)古くは「動詞ゆ-く（行）ゆ-け ゆ-か ゆ-き／まか-す（任）まか-する まか-すれ まか-せ 此の『ゆ』、又は、『まか』の如く、変はらざる部分を語根（Root）といひ」（大槻《おおつき》文彦『語法指南』一八九五）のようにいわれたが、この意味の語根はしりぞけられた。（秋元）

五十音図　ごじゅうおんず

【定義】五〇の音を縦に五字ずつ、横に一〇字ずつ配列した表。縦を行、横を段という。子音が同じものを同行に、母音が同じものを同段に配列し、アイウエオの母音を第一行に置き、カサタナハマヤラワの順で各行に配当したもの。

【解説】(1)元来は定義にいう五〇の音の図表であるが、ウ、イ、エの三音（三字）は重出するので空欄とする場合が多く、文字数としては、いろはの歌の四七字と一致する。(2)現在では撥音の「ン（ん）」をワ行の次に置くのが普通である。いろは歌が平仮名で書かれるのが普通であるのに対して、五十音図は、古来カタカナで書かれるのが普通であった。学校教育が平仮名先習となるにつれ、五十音図も平仮名で書かれることが多くなった。(3)濁音の仮名のガザダバ四行二〇字を添え、半濁音パ行五字を添え、さらに、拗音《ようおん》の合わせ仮名—清拗音キャ・キュ・キョ以下二一、半濁拗音ピャ・ピュ・ピョ三、濁拗音ギャ・ギュ・ギョ以下一二を添えて五十音図と称する場合がある。(4)つめる音（促音節）を示す「ッ」（小さいツ）を付記する場合もある。のばす音（引き音節）を示す「ー」（長音符号）は、ふつう五十音図に登録しない（外来語の表記には用いられる）。(5)現代仮名遣いの影響で、ワ行のヰ、ヱ、ヲを省くことがある。ヲ（を）は助詞「を」として残すことがある。(6)外来語の表記に用いられる、クァ・シェ・ジェ・チェ・ツェ・ティ・トゥ・ディ・ドゥ・ファ・フィ・フェ・フォ・ヴァ・ヴィ・ヴェ・ヴォなどは、広義の五十音図にも入れない。

【補説】(1)五十音図の生い立ちは定かでない。奈良時代の人・吉備真備《きびのまきび》が作ったという説は信じがたい。醍醐寺本『孔雀経《くじゃくきょう》音義』（平安中期か）巻末には、

呬キコカケク　四シソサセス　知チトタテツ

【参考】

五十音　北原白秋

水馬《あめんぼ》赤《あか》いな、ア、イ、ウ、エ、オ。
浮藻《うきも》に小蝦《こえび》もおよいでる。

柿《かき》の木《き》、栗《くり》の木《き》、カ、キ、ク、ケ、コ
啄木鳥《きつつき》こつこつ、枯《かれ》けやき。

大角豆《ささげ》に酢《す》をかけ、サ、シ、ス、セ、ソ。
その魚《うを》浅瀬《あさせ》で刺《さ》しました。

立ちましょ、喇叭《ラッパ》で、タ、チ、ツ、テ、ト。
トテトテタッタと飛《と》び立った。

蛞蝓《なめくぢ》のろのろ、ナ、ニ、ヌ、ネ、ノ。
納戸《なんど》にぬめって、なにねばる。

鳩ぽっぽ、ほろほろ、ハ、ヒ、フ、ヘ、ホ。
日向《ひなた》のお部屋にゃ笛を吹く。

蝸牛《まいまい》、螺旋巻《ねぢまき》、マ、ミ、ム、メ、モ。
梅《うめ》の実《み》落《お》ちても見もしまい。

焼栗《やきぐり》、ゆで栗《ぐり》、ヤ、イ、ユ、エ、ヨ。
山田《やまだ》に灯《ひ》のつく宵《よひ》の家《いへ》。

雷鳥《らいてう》は寒《さむ》かろ、ラ、リ、ル、レ、ロ。
蓮華《れんげ》が咲いたら瑠璃《るり》の鳥《とり》。

わい、わい、わっしょい。ワ、ヰ、ウ、ヱ、ヲ。
植木屋《うゑきや》、井戸《ゐど》換《が》え、お祭《まつり》だ。

（下総皖一作曲）

已《イヨヤエユ》　味《ミモマメム》　比《ヒホハヘフ ヰヲワエウ》
利《リロラレル》

とあり、『金光明最勝王経《こんこうみようさいしようおうきよう》音義』（一〇七九年識語）巻末には、

ラリルレロ　ワヰフ(ママ)ヱヲ　ヤイユエヨ
アイウエオ　マミムメモ　ナニヌネノ　已上清濁定音
ハヒフヘホ　タチツテト　カキクケコ　サシスセソ
已上随上字音清不定也　次字者濁定次者字任本音読之

とあり、明覚《めいかく》の『反音作法』（神尾本、一〇九五年写本）には、

アイウエオ　カキクケコ　ヤイユエヨ　サシスセソ
タチツテト　ナニヌネノ　ラリルレロ　ハヒフヘホ
マミムメモ　ワヰウヱヲ

とある。平安中期、十一世紀のころ次第に現今の五十音図ができたと思われる。五十音図の起こりについては、仏典の悉曇《しったん》（古代インド語）の音声についての研究に基づく、漢字音の反切《はんせつ》（発音）の分析研究に基づく、あるいは日本語の母音・子音の相違意識に基づくなどの諸説があるが、いずれとも定めがたい。⑵五十音図は基本的に日本語の音節相互の関係を明示しているので、日本語の音節表と見られるようになった。その結果、音の転換や、語源の解釈、仮名遣い、特に文法の用言の活用の説明などに利用するようになった。⑶五十音図は、明治以前の「いろは」に代わって仮名の字母表として用いられ、日本語のアルファベットとして、辞書、索引、名簿などの見出し語の配列を支配するようになった。（林）

⇒いろは歌

語順 ごじゅん

【定義】文における、語・文節の配列順序。語序とも。

【解説】文を構成する場合、その文中で、語・文節をどのように並べるかのきまりは、各言語によって異なる。日本語の場合には、次のような三つの原則がある。①主語は前に、述語は後に来る。述語は文末に来る。②修飾語は前に、被修飾語は後に来る。③独立語は文頭に来る。なお、付属語である助詞・助動詞は、常に自立語の後について文節を構成する。

【補説】一つの述語に、複数の成分がかかっていく場合、

その語順には一般的に次のような傾向がある。「時」→「場所」→「主体」→「対象・様子」→「述語」

例「むかしむかし」→「あるところに」→「おじいさんとおばあさんが」→「仲良く」→「暮らしていました」

⇒修飾語、主語、述語、独立語、被修飾語、文節

（北村）

コソアド

A「この通路は、ぼくもよく通った憶えがあるんですが、いつ閉鎖になったのですか」

「五十八年三月に、あっちの新しい北口自由通路と切り替えになったんです」

「すると、現在自由通路というのは、その一本だけですか」

「もう一つ、これと同じような半地下の古い自由通路があります。それは現在も使われてますが、いずれあと一本新しいのが造られて、そっちも閉鎖になるそうですよ」〈夏樹静子・東京駅で消えた〉

【定義】 現代日本語の、「これ」「そんな」「あの」「どこ」などの指し示す働きを持つ諸語を体系的にまとめようとした呼び名。

【解説】 (1)代名詞とされる「これ・それ・あれ・どれ」、形容動詞とされる「こんな・そんな・あんな・どんな」、副詞とされる「こう・そう・ああ・どう」、連体詞とされる「この・その・あの・どの」などが、それぞれコ系（近称）・ソ系（中称）・ア系（遠称）・ド系（不定称）の指示系列に整理されていることを指す。図表にすれば、次のようになる。

	コ系	ソ系	ア系	ド系	品詞
人・物	こいつ	そいつ	あいつ	どいつ	代名詞
事物	これ	それ	あれ	どれ	
場所	ここ	そこ	あそこ	どこ	
方角	こちら	そちら	あちら	どちら	
	こっち	そっち	あっち	どっち	

状態		指示
こんな	こう	この
そんな	そう	その
あんな	ああ	あの
どんな	どう	どの
形容動詞	副詞	連体詞

(2)「コソアド」は佐久間鼎《かなえ》が『現代日本語の表現と語法』（一九三六）において、代名詞の本質は指示性にあるとし、「これ・それ／この・その／こう・そう」などを「代名詞／連体詞／副詞」というように別の品詞として扱うのではなく、これらを「指示語」とひとまとめにして「コソアド」という名称で呼ぶことを唱えたことに基づいて生まれた。

【補説】(1)時枝誠記《もとき》は、佐久間のこの考え方を発展させ『日本文法 口語篇』（一九五〇）において代名詞を「話し手と聞き手、話し手と表現内容との関係概念を表現するもの」と規定し、コソアドをすべて代名詞とし、さらに名詞的代名詞・連体詞的代名詞・副詞的代名詞に下位分類した。(2)佐久間は、コやソの勢力圏以外はすべてアの勢力圏だとしたが、三上章《あきら》は『現代語法序説』（一九五三）において「あれこれ」「あっちこっち」「そうこう」「そんなこんな」のようにアとコ、ソとコの組み合わせはあるが、アとソの組み合わせは皆無であることから、ソレ対コレとアレ対コレは異質であるとした。(3)例文の「あっち」「その」「それ」「そっち」は話し手・聞き手の眼前にある現場指示でなく、文脈による指示である。このソとアの使い分けを久野暲《すすむ》が『日本文法研究』（一九七三）の中で考察している。

（秋元）

五段活用 ごだんかつよう

A 上を向いて歩こう 涙がこぼれないように〈歌謡曲・上を向いて歩こう〉

【定義】動詞（口語）の活用の型の一つ。五十音図のア・イ・ウ・エ・オ五段にわたって活用する。

【解説】(1)五十音図カ・ガ・サ・タ・ナ・バ・マ・ラ・ワの各行にあり、次のように活用する。

基本形	語幹	未然	連用	終止	連体	仮定	命令
歩く	ある	か こ	き い	く	く	け	け

(2)文語、および口語で歴史的仮名遣いを用いる場合は四段活用になる。未然形に推量・意志の助動詞が付くと「歩かむ」「歩かう」になり、未然形のオ段が不要になるからである。(3)文語のハ行四段活用「言ふ」「思ふ」などの語は、口語では「ワア行五段活用」になる。文語のハ行の語は現代仮名遣いでは未然形が「言わない・言おう」とワ行・ア行の二つにわたる活用をするからである。(4)未然形に二つの活用形がある理由は、前述のように「歩かない・歩こう」と、下にくる語によってア段とオ段の二段の活用をするからである。後者「歩こう」を特に「意志形」「指向形」ということがある。(5)連用形に二つの活用形がある理由は、連用形が接続助詞テ・タリ、助動詞タに続く場合音便形になるからである。

【補説】(1)ラ行五段活用の動詞のうち、(ア)「くださる」「なさる」「おっしゃる」「いらっしゃる」は、命令形の語尾が「れ」ではなく「い」となる。(イ)「ある」には、未然形の「あら」に打消の助動詞ナイが続く「あらない」という形はない。以上の二点から、これらを現代語のラ行変格活用とし、五段活用とは別にする考え方もある。(2)サ行変格活用の「す」「する」が漢語と複合してできた動詞のうちには、たとえば、終止形と連体形が「愛する」となるとき（サ変）と「愛す」となるとき（サ行五段）があるように、サ変にもサ行五段にも活用するものがある。(3)「書ける」「読める」など、可能の意味が加わって、下一段活用になった動詞を、特に「可能動詞」という。 ⇒音便、可能動詞、四段活用 （堀崎）

語尾 ごび

【定義】活用語が活用するとき、他の要素に続いたり、言い切るために変化する部分。

【解説】(1)たとえば、口語五段動詞「歩く」が、「歩かない、歩きます、歩く、歩くとき、歩けば、歩け、歩こう」、また、口語上一段活用動詞「起きる」が「起きない、起きます、起きる、起きるとき、起きれば、起きろ、起きよう」とそれぞれ活用するとき、「ない、ます、○、とき、ば、○、う（よう）」に続くために変化している、「か、き、く、く、け、け、こ」および「き、き、きる、きる、きれ、きろ、き」の部分を活用語尾と呼ぶ。(2)学校文法では、「か、き、く、く、け、け、こ」と「き、き、きる、きる、きれ、きろ、き」の部分だけを語尾と考えるが、山田孝雄《よしお》は、活用語尾に続く、学校文法でいう助動詞の部分も語尾とみなし、活用語尾に続く複雑な語尾ということで、「複語尾」と名づけている。つまり、「歩かない」「歩きます」「歩こう」の「かない」「きます」「こう」すべてを語尾と考えている。（小野）

⇒活用、語幹

語法《ごほう》 ⇒**文法**《ぶんぽう》

固有名詞 こゆうめいし

A …十年来召し使っている清《きよ》という下女《げじょ》が…〈夏目漱石・坊っちゃん〉

B …武蔵の国と下《しも》つ総《ふさ》の国との中に、いと大きなる河あり。それをすみだ河といふ。〈伊勢物語・九〉

【定義】 名詞の一種。特定の個人名・地名・機関名などを表すもの。普通名詞の対。

【解説】 (1)例文**A**の「清」、Bの「武蔵の国・下つ総の国」、「すみだ河」が固有名詞である。(2)すべての名詞が固有名詞と普通名詞のいずれかに属することになるが、日本語の場合、その区別は必ずしも厳密とは言えない。(3)固有名詞は原則として外国語に翻訳できないのが特徴である。(4)人名には「清水《しみず》・川上・山田」などのように普通名詞から転じたものがあり、逆に「隠元（豆の種類）・沢庵（漬物の種類）」などのように普通名詞に転じたものもある。

【補説】 (1)「固有名詞」は英文法でいう **proper noun** に当たるものとして考え出されたが、英語の場合のように、頭文字を大文字にするとか、原則として冠詞を付けるなど、普通名詞との扱いの違いは日本語では全く見られない。(2)英語の **Japanese, English, the Tokugawas** などは **proper noun** とされるが、日本語の「日本人・日本語・英国人・英語・徳川家」などは多数の人や物の集まりを一括して呼ぶ名称であるから普通名詞とされる。（池上）

⇒普通名詞

孤立語　こりつご

【定義】諸言語をその構造や特徴から分類した一つ。単語が常に一定の形であって変化せず、それに種々の文法的機能（格・数・人称・時制など）を示す接辞が付加されることもない。それらの機能はもっぱら語の配列順によって示される。

【解説】構造の仕組みに着目して、その特徴により言語をいくつかのタイプに分類する考え方を言語類型論というが、孤立語はそのタイプの一つである。孤立語では、単語は常に一定の形で現れ、屈折語のように文における文法的機能に応じてその語が姿を変えるという現象はない。つまり、単語は常に一つの語形のみで現れ、さまざまな文法的機能を示す接辞の付加や、語形変化などはないのである。格・数・人称・時制などは特別な助辞・接辞で表すのではなく、各語の文中における文法的関係は、その相対的な配列順によって示されることになる。したがって、膠着語や屈折語などの言語にしばしば見られる語順の自由度は、孤立語ではほとんどない。このタイプに属する典型的な言語としては、中国語・ビルマ語・ベトナム語などがあげられる。

【補説】孤立語は isolating language の訳語である。

⇒屈折語、膠着語　（北村）

さ

再帰代名詞　さいきだいめいし

田中義廉《よしかど》『小学日本文典』（一八七四）などで英文法の refrective pronoun の訳語として用いられた語。（池上）

⇒反射代名詞

サ入り言葉　さいりことば

A ① 御本を読まさせていただきました。
② 彼に免許を取らさせよう。

【定義】本来助動詞「せる」が付くはずの動詞に「させる」を付けて用いる言い方。誤用とされる。

【解説】⑴口語の五段活用動詞とサ変動詞の未然形「さ」に付く使役の助動詞は「せる」で、正しくは、例文A①は「読ませて」、例文②は「取らせよう」になるはずであるが、それを「読まさせて」「取らさせよう」と不要な「さ」を入れて用いる言い方で、「サ入り言葉」、または「サ入れ言葉」と呼ばれる。

【補説】誤用の原因は明らかではないが、「させていただく」という謙譲の言い方が広まり、それが本来「〜せていただく」でよいはずの五段活用にも及んできたのではないかと思われる。「させていただく」の次の三種類は、いずれも正しい用法である。

(ア)御相談させていただく（サ変動詞未然形「御相談さ」＋使役の助動詞「せ」）
(イ)見させていただく（上一段動詞未然形「見」＋使役の助動詞「させ」）
(ウ)お話をさせていただく（名詞「お話」＋格助詞「を」＋サ変動詞未然形「さ」＋使役の助動詞「せ」）

「させていただく」は自分の行為を相手に許容してもらうというへりくだった気持ちを示しつつ自分の意向・行動を行うのに便利なので、近来急速に広まってきて、国会答弁でも多く用いられている。「読まさせていただく」「行かさせてください」の誤用は若者よりもかえって高年齢層に多く用いられており、それが「〜ていただく」を伴わない「読まさせる」「行かさせる」のサ入り言葉

にもなってきたものと推察される。　（安藤）

サ行変格活用《さぎょうへんかくかつよう》

A　あとでメールします。
B　男もすなる日記といふものを、女もしてみむとてするなり。〈土佐日記〉

【定義】 動詞の活用の型の一つ。五（四）段活用などのように規則的に活用せず、変則的な活用をするサ行動詞であるところからこう呼ぶ。「サ変」とも。

【解説】 ⑴口語では「する」、文語では「す」「おはす」だけ。ただし、種々の語の下について多くの複合動詞を作る。次のように活用する。

	基本形	語幹	未然	連用	終止	連体	仮定 已然	命令
口語	する	○	し せ さ	し	する	する	すれ	しろ せよ
文語	す	○	せ	し	す	する	すれ	せよ

⑵語幹・語尾の区別がない。現代語では、五十音図サ行のア段・イ段・ウ段・エ段の四段にわたって活用し、その一部に「る」「れ」「ろ」「よ」を伴う。古語では、五十音図サ行のイ段・ウ段・オ段の三段にわたって活用し、その一部に「る」「れ」「よ」を伴う。⑶以下の通り、種々の語と複合し、複合動詞を作る。

・名詞＋する（す）…旅する（す）　物す　心す
・漢語＋する（す）…死す　案ずる（ず）　勉強する（す）
・外来語＋する（す）…スタートする　キャッチする
・動詞＋する（す）…尽きす・絶えす
・形容詞＋する（す）…重んずる（ず）　全うする（す）
・形容動詞＋する（す）…新たにする（す）
・副詞＋する（す）…先んずる（ず）

これらを含めれば、この活用の型を持つ動詞の実際の数は大変多くなる。複合動詞の場合、ザ行の活用となることもあるが、ザ行変格活用とはいわない。

【補説】 ⑴文語「おはす」については、四段活用と下二段活用の両用とする説もある。⑵現代語では「案ずる」

と「案じる」のように、サ変にもザ行上一段にも活用するもの、「愛する」と「愛す」のようにサ変にもサ行五段にも活用するものがある。(3)文語の「為《す》」は五十音図の三段にわたって活用することから、三段活用とも呼ばれる。 ⇒三段活用 （堀崎）

三段活用 さんだんかつよう

【定義】動詞の活用の型の一つで、五十音図のイ段・ウ段・オ段の三段にわたって変化し、その一部に「る」「れ」「よ（い）」を伴う。

【解説】カ行変格活用（口語・文語）とサ行変格活用（文語）のこと。口語のサ行変格活用は、活用が四段にわたるため、これには含めない。

【補説】江戸時代、黒沢翁満《くろさわおきなまろ》が『言霊《ことだま》のしるべ』（一八五二）で、動詞の活用型を「四段」「一段」「上二段」「下二段」「三段」に分けたうちの一つ。この名称は、明治時代以降、田中義廉《よしかど》『小学日本文典』（一八七四）や、山田孝雄《よしお》『日本文法学概論』（一九三六）などにも見られるが、現在は一般的な名称ではない。

⇒カ行変格活用、サ行変格活用 （堀崎）

三人称《さんにんしょう》 ⇒人代名詞《じんだいめいし》、人称《にんしょう》

使役・尊敬の助動詞 しえき・そんけいのじょどうし

A イワンの兄はイワンに寝仕度をさせながら云いました。〈渡辺温・イワンとイワンの兄〉

B ①月の都の人まうで来《こ》ば、捕らへさせむ〈竹取物語〉

②峰にてすべきやう教へさせたまふ。〈竹取物語〉

【定義】動作を他の者にさせる（使役）意を表し、また、貴人の動作である（尊敬）意を表す助動詞。使役・尊敬の助動詞は次の語である。

口語 せる・させる…使役

文語 す・さす・しむ…使役・尊敬

【解説】(1)例文Aは「兄」が他者である「イワン」に「寝仕度」という動作をさせている。例文B①も、他者（朝廷の役人）に「月の都の人」を「捕らえ」るという動作をさせようとしている。「せ」「させ」は両方とも使役の助動詞である。(2)例文B②は、富士の峰ですべきことを、天皇が官人に「教へさせ給ふ（オ教エニナル＝尊敬）」のであって、「教エサセル（使役）」ではない。このように、動作をする人に対して敬意を表す尊敬の意のときは他の尊敬語とともに用いる。以下それぞれの意味を説明する。

(1)使役

①使役　ある動作を他の者にさせる［…セル・…サセル］

例通夜は香を絶えさせてはなりまへん。〈水上勉・雁の寺〉

たよりごとに、ものも絶えず得させたり。〈土佐日記〉

愚かなる人の目を喜ばしむる楽しみ…。〈徒然草・三八〉

②許容・放任　使役の助動詞が、動作を積極的にさせるわけではなく、他者が動作をするのを許容、または、放任する意になる場合がある。

例「彼にだけ、特別に家に上がらせた」

「今日は、一日中、子どもたちを遊ばせておいた」

波に足うち洗はせて（洗ウノニマカセテ）…。〈平家物語・三〉

③偶然の帰結　許容・放任して予想外の不本意、または迷惑な結果を招いてしまったことを表す場合がある。

例彼女を泣かせてしまった。

桶に水を溢れさせる。

堅物《けんもつ》太郎討たせ候ひぬ〈平家物語・九〉（軍記物語などのこの用例は結果として負け惜しみ的な表現となり、解釈としては「討タレマシタ」と受身になる）

(2)尊敬

他の尊敬語とともに用いて、ある動作をする人を敬う。「す」「さす」は尊敬の助動詞が付いて「せらる」「させらる」の形で、尊敬の補助動詞が付いて「せ給ふ」「させ給ふ」「せおはします」「せまします」などの形で、「しむ」は「しめらる」「しめ給ふ」などの形で用いられる。

例御簾《みす》を高く上げたれば、笑はせ給ふ（オ笑イニナル）

〈枕草子・二九九〉二月《きさらぎ》の二十日《はつか》あまり、南殿《なでん》の桜の宴せさせ給ふ（オ催シニナル）〈源氏物語・花宴〉（道真が）作らしめ給ふ（オ作リニナル）詩《からうた》、いとかなし。〈大鏡・時平〉

口語の「せる」「させる」が尊敬の意に用いられることはほとんどないが、「…せられる」の形で、文語的な古風な言い方として用いられることがある。例一等賞だろうと思われるくらいな鼻を所有していらせられますが…〈夏目漱石・吾輩は猫である〉

【活用と接続】

［口語］

基本形	未然	連用	終止	連体	仮定	命令
せる	せ	せ	せる	せる	せれ	せろ（せよ）
させる	させ	させ	させる	させる	させれ	させろ（させよ）

接続「せる」は、五段・サ変動詞の未然形に付く。「させる」は、上一段・下一段・カ変動詞の未然形に付く。また、「せる」はサ変動詞に付くが、サ変動詞（「信ずる・論ずる」など）には「させる」が付いて、「信じさせる」「信ぜさせる」の両方が用いられる。

［文語］

基本形	未然	連用	終止	連体	已然	命令
す	せ	せ	す	する	すれ	せよ
さす	させ	させ	さす	さする	さすれ	させよ
しむ	しめ	しめ	しむ	しむる	しむれ	しめよ

接続「す」は、四段・ナ変・ラ変動詞の未然形に付く。「さす」は、上一・上二・下一・下二・カ変・サ変の未然形に付く。「しむ」は、活用する語の未然形に付く。

【補説】（1）「す」「さす」「しむ」の本来の意味は使役にある。使役の場合はふつう他の尊敬語を伴わず単独で用いられる。尊敬の意味は本来使役から出たもので、貴人が自分では行わず仕える人にやらせる動作を、貴人自身の動作と見るようになって、尊敬の助動詞が成立したと思われる。(2)「しむ」には平安時代末期から、「奉る」「申す」「啓す」などの謙譲の動詞に付いて、その謙譲の意を強める用法が発生した。漢文訓読体の文章・書状・記録体の文などに多く見られ、尊敬の用法は以後、衰退していくようになる。

例皇太后宮にいかで啓せしめむ（申シアゲタイ）と思ひ侍れど〈大鏡・五〉

また、下に「候ふ」などを伴う謙譲の用法も一部に見られる。

例近年御領《ごりやう》について武蔵《むさし》の長井に居住せしめ候ひき（イタシテオリマシタ）。〈平家物語・七〉

(3)「す」には次のような同形語がある。

例この丘に菜摘ます（摘ンデイラッシャル）児《こ》〈万葉集・一・一〉＝奈良時代の尊敬の助動詞

万《よろづ》に心をのみ悩ます（悩マセル）〈徒然草・一九〉＝四段活用動詞の活用語尾（「悩まさ・悩まし…」と活用する）

衣を着す（着セル）＝下二段動詞「着す」の活用語尾（上一段動詞に付く使役の助動詞は「さす」である）

このほか、「宣はす」「賜はす」「聞こえさす」なども「す」「さす」が熟合した一語として扱うのが普通である。

(4)文語の「しむ」が次第に下一段動詞に変化して「しめる」という形になり、現代でも文章語として用いられることがある。

例「老君に仕うること宗廟に仕うるが如くならしめた為めである」〈森鷗外・魚玄機〉

(5)使役・尊敬の助動詞群は、受身・尊敬・可能・自発の助動詞群と並んで、「態（ヴォイス）の助動詞」ともいわれる。これらの助動詞群は、動詞に付いて働き、その動詞がほかから受ける動作であるのか、ほかに及ぶ動作であるのか、を表す。あたかも動詞の接尾語のように働くことから、時枝誠記《もとき》はこれらを接尾語に分類している。

（北村）

使役の助動詞《しえきのじょどうし》 ⇒**使役・尊敬の助動詞**《しえき・そんけいのじょどうし》

シク活用《しくかつよう》

B 煩はしかりつることは事なくて、易かるべきことはいと心苦し。〈徒然草・一八九〉

【定義】形容詞の活用の型の一つ。文語の形容詞のみに見られ、ク活用と対立する活用の型。

基本形	語幹	未然	連用	終止	連体	已然	命令
美し	うつく	しく しから	しく しかり	し ○	しき しかる	しけれ ○	○ しかれ

【解説】(1)形容詞は、活用語尾の違いから、「ク活用」と「シク活用」の二種類に分ける。(2)形容詞には、「基本活用」と「補助活用」の二つの活用系列がある。シク活用の「しく・しく・し・しき・しけれ・○」とク活用の「く・く・し・き・けれ・○」を「基本活用」、シク活用の「しから・しかり・○・しかる・○・しかれ」と、ク活用の「から・かり・○・かる・○・かれ」を「補助活用」または「カリ活用」と呼ぶ。①基本活用は、形容詞本来の活用の型である。助動詞を接続しない。②希望・推量・否定等を表す助動詞を接続したり、命令形によって命令を表すため、基本活用の連用形に、動詞「あり」を接続した「高く＋あら＋ず」「美しく＋あれ」のような形ができた。この「～く＋あり（-ku＋ari）」という音の連続から、母音uが脱落して「～かり（-kari）」となり、「高からず」「美しかれ」のような形になった。これが、「補助活用（カリ活用）」である。(3)ク活用とシク活用の見分け方は、打消の助動詞「ズ」か、動詞「ナル」を付け、「から」「く」となるものはク活用、「しから」「しく」となるものはシク活用である。(4)「同じ」「いみじ」等、終止形が「じ」で終わるものでも、ジク活用とはいわず、シク活用である。(5)連体形と連用形に音便が現れる。

・イ音便…連体形―しき→―しい

・撥音便…連体形―しかる→―しかん

例 人の心ざし等しかんなり〈竹取物語〉

・ウ音便…連用形―しく→―しう

例 神さへいといみじう鳴り〈伊勢物語・六〉

【補説】(1)中世〜近世にかけて「美しし」のように、シク活用の終止形に、更に「し」を付けた形が時に見られる。(2)ク活用の語は客観的状態、シク活用の語は感情を表すものが多いという傾向がある。

⇒音便、カリ活用、ク活用 （堀崎）

指示代名詞　しじだいめいし

田中義廉《よしかど》『小学日本文典』（一八七四）や大槻《おおつき》文彦『広日本文典』（一八九七）などで英文法の demonstrative pronoun の訳語として用いられた語。

⇒事物代名詞 （池上）

自称　じしょう

「一人称」に同じ。大槻《おおつき》文彦『広日本文典』（一八九七）などでの呼称。⇒人称 （池上）

自照代名詞　じしょうだいめいし　⇒**反射代名詞**　はんしゃだいめいし

時数詞　じすうし

A 千早振《ちはやぶ》る神無月《かみなづき》ももはやあと二日の余波《なごり》となった二十八日の午後三時ごろに… 〈二葉亭四迷・浮雲〉

B 年の内に春はきにけりひととせをこぞとやいはんことしとやいはん 〈古今集・一〉

【定義】「時の名詞」と「数詞」をまとめて一つの品詞と認める場合の呼称。吉澤義則が『日本文法（理論篇）』（一九五〇）で提唱したもの。

【解説】(1)例文A・Bの——の語が「時の名詞」、〜〜の語が「数詞」で、ともに「時数詞」に属することになる。(2)吉澤自身は、「時数詞」として、「兄弟が五人ある。船は今日出帆せり」などをあげている。

⇒数詞、時の名詞 （池上）

実質体言　じっしつたいげん

A 表町に田中屋の正太郎とて歳は我に三つ劣れど、… 〈樋口一葉・たけくらべ〉

【定義】山田孝雄《よしお》の品詞分類における用語。体言を二分したときの、具体的な事物そのものを表す体言。形式体言の対。

【解説】(1)例文Aにおける「表町」「田中屋」「正太郎」「歳」が実質体言。山田は「我」「三つ」を形式体言とする。(2)山田孝雄の品詞分類では、「実質体言」を「名詞」とする。　⇓形式体言、実質用言　（小野）

実質用言《じっしつようげん》

A 漆の如き闇の中に貫一の書斎の枕時計は十時を打ちぬ。彼は午後四時より向島の八百松に新年会ありとて未だ還らざるなり。〈尾崎紅葉・金色夜叉〉

【定義】山田孝雄《よしお》の品詞分類における用語。用言を二分したときの、具体的な出来事を表す用言。形式用言の対。

【解説】例文Aの「打ちぬ」「還らざる」が山田のいう実質用言。

【補説】山田孝雄の品詞分類では、「あり」は、存在詞という動詞以外の品詞と認定されるので、学校文法のラ行変格活用には含まれない。　⇓形式用言　（小野）

指定の助動詞《していのじょどうし》　⇓断定の助動詞《だんていのじょどうし》

自動詞と他動詞《じどうしとたどうし》

A 読むか書くか、ぼんやりと部屋の前のいすに腰かけて山だの往来だのを見ているか、それでなければ散歩で暮らしていた。〈志賀直哉・城の崎にて〉

B ねぶたしと思ひて臥《ふ》したるに、蚊の細声にわびしげに名のりて、顔のほどに飛び歩く。〈枕草子・二八〉

【定義】動詞のうち、動作・作用がほかに及ばず、主語自身の動きを表すものを自動詞といい、動作・作用が主語以外の対象に及ぶものを他動詞という。

【解説】(1)例文ABのうち、——部が自動詞、〰〰部が他動詞である。たとえば、Aの「見」は動作の及ぶ対象を表す語（例では「山だの往来だのを」）を必要とし、Bの「臥し」は一切必要としない。なお、可能動詞も自他の区別の対象に含まれるが、補助動詞（例文の……部）は含まれない。(2)例文Aの「腰かけ」とBの「名のり」は、対象となる語と他動詞とが複合し、自動詞になっている。ただし、後者を「名を名のる」と用いると他動詞になる。(3)例文Aの「暮らし」は、「日を」などの対象が想定できるため他動詞になるが、「人に手跡や剣術を教えて暮らしていた」〈森鷗外・じいさんばあさん〉は、「生計を立てる」意の自動詞ととれる。このように、同じに見えても、意味・用法で自他が異なる場合がある。(4)自動詞のなかにも「〜を」を伴うものがある。たとえば、「道を歩く」「川を渡る」「峠を越える」「今を生きる」(経由点)、「署を出て現場に向かう」「持ち場を離れる」「世を逃れる」(出発点・離点)、「今をときめく」「伝統を誇る」「成績を自慢する」(地点・方面)など。そのため、「〜を」を伴うものを他動詞と判定する場合、これらを除かなくてはならない。また、口語では「〜を」を伴うのに、文語では「〜に」を伴う他動詞もある。こうした注意を払っても、判定を誤ることはある。「〜を」を用いた区別法は、あくまでも形式的で近似的な方法である。(5)日本語動詞の自他を完璧に区別するのは不可能に近いため、国語辞典ごとに区別が違っていたり、あえて自他の表示をしないものが現れたりしている。

【補説】(1)「番をさす/させる」の場合、前者は一語の他動詞(五段)、後者は動詞(サ変)+助動詞とされるが、後者を一語の他動詞(下一段)とする説もある。また、「歌を聞かす/聞かせる」などの場合、前者は一語の他動詞(五段)であるが、後者は、使役の意味がない(「人に聞こえるように歌う」の意)なら一語の他動詞(下一段)、使役の意味がある(「歌を聞くように人にしむける」の意)なら動詞+助動詞などと区別される。しかし、明確な基準があるわけではない。(2)英語では、受動態にできれば他動詞、できなければ自動詞と区別できるが、日本語では自動詞も受動態にできる(迷惑の受け身。「子に死なれる」など)ため、この方法は通用しない。(3)日本語研究史上、動詞の自他に早くから着目していたのは本居宣長(『ひも鏡』一七七一)で、「解く」「続く」「立つ」「添ふ」「頼む」を「自《おのずか》ラ解《と》クルこゝろ」「物ヲ解クこゝろ」などと分けている。

(渡部)

詞と辞 しとじ

【定義】語を文法的性質から二大別したもの。橋本文法では、自立語（単独で文節をなす語）を「詞《し》」、付属語（単独では文節をなさない語）を「辞《じ》」と呼ぶ。時枝文法では、事物、事柄の客観的表現を「詞」、事柄に対する話者の立場の直接的表現を「辞」と呼ぶ。

【解説】(1)「定義」に見るように、今日の文法学で「詞・辞」といえば、橋本、時枝の両文法学で用いられているものを指すことが多い。この両者の分類観点の相違は、橋本文法での「詞・辞」が文の構成面からの分類であるのに対して、時枝文法の方は言語活動という表現面からの分類であるという点にある。それゆえ、両者の用語の概念にある程度の類似は見られても、その文法的な主旨はまったく異なる。橋本文法が学校文法として採り上げられた際、「詞・辞」ではなく、「自立語・付属語」という用語の方がもっぱら用いられたので、ふつう、単に「詞・辞」といえば、時枝文法でのそれを指すことが多い。(2)時枝文法での「詞・辞」という用語は、同じく時枝が展開した「言語過程説」という言語観の説明に用いられているものである。「言語過程説」とは、人間の言語伝達行動を表現と理解の二方面から段階的に説明する理論である。文法も、形式的構成面からの説明ではなく、言語活動における表現過程のあり方から説明されるべきだと考え、それまでの文法ではあまり着目されなかった「言語主体の立場」という点を重視している。ただ、この言語観は言語主体の意識という主観的論法に支えられているため、その是非についての観察や検証ということを否定する側面もあり、後に理論的閉塞に陥るところも出てきた。「詞・辞」という用語の定義やその有用性についても、その後、様々な批判が相次ぎ、その定義の意味するところもきわめて難解なものになっている。

【補説】時枝自身が定義している言い方では、「詞」は「概念過程を経た客体的表現」であり、「辞」は「概念過程を経ていない主体的表現」とされる（『国語学原論』一九四一）。この「概念過程を経ている」というのは、その言葉の概念が各人の意識中で既にできあがっており、単位的な存在になっていることを意味している。具体的には、名詞・代名詞・動詞・形容詞・連体詞・副詞および接辞（接頭語・接尾語）が「詞」であるとされる。一方、概念として既存していない「話者独自の立場による態度・気持ちなどの表現」である「辞」には、接続詞・感動詞・助動詞・助詞などが該当するとされる。時枝にとっての言語表現とは、「意識内に既存する概念（詞）」という単位的素材に「まだ概念化されていない話者独自の態度・気持ち（辞）」が結合され、ある意味を担わされ伝達されていくという言語活動そのものを指すのである。つまり、「詞」は、話者によって「辞」と結合され具体的な言語表現になる、というわけである。それゆえ、「詞」だけの言語表現はあり得ず、具体的な伝達としての言語表現は常に「詞＋辞」の形で成立することになる。例「富士山＋だ！」「ぼく＋も、行こ＋う」（傍線部が辞）

見かけ上、「詞」だけによる表現に見える用言や一語文なども、そこには形式化されていない「零記号《れい》」としての「辞」が結合されていると考える。例「寒い＋■！」「火事＋■！」（■は零記号としての「辞」）

⇒入子型構造、言語過程説、自立語、付属語　（北村）

自発の助動詞《じはつのじょどうし》

⇒受身・尊敬・可能・自発の助動詞《うけみ・そんけい・かのう・じはつのじょどうし》

事物代名詞
じぶつだいめいし

A　野芹川の土手でも御目に懸《か》かりましたねと喰らわしてやったら、いゝえ僕はあっちへ行かない、…〈夏目漱石・坊っちゃん〉

B　春霞　立てるやいづこ　みよしのの　吉野の山に　雪はふりつつ〈古今集・一〉

【定義】代名詞の下位分類の一つ。人物を指す人《じん》代名詞に対して、事物・場所・方向などを指すもの。「指示代名詞」とも。

【解説】(1)例文Aの「あっち」は、話し手・聞き手の双方がよく知っている離れた場所（野芹川の土手）を指している。Bの「いづこ」は、「春霞の立っている所」がわからないということを表している。(2)事物代名詞は、その指す事物・場所・方向などが話し手に近いのか、聞き手に近いのか、または双方から離れているのか、によって「近称・中称・遠称」に分けられ、そのいずれか不明なものを「不定称」という。前掲の「あっち」は遠称、「いづこ」は不定称に属する。主な事物代名詞を次にあげる。

	口語				文語			
	近称	中称	遠称	不定称	近称	中称	遠称	不定称
事物	これ こいつ	それ そいつ	あれ あいつ	どれ どいつ なに	こ これ	そ それ	か かれ	いづれ
場所	ここ	そこ	あそこ	どこ	ここ	そこ	かしこ	いづこ いづく
方向	こっち こちら	そっち そちら	あっち あちら	どっち どちら	こち こなた	そち そなた	あち あなた かなた	いづち いづかた

例 この三円は何《なに》に使ったか忘れてしまった。〈夏目漱石・坊っちゃん〉

世の中を何にたとへむあさぼらけ漕ぎ行く船の跡の白浪〈拾遺集・二〇〉

のような「なに」は、コソアド系の代名詞に比べて指示性が極めて薄いところから名詞と見る立場もある。

【補説】右に掲げた表で口語の事物代名詞を見ると、場所の遠称「あそこ」を除くすべての語が、「こ・そ・あ・ど」の語幹的部分に「れ・いつ・ちら」などの語尾的部分が付け加わって成り立っていることがわかる。これがいわゆる「コソアド」であるが、時枝誠記《もとき》『日本文法口語篇』（一九五〇）ではこれを取り入れて「これ・それ・あれ・どれ」（名詞的代名詞と称する）などのほかに、「この・その・あんな・どんな」の類を連体詞的代名詞、「こう・そう・ああ・どう」の類を副詞的代名詞と称して代名詞に含めるという独自の見解を展開している。(2)事物代名詞のうち口語の「これ・それ・あれ・どれ・こいつ・そいつ・あいつ・どいつ・こっち・そっち・あっち・どっち・こちら・そちら・あちら・どちら」や文語の「これ・かれ・こち・そち・こなた・そなた・あなた」は人を指して用いられる場合もある。（池上）

⇒遠称、近称、中称、不定称

下一段活用 しもいちだんかつよう

A 切手を二千枚集めた。

B 帯刀《たてはき》どもして蹴させやせましと思ひしかど〈大鏡・兼家〉

【定義】動詞の活用の型の一つ。五十音図のウ段より下のエ段一段だけで活用するので下一段という。

【解説】(1)口語では、五十音図ア・カ・ガ・サ・タ・ダ・ナ・ハ・バ・マ・ラの各行のエ段一段だけで活用し、一部に「る」「れ」「ろ」「よ」を伴う。文語ではカ行のエ段一段だけで活用し、一部に「る」「れ」「よ」を伴う。次のように活用する。

	基本形	語幹	未然	連用	終止	連体	仮定 已然	命令
口語	集める	あつ	め	め	める	める	めれ	めよ めろ
文語	蹴る	(け)	け	け	ける	ける	けれ	けよ

(2)口語では「集める」「始める」等、この型の活用を持つ動詞は多数あり、その中には「出る」「寝る」「得る」等、語幹と語尾の区別のないものもある。文語では「蹴る」一語だけである。

【補説】(1)文語の「蹴る」は、江戸時代後期頃から四段活用化し、現代語ではラ行五段活用になった。(2)文語の下二段活用の動詞は、現代語では下一段活用となる。(3)口語の「読める」「書ける」等、「読む」「書く」等の五段活用の動詞に可能の意味が加わって下一段活用になった動詞を、特に「可能動詞」という。

⇒可能動詞、下二段活用、二段活用の一段化　（堀崎）

下二段活用　しもにだんかつよう

B　「盃の底を捨つる事は、いかが心得たる」〈徒然草・一五八〉

【定義】動詞（文語）の活用の型の一つ。五十音図の下部ウ・エの二段で活用し、一部に「る」「れ」「よ」を伴う。

【解説】(1)五十音図ア・カ・ガ・サ・タ・ダ・ナ・ハ・バ・マ・ヤ・ラ・ワの各行のウ段・エ段の二段にわたって活用し、一部に「る」「れ」「よ」を伴う。次のように活用する。

基本形	語幹	未然	連用	終止	連体	已然	命令
捨つ	す	て	て	つ	つる	つれ	てよ

(2)五十音図のうち、ウ段とその下のエ段と、下の方の二つの段で活用するので、下二段という。文語には「捨つ」「覚ゆ」「助く」等、この型の活用を持つ語が多数ある。「得《う》」「経《ふ》」「寝《ぬ》」には、語幹と語尾の区別がない。

(3)活用する行に注意する語は、次の通り。

・ア行…得《う》・心得《こころう》

・ワ行…植《う》う・据《す》う・飢《う》う

・ヤ行…覚ゆ・消ゆ・聞こゆ・燃ゆ・越ゆ　など

＊ア行・ワ行の下二段活用の動詞は、ここにあげたものだけである。

【補説】(1)文語の下二段活用の動詞は、口語では下一段活用となる。(2)終止形が同じでも、自動詞と他動詞の違いによって、活用の種類が変わることがある。たとえば「焼く」は、自動詞の場合が下二段活用、他動詞の場合が四段活用となる。

例「皮は火にくべて焼き(他)たりしかば、めら〱と焼け(自)にしかば、かぐや姫あひ給はず」〈竹取物語〉

⇒自動詞と他動詞、下一段活用、二段活用の一段化

(堀崎)

終止形　しゅうしけい

A 吾輩は猫である。名前はまだ無い。〈夏目漱石・吾輩は猫である〉

B もの一言いひおくべきことありけりと言ひて、文書く。〈竹取物語〉

【定義】活用語(用言および助動詞)の語形の一つ。ふつう文を終止する形であり、文章であれば、その後に句点(マル)がくる。活用表では、第三段に置かれる。

【解説】(1)例文Aの「猫である」(口語)、例文Bの「文書く」のように文を終止する形が普通である。(2)例文Bの「いひおくべき」「ありけりと」のように下に付く助動詞や助詞の接続によって、文が終止していなくても終止形になる場合もある(補説参照)。(3)終止形の活用語尾は、動詞はほとんどウ段、形容詞は口語「い」、文語「し」、形容動詞は口語「だ」(「です」)、文語「なり」「たり」であるが、次の活用については注意が必要である。

・文語ラ変動詞　終止形語尾がイ段「あり・をり・はべ

り・いまそ（す）がり」である。
・文語下二段動詞　語幹が一音の語の終止形は「寝《ぬ》・得《う》・経《ふ》」になる。

【補説】⑴文語形容詞の補助活用は終止形がないのが普通だが、「多し」「無し」だけは終止形が用いられることがある。例「おしなべて、武を好む人多かり」〈徒然草・八〇〉「事なかりと言へど」〈落窪物語・一〉⑵口語で動詞終止形に「だ」「です」が付く場合、「見るだ」「取るです」のように付く言い方は標準的ではなく、「見るだろう」「取るでしょう」のように「だ」「です」の後に推量の助動詞「う」が付くのが普通。⑶終止形接続の語は次のとおりである。
・口語助動詞「そうだ（伝聞）・まい・らしい・だ・です」
・文語助動詞「まじ・べし・らむ・らし・めり・なり（伝聞・推定）」（ただし以上六つの助動詞は、ラ変型に活用する語に付くときは、「美しかるべし」「咲けるなり」のように連体形に続く）
・口語助詞「と・けれど（も）・が（接続助詞・終助詞）・から・し・なり（副助詞）・やら・か（終助詞）・な（禁止）・な（感動）・ぞ・とも」
・文語助詞「と・とも・や・な・かし」　（小野）

終止符　しゅうしふ

【定義】句読点（くぎり符号）のうち、句点「。」のこと。文の終わりに用い、そこで文が言い切りになっていることを示す。まる・しろまる・止め点・フルストップとも。

【解説】文章表記においては句読点（くぎり符号）と称されるいろいろな符号があるが、その中で終止符は文字通り「文がそこで終止していることを示す符号」を指し、具体的には句点「。」がそれに該当する。

【補説】⑴日本語の文章では、文の終わりを示す終止符・句点は用いないのが普通であった。詩歌・俳句では現代でも用いないことが多い。⑵西欧語のアルファベット表記においてはピリオド period「.」が一般的である。日本語においても、横組みや新書版などの活字印刷においては、時にコンマとともにピリオドを使用しているものも見受けられるが、一般的ではない。

⇒句読点　（北村）

修飾語 しゅうしょくご

A 禅智内供《ぜんちないぐ》の鼻といえば、池の尾で知らない者はない。〈芥川龍之介・鼻〉

B 額《ひたひ》つき、髪《かむ》ざし、いみじううつくし。〈源氏物語・若紫〉

【定義】文の成分の一つ。後続する文節へかかって、その意味をくわしく説明する文節。

【解説】(1)例文Aでは、「禅智内供の」という文節が「鼻と」という文節にかかって、だれの鼻なのかが説明されている。例文Bでも、「いみじう」という文節が「うつくし」という文節にかかって、どれほど美しいのかが説明されている。このように、後続する文節（破線部）にかかって、その内容をよりくわしくする文節を修飾語と呼ぶ。(2)修飾語には連体修飾語（例文A）と連用修飾語（例文B）とがある。

【補説】体言にかかることを連体修飾といい、用言にかかることを連用修飾という。両者は多くの場合はっきり区別できるが、程度の副詞では、同じ語が連体修飾語になること（例）「ちょっと右」）も、連用修飾語になること（例）「ちょっとずれた」）もある。⇒被修飾語　（鈴木）

終助詞 しゅうじょし

A 静かだね。断らずにはいってても構わないだろうか〈夏目漱石・こころ〉

B 「龍の首の玉取り得ずは、帰り来《く》な」〈竹取物語〉

終助詞は、ふつう次の語とする。

口語 な・な（なあ）・か（かな）・や・よ・ぞ・とも・ね（ねえ）・さ

文語 な・な・か（かな）・や・よ・を・そ・なむ・ばや・がな・かし・は

【定義】助詞の一つ。主として体言や用言、その他いろいろの語に付き、多く文末にあって、禁止・願望・詠嘆・感動・呼びかけなどの意味を添える働きをする。文語では「や・よ・を」を間投助詞とすることが多い。

【解説】(1)例文Aは、話し手が訪れた場所が「静かである」ことを述べており、「ね」があることによって、聞き手に同意を求める気持ちが表されている。例文B

は、「な」があることによって「帰ってくる」ことを禁止する表現になっている。(2)これらのうちには、文末だけでなく文中で用いられて語調を整える働きをするものがあり〔例 昨日さ、学校でね、先生に会ったの〕、これを間投助詞として区別する場合がある。

【補説】 (1)終助詞の名称は、山田孝雄《よしお》による。(2)終助詞と間投助詞は意味の類似したものが多く、明確に区別することが困難で、学説によって分類に出入りがある。

【各語の注意点】〔終助詞各語の用法・用例については口語・文語対照助詞一覧表を巻末に付録として掲げる〕

か・や 口語 文語 文語では係助詞にある。終助詞の用法は、次第に文末に使われることが一般的となったところから生まれたものと考えられる。文中か文末にあって、疑問・反語の意味を表す時には係助詞〔例 誰か知る〈誰ガ知ッテイルカ〉／蓑笠やある〈蓑笠ガアリマスカ〉〕、文末にあって詠嘆の意味を表す時には終助詞である〔例 降りくる雨か〈降ッテクル雨ダナア〉／いと寒しや〈トテモ寒イナア〉〕。

な 口語 文語・**そ** 文語 ①文語の終助詞「な」には、禁止と詠嘆の用法があり、ほかに「な…そ」の形で終助詞「そ」と呼応して禁止を表す副詞の「な」がある。また、完了の助動詞「ぬ」の未然形も「な」の形となる。禁止と詠嘆の用法は、禁止の「な」が終止形に接続し〔例 文B参照〕、詠嘆の「な」が取り除いても意味が変わらないところから見分ける〔例 花の色は移りにけりな〈テシマッタナア〉〕。副詞の「な」は「な…そ」の形で現れることが多い〔例 いみじき目な見せたまひそ〈オ見セニナラナイデクダサイ〉〕。完了の助動詞「ぬ」の未然形は、活用語の連用形に接続する〔例 月見給ひなば〕。②奈良時代には、未然形について希望を示す終助詞の「な」があった〔例 この世なる間は楽しくをあらな〈楽シクアリタイ〉〕。

なむ 文語 ①他にあつらえ望む意味を表す〔例 いつしか梅咲かなむ〈テホシイナア〉〕。ほかに、(ア)係助詞の「なむ」〔例 かたちよりは心なむまさりける〕、(イ)完了の助動詞「ぬ」の未然形＋推量の助動詞「む」の終止形〔例 なくてありなむ〈ナイ方ガヨイダロウ〉〕、(ウ)ナ変動詞の未然形語尾＋意志の助動詞「む」の終止形〔例 都へ往なむ〈帰ロウ〉）、の形があるので注意が必要である。終助詞は未然形に接続し、文末にあるのに対し、(ア)は原則として文中にあって、体言・連体形・助詞などに接続し、特に、文末が係り結びの規則によって、連体形になるのが特徴である。(イ)は連用形に接続している。(ウ)は「な」の上が、ナ変動詞の語幹（死・往）である（ナ変動詞は、死ぬ・往ぬの二語だけ）ことによって見分ける。②奈良時代には、他に対する希望を表す終助詞に「ね」がある（例急けくかへし賜はね〈オ帰シニナッテホシイ〉）。

ばや 文語 自己の希望を表す（例ほととぎすの声たづねに行かばや〈行キタイ〉）。ほかに、接続助詞「ば」＋係助詞「や」の形がある。終助詞の「ばや」は文末に現れるが、接続助詞「ば」＋係助詞「や」は、活用語の未然形または已然形に接続し、条件を示して下に続いている（例心あてに折らばや折らむ〈折ルナラバ折リモシヨウカ〉）ところから見分ける。

は 文語 詠嘆を表す。係助詞「は」の文末用法を、終助詞とする場合がある（例かの花は失せにけるは〈ナクナッテシマッテイルヨ〉）。

も・かも 文語 奈良時代に用いられ、詠嘆を表す（例この夕かげにうぐひす鳴くも〈鳴イテイルヨ〉／いやめづらしき梅の花かも〈梅ノ花ダナア〉）。

（堀崎）

従属節 じゅうぞくせつ

A 「貴様は僕が今何を為《し》たか見て居たでしょう？」〈国木田独歩・運命論者〉

B 世の人の心惑はす事、色欲《しきよく》には如かず〈徒然草・八〉

【定義】 複文の文中で、一続きの文節が主語―述語の関係によって成立し、それが文の成分を示している場合、それを従属節という。

【解説】 (1)例文**A**の「僕が今何をしたか」は主語―述語の関係をなす連文節であり、文全体の中では連用修飾語となっている。例文**B**の「世の人の（世ノ人ガ）心惑はす事」は主語―述語の関係をなす連文節であり、文全体の中では主語となっている。(2)「雨が降る。」などの文は、「主語―述語」の関係によって成立しているひとまとまりではあるが、これは文の成文（部分要素）ではなく、これ自体が文全体であるから、通常、節とは呼ばない（ただし、「この文は一つの節からなる」という言い方をする学説もある）。⑶節の種類には、従属節のほかに、並立節があり、従属節が単に文の成分として機能する節であるのに対し、並立節は意味的に対等・対立の関係で並べて表現されているそれぞれの節をいう。従属節を含む文は「複文」であるが、並立節をなす文は「重文」である。また、「太陽が恒星で、地球が惑星なのは、よく知られている」のように、従属節と並立節が複合する場合もある。

【補説】「節」とは、文中の一続きの文節（主語、述語、修飾語などに該当する部分）が「主語―述語」の関係によって成立しているひとまとまり（連文節）をいい、英文法のクローズ clause（内部構造が文に類似しているひと続き）に当たる。

⇒構造から見た文の種類、並立節、連文節　（北村）

重文《じゅうぶん》　⇒**構造から見た文の種類**《こうぞうからみたぶんのしゅるい》

主格　しゅかく

A つめたいきりぎりすが鳴いている。〈萩原朔太郎・月に吠える〉

B をかしき程に月さし出でたり。〈源氏物語・蓬生〉

【定義】格（文中における各名詞の関係的機能）の一つ。述語が表す動作・状態などの主体を表す格をいう。

【解説】⑴例文**A**の「きりぎりすが」、**B**の「月」が主格である。⑵古文では、「が」が略されることが多い。日本語の主格は、多く「名詞＋が」の形をとり、述語が表す動作・状態・性質・存在などの主体を表す。「馬が走る」「風が冷たい」「気位が高い」「そこに駅がある」など。⑶また、同じ「名詞＋が」の形をとっても、それが述語の主体ではない場合（「ウーロン茶が好きだ」「ピアノが得意だ」「富士山が見える」など）は、主格とはせず、「対象格／対象語」と呼んで区別する。

【補説】⑴「主格」という用語は西欧語文法などでいう **nominative case** の訳語であり、その概念を日本語文法に便宜的に移入したものにすぎない。日本語の場合、主格ということが一番問題となるのは、同じく西欧文法から移入した「主語」という概念と関係づけて論じる場合である。これはいわゆる「ガとハの問題」にもつながるが、「名詞＋ハ」で示される「主題」に比して、日本語の主格は、目的格や所有格などと同様、述語にかかって意味を補う「補語（「名詞＋格助詞」で示される）」という性格が強い。そのためこれを「主格補語」、あるいは「補充成分」と位置づけることもある。⑵三《み》上章《かみあきら》は、一般的な主語の定義を「主格が或る特別なはたらきをする国語においてのその主格に認められる資格」と確認したうえで、「日本語には、主格には何ら特別なはたらきが見られない」ため、主格を主語と同等に扱うことを批判した。

⇒ガとハの問題、主語、述語、対象語、補語　（北村）

主語　しゅご

A こけこっこうと鶏が また一声鳴いた。〈夏目漱石・夢十夜〉

B 昔、男ありけり。〈伊勢物語〉

【定義】「文の成分」の一つ。「～が＋何だ」「～が＋どうする」「～が＋どんなだ」「～が＋ある」の「～が」に相当する文節部分。すなわち、主語は後に続く述語と呼応し、述語内容の主体を表す。

【解説】日本語文法での「主語」の定義は、あまり明快ではない。学校文法でいう「文の成分」の一種類（主語と述語の関係）として説明されている程度である。日本語文法における主語の注意点を列挙すると、次のようである。

①日本語の場合、主語に相当する部分がなくても、文は成立する。例とても良い天気だ。

②「～が」の部分は、「が」ばかりでなく、「は・も・こそ・さえ・だけ・まで」などの助詞でも表せる。しかし、いつも無条件に可能なのではなく、「が」に置き換えて意味が不自然にならない場合に限られる。

例×来月まで待ちましょう。
○太郎まで泣き出した。
×カードを三枚だけ取った。
○三枚だけ新しいカードだ。

③「生きる ことが（つらい）」「君の やった 芸が（一

番だ）」など、「〜が」の部分が複数の連なった文節（連文節）になっている場合は、特に「主部」と呼ぶことがある。

④「象は鼻が長い」「今日は天気が良い」など、一文中に二つの主語相当部分を含むように見えるものがあって問題になる。

⑤「名詞（代名詞）」は、助詞を伴わずに単独でも主語になることがある。

なお、主語には、①述語で表現された動作・状態・作用などの主体を表す場合（例 鳥が鳴く／空が青い／湯が冷める）と、②述語で表現された事柄の主題を示す場合（例 彼は弁護士だ／日本経済は今年中に持ち直しそうだ）がある。

【補説】(1)「水が飲みたい」「ダンスが上手だ」の「水が」「ダンスが」は、述語の主体ではないので、対象語と呼んで主語とは区別する。(2)「主語」は大槻《おおつき》文彦の『広日本文典』（一八九七）が初出と思われる。これより先、オランダ文典の訳語として「主格」という言葉が江戸時代末から諸本に見られる。本来は、西欧語などの文法論で文の構成を説明するために示された概念であり、日本語文法における主語は、その概念を近似値的に日本語の構文説明に流用したものである。それゆえ主語とはいっても、日本語の場合は、西欧語のそれのように「性・数・人称」などが述語に限定を与えず、かつ、文を構成するうえで必須の成分とはならないなど、かなり性格の違う概念となっている。⇒ガとハの問題、主格、主語不要論、総主語、対象語、連文節　（北村）

主語不要論　しゅごふようろん

【定義】日本語文法では、文法概念としての「主語」を立てる必要がないという考え方。

【解説】(1)西欧文法などでいう「主語」の概念が、日本語文法に便宜的に移入されたが、その言語構造の違いから、それぞれの「主語」の内容はかなり異なったものになっている。そのことが、日本語の構造説明に混乱と誤解を生じさせているとして、日本語に「主語」を認めない説が「主語不要論」である。(2)西欧文法では「主語」という概念は、西欧語自身の文構造を基にたてられた主要成分であるから、それを文構造が異なる日本語にそのまま移入しても、当然、うまく適用されない部分が出てくる。日本語文法の「主語」の性格については、次のような点から論じられている。

(ア)日本語の場合、「主語」とはいってもそれは、述語動詞や文末にいつも強い文法的な影響を及ぼさない。たとえば、「どうも様子がおかしいようだ」「熱があるらしい」などでは、それぞれの主語の勢力が文末の「ようだ／らしい」にまで及んでいるとはいえない。また、日本語の主語には「性・数・人称」などの文法要素が必須ではないため、そうした主語の性質によって述部の動詞が変化するということもない。

(イ)文中の他の補語（名詞＋格助詞）などと基本的に同レベルの資格であり、意味的には主要なものであっても、西欧文法のように文法的優位性があるというわけではない。

(ウ)日本語では、その構文上、「主語」は必須の成分ではない。たとえば、「マッチを擦ると火が点く」「もう少しで三時だ」などの文では、最初から明確な主語は想定されていないと考えられる。

【補説】 大槻《おおつき》文彦が西欧文典を参考に、その著書『広日本文典』（一八九七）で、「主語ト説明語トヲ具シタルハ、文ナリ」と述べて日本語文法に「主語」を導入して以来、日本語の「主語」の扱いをめぐっては多くの異説も出された。しかし、その概念の分析にとどまらず、その概念そのものを正面から否定したのは、三上《みかみ》章《あきら》の「主語廃止論」（『現代語法序説』一九五三）であった。ただし、学校文法などでは「主語という概念があった方が文構造を説明しやすい」という理由から便宜的な価値を認め、「文の成分」には「主語と述語の関係」という分類もなされている。（北村）

⇒主格、主語

授受表現　じゅじゅひょうげん

A 「そんならまたあげましょうね」そういって、先生は…葡萄の一房を…二つに切って、ジムと僕とにくださいました。〈有島武郎・一房の葡萄〉

B かの屏風《びやうぶ》貰《もらひ》かけしに子細もなくくれける。取りあへず暇乞《いとまご》ひなしに上方《かみがた》にのぼり、手筋を頼み

大名衆へあげて、大分の金子《きんす》申請《まうしうけ》て又むかしにかはらぬ大商人《おほあきんど》となりて、〈日本永代蔵・四〉

【定義】「あげる・くれる・もらう」などの動詞を使って物の授受を表す言い方。受給表現・あげもらい表現・やりもらい表現とも。

【解説】⑴「あげる（さしあげる・やる）」「くれる（くださる）」「もらう（いただく）」は、物の授受を表す動詞である。このうち例文Aの「あげる」「くださる」とBの「くれる」が授与動詞であり、Bの「もらふ」は受取動詞である。⑵「あげる」と「やる」、「もらう」と「いただく」などの使い分けは、与え手と受け取り手の上下関係や親疎関係による。

【補説】⑴例文Aの「あげる」にもいえることだが、「猫にえさをあげる」のように、最近物の受け取り手が与え手より目下の人物や動植物の場合にも本来相手を高めていう語であるはずの「あげる」を使う傾向が広がっている。これは「やる」が相手を見下げているように感じられるからであろう。現在の「あげる」は表現を和らげ、上品に言おうとする一種の美化語としての役割を果たしている。⑵授受動詞は、「スミスさんは田中さんに英語を教えてあげた」「田中さんはスミスさんに英語を教えてもらった」のように動詞に接続助詞「て」を伴って補助動詞としても用いられる。これは人が動作から利益を受けることを表す用法で受益の表現ともいわれる。「〜てあげる」「〜てさしあげる」は、恩着せがましい言い方になることがあるので使用上注意を要する。⑶授与動詞「あげる」と「くれる」は、下二段動詞「上《あ》ぐ」と「呉《く》る」が一段化してできた語である。「あぐ・あげる」が物を与えるという意味として用いられるようになったのは、江戸時代以降で、補助動詞としての用法はそれよりやや遅れて成立したらしい。「くる」は奈良時代から授与動詞として用いられているが補助動詞として用いられるようになったのは、室町時代以降である。受取動詞「もらう」は、四段動詞「もらふ」が五段化した語で、補助動詞の用法とともに鎌倉時代以降に用いられるようになった。　（秋元）

⇒補助動詞

述格《じゅっかく》

【定義】文において、陳述の役割を担う部分。述語とほぼ同義に扱われる場合もある。山田孝雄《よしお》の用語。

【解説】実際の語としては「述語」と重なり合うが、述語が意味内容を述べるにとどまるのに対して、述格は文全体の意味を統一、完結する機能を有している点が異なる。なお、この場合の「格」とは、格助詞などという場合の格（いわゆるcase）とは意味が違う。（北村）

述語《じゅつご》

A 彼等の一人が言った。〈中島敦・狐憑《きつねつき》〉
B このをとこ かいまみてけり。〈伊勢物語・一〉

【定義】「文の成分」の一つ。「～が＋何だ」「～が＋どうする」「～が＋どんなだ」「～が＋ある」の「何だ」「どうする」「どんなだ」「ある」に相当する文節部分。すなわち、主語「～が」と呼応し、主語の動作・作用・性質・状態・存在などを表す。


【解説】⑴例文Aの「言った」は、主語「一人が」に対する述語、Bの「かいまみてけり」は、「をとこ」に対する述語となっている。⑵述語にはいろいろな品詞がくるが、一般的な形式をあげると次のようである。

㋐体言のみ……「今回が正念場」

㋑体言に助動詞や助詞が付く……「運転手は君だ」

㋒用言のみ……「強い風が吹く」「頭がとても痛い」「波は思ったよりもおだやかだ」

㋓用言に助動詞や助詞が付く……「ぼくは行かない」「みんなとてもきれいだね」

㋔用言の語幹のみ……「私の家族はみんな健康」「日射しが強くて、顔は真っ黒」

㋕副詞のみ……「今日も生ゴミがどっさり」「急いでいるのはなぜ」

㋖副詞に助動詞や助詞が付く……「あなたのミスはほんのちょっとです」

⑶意味上、述語にいくつかの文節が付いてまとまったもの（連文節）を、「主部」に対して「述部」と呼ぶ。例「私は牛乳を 毎日 飲んで いる」⑷日本語では、しばしば主語が省略されるが、述語も時に省略される場合があ

る。例「私はハンバーグにするけど、あなたは…（何にする）」「そんなことは、とても…（できませんし）」

【補説】(1)「述語」は大槻《おおつき》文彦の『広日本文典』（一八九七）では「説明語」と称され、「主語」という用語が既に見られるのに対して、「述語」という呼称はかなり後になって成立したようである。(2)山田孝雄《よしお》は、内容叙述をもっぱらとする「賓格《ひん》」に対して、文の陳述性を示す「述格」をたて、述語部が文の意味内容を表現するだけでなく、文全体の意味に統一を与え完結するといった陳述性の役割をも示し、文論の発展を促した。　（北村）

⇒叙述、陳述

述体　じゅったい

A 吾輩は猫である。名前はまだ無い。〈夏目漱石・吾輩は猫である〉

B 今は昔、竹取の翁といふ者ありけり。〈竹取物語〉

【定義】山田文法の用語。喚体《かんたい》に対する語。述体は用言を中心として、了解作用に訴える判断的な表現を表すものである。

【解説】いわゆる叙述文のほか疑問文・命令文なども述体ということができる。述体は、その必要成分として主語と述語とを必要とする。述体は、(ア)叙述体と(イ)命令体の句に分けられる。(イ)の命令体の場合には、主語が省略されて現れないことが多い。「来よ」「行け」などがその例である。(ア)の叙述体とは「月清し」「我は日本男子なり」のように、述語がある事実を陳述するものである。　（林）

⇒喚体《かんたい》

順序数詞《じゅんじょすうし》　⇒**序数詞**《じょすうし》

順接　じゅんせつ

A 杜《と》子《し》春《しゅん》は思わず、眼をあきました。そうして馬の一匹が、力なく地上に倒れた儘《まま》、悲しそうに彼の顔へじっと眼をやっているのを見ました。〈芥川龍之介・杜子春〉

B 四日、風吹けばえ出で立たず。〈土佐日記〉

【定義】接続関係を説明する語の一つ。前の内容から後ろの内容へ順当に進行するつながりをいう。

【解説】⑴例文Aは、前文「眼をあいた」ことの次に後文「見た」ことへと、起きる内容を順当につないでいる。また例文Bは、前句「風が吹く」ことに基づいて後句「船を出さない」ことへと、順当に原因・結果の関係になる内容をつないでいる。これら、時間的・論理的に順当な進行として文や句（文相当のまとまり）をつなぐのが順接の表現である。⑵形の上からは、順接表現には次のようなものがある。

㋐文と文とを接続詞によってつなぐもの（例文A）

㋑文相当のまとまりに接続助詞を付けて前句とし、後句へつなぐもの（例文Bでは「ば」が接続助詞）

㋒活用語の仮定形（口語）を用いて前句とし、後句へつなげるもの。たとえば、「本当ならうれしい」「晴れたら行こう」など

【補説】⑴順接は、特に㋑㋒、つまり複文において、条件表現として扱われることが多い。意味の上からは大きく仮定表現（次の例文の……部）と確定条件（次の例文の――部）とに分けられる。例「久しく湯に入らないので、体中がこの間からむず痒い。芋粥の馳走になった上に、入湯が出来れば、願ってもないしあわせである」〈芥川龍之介・芋粥〉⑵奈良時代では、活用語の已然形によって順接の確定条件を表す言い方があった。例「吾《わ》ご大君の…心《した》悩ますに…陸奥《みちのく》の小田なる山に黄金《くがね》ありと申し給へれ〈申シ上ゲナサッタノデ〉御心を明《あきら》め給ひ…」〈万葉集・一八・四〇九四〉 ⇒逆接

（鈴木）

準体言 じゅんたいげん

A 声を呑《の》みつつ泣くひとりの少女あるを見たり。〈森鷗外・舞姫〉

B 梅の花折りかざしつつ諸人《もろひと》の遊ぶを見れば都しぞ念《も》ふ〈万葉集・五・八四三〉

【定義】体言以外の単語が文中で「体言」と同じ働きを果たしているもの。

【解説】⑴例文Aの「少女ある」は、「少女のいるの」の意味で、Bの「諸人の遊ぶ」は「多勢の人が遊んでいる様子」の意味で、体言と同じ働きを果たしている。

⑵動詞・形容詞・形容動詞の連体形が準体言として用いられることが多い。また、文語や文語的な言い回しのな

かで用いられるのが普通である。例「逢うは別れの始め」「乏しきを分かち合う」「静かなるを楽しみとする」

【補説】「準体言」は学校文法ではふつう用いられない用語である。山田孝雄《よしお》『日本文法論』（一九〇八）、湯沢幸吉郎『文語文法詳説』（一九五九）のように、「見に行く」「見こそすれ」のような「動詞連用形＋助詞」の形をとるものを含める立場もある。（渡部）

準体助詞　じゅんたいじょし

A「欠け始めるのは何時からなの？」〈三浦哲郎・日食〉

B この歌ある人のいはく、柿本人麻呂がなり。〈古今集・三〉

【定義】橋本進吉の文法学説における助詞の下位分類の一つ。種々の語に付いて、全体として体言相当のまとまりをつくる働きを持つ助詞。

【解説】⑴Aの「欠け始めるのは」の「の」のように、前の語について、全体で「欠け始めるとき」という体言相当のまとまりをつくる「の」〈格助詞〉をふつう準体助詞とする。ほかに、口語では「ぞ」〈副助詞〉（例「どこぞへ行ったやら」）、「から」〈格助詞〉（例「ここからが難所だ」）、「ほど」〈副助詞〉（例「買うほどの物でもない」）なども準体助詞とする。文語ではBの例「柿本人麻呂がなり〈柿本人麻呂ノ歌デアル〉」の「が」〈格助詞〉、「（なでしこは）大和のもいとめでたし〈日本ノナデシコモ大変スバラシイ〉」〈枕草子・六七〉の「の」〈格助詞〉を準体助詞とする。⑵準体助詞は機能的には体言と同じ働きをするが、単独で使われることがなく、常に他の語に付いて用いられる点が体言と異なる。

【補説】体言と同等の働きのある「の」について、山田孝雄《よしお》は格助詞、松下大三郎は形式名詞、時枝誠記《もとき》は名詞とした。　⇒格助詞　（堀崎）

準副助詞　じゅんふくじょし

【定義】橋本進吉の文法学説における助詞の一つ。種々の語に付いて、全体として副詞相当のまとまりをつくる働きを持つ助詞。

【解説】口語では、「と」〈格助詞〉例しっかりとつかんでいろ)、「ながら」〈接続助詞〉(例我ながらおかしい)、「まま」〈形式名詞〉(例そのまま帰らない)、「きり」〈副助詞〉(例入ったきり出てこない)、「がてら」〈接尾語〉(例花見がてら出かけましょう)、「ごと」〈接尾語〉(例皮ごと食べよう)などが橋本文法で準副助詞とされる。 (堀崎)

準副体助詞《じゅんふくたいじょし》

【定義】橋本進吉の文法学説における助詞の一つ。種々の語に付いて、全体として体言を修飾する働きを持つまとまりをつくる助詞。

【解説】(1)口語では「僕の本」「ちょっとの間」の「の」、文語では「月の頃はさらなり」〈枕草子・一〉の「の」、「梅が香」の「が」が準副体助詞とされる。(2)ふつう、これらの助詞は格助詞とされているが、橋本文法では、「ちょっとの間」のように副詞に付いたり、「会社からの帰り道」のように格助詞と重ねて使われることから格助詞と区別した。同じ「の」「が」でも、主格を表すものは格助詞とする。(3)「準副体助詞」は、「副体詞に準ずる助詞」の意であり、「副体詞」は橋本文法の用語で、「連体詞」と同じである。 (堀崎)

準名詞《じゅんめいし》

【定義】金田一京助が『新国文法』(一九四一)で認めている品詞名の一つ。ふつう、形容動詞の語幹とされるものに当たる。

【解説】金田一は、「体言であって叙述性はあるが、主語にも目的語にも立たない。併し、述語に立つ事は出来るのである。…『が』及び『を』の附かない点で名詞とはいへない。…『に』若しくは『と』が附くところは、やはり名詞的である」ところから「暫く準名詞と呼んで置くのである」と述べている。 (池上)

条件表現《じょうけんひょうげん》

A ① いろいろな雑誌を見るわ、読む物なら何でもいいの」「そりゃ感心だ、そんなに本が読みたかったら、女学校へでも行けばいいのに」〈谷崎潤一郎・痴人の愛〉

② 住みにくさが高じると、安い所へ引き越した

くなる。〈夏目漱石・草枕〉

③国境の長いトンネルを抜けると雪国であった。〈川端康成・雪国〉

B 京には見えぬ鳥なれば、皆人見知らず〈伊勢物語・九〉

【定義】 文中に対置された前件と後件が、種々の因果関係によって述べられている表現。前件が後件に対する前提・理由・制約などを表す。ふつう、接続助詞を用いて表現する。

【解説】 ⑴条件表現は、前件と後件との因果関係のあり方から、「仮定条件（まだ成立していない事柄、あるいは成立の可能性が低い事柄を一応想定する条件）」と「確定条件（既に成立している事柄を前提とする条件）」とに二大別される。例文**A**①・②の条件表現は、「まだ今はそうなっていないが、今後、もしそうなるとすれば」と未来を想定する仮定条件である。一方、例文**A**③・**B**の条件表現は、「あることをした（生じた）その次の段階で、別の状況が既に起きてしまっていた」という確定条件（既定条件とも）である。確定条件の場合、口語では、その文末はふつう過去形になる。また、仮定条件には、さらにその下位分類として、「恒常条件（前件に示された条件の下では、いつも決まって後件の事柄が生じるという意を表す条件）」や「前提条件」「反実仮想（現実に反したことを仮定したうえで、仮想する表現）」などをたてる場合があり、確定条件ではその下位分類に「偶然条件（前件の事柄が生じたとき、偶然に後件の事柄も生じたという意を表す条件）」をたてる場合もある。条件表現も、一種の接続表現なので、一般の接続表現における「順接（前件と後件とが、意味的に順当な関係で接続される）」と「逆接（前件と後件とが、逆の関係で接続される）」という分類もかかわってくる。それらを整理すると次のようになる。

①仮定条件

順接の仮定条件……「（もし）安ければ買いたい」「（もし）あなたが行くなら、私も行く」

逆接の仮定条件……「（もし）天気が良くても、行かない」

恒常条件……「一に一を足すと二になる」「財《たから》多ければ身を守るにまどし」〈徒然草・三八〉

前提条件……「アメリカに行きたいが、予算はどのくらいかかるのだろう」

反実仮想……「(もし)私が男だったら、今頃は首相になっているだろう」「竜《たつ》を捕らへたらましかば、また、こともなく、我は害せられなまし」〈竹取物語〉

②確定条件

順接の確定条件……「雪が降ったので、気温が下がった」「人の心すなほならねば、偽《いつは》りなきにしもあらず」〈徒然草・八五〉

逆接の確定条件……「部屋にだれもいないのに、人の気配がした」「秋来ぬと目にはさやかに見えねども風の音にぞおどろかれぬる」〈古今集・四〉

偶然条件……「柿食へば、鐘が鳴るなり法隆寺」〈正岡子規〉

*「恒常条件」にも順接、逆接を類別する説もある。

(2)日本語文法で、条件表現を示す文法要素は、活用語の活用形と、いろいろな条件表現の意を持つ接続助詞などである。文語で「雨降らば、行かず」「雨降れば、行かず」という二つの表現には、それぞれ条件を示す接続助詞「ば」が用いられているが、両者の条件の種類は違う。「降ら(未然形)+ば」は、未だそうなっていない(未然)事柄を仮定した「仮定条件」であるのに対して、「降れ(已然形)+ば」は、已《すで》にそうなっている(已然)事柄を確定した「確定条件」である。また、終止形には接続助詞「とも」が付き、已然形には「ど・ども」なども付く。口語では、連用形に「たら・ても」、終止形に「が・けれど・けれども・と・で」、連体形に「のに」、仮定形には「なら・ば」などが付いて種々の条件表現をつくる。形容動詞と助動詞「だ」では、仮定形に「ば」を付けなくても、その活用形自体が「仮定条件」の意を示す働きをする。

【補説】 条件表現とは、前件と後件とが、ある種の因果関係によって接続されている表現である。前件が後件に対して何らかの拘束性を持つため、「条件」という意味が生じるわけだが、そこには、多くの問題も残っている。たとえば、「急いだが、間に合わなかった」を「逆接の確定条件」とする説もあれば、単なる「逆接の原因・理由」として、特に「条件」を表しているとは見なさない説もある。これは「条件」とは何かの定義をめぐる問題であるといえよう。こうした事情から、順接仮定表現のみを「条件表現」と限定する学説もある。また、条件表現は一文のものだけでなく、「千鶴子はもう故郷には帰らないと言う。それなら、彼女のことはあきらめるしかない」「どうしても承諾してくれないのですか。それならば、先日のお話もなかったことにしましょう」などのように二文を接続詞でつないだ表現も、そこに因果関係が認められることから、条件表現とする説がある。条件表現の意味分析に関しては、種々の接続助詞を用いた類義表現（「春になると、花が咲く」「春になれば、花が咲く」「春になったら、花が咲く」「春になるなら、花が咲く」）の相違など、はっきり説明しにくい点がある。（北村）

⇒接続助詞

自用語 じようご

A 石炭をば早や積み果てつ。中等室の卓《つくゑ》のほとりはいと静《しづか》にて、熾《し》熱燈《ねっとう》の光の晴れがましきも徒《いたづら》なり。〈森鷗外・舞姫〉

【定義】 山田孝雄《よしお》の品詞分類における用語。主語になりうる単語と述語になりうる単語の総称。副用語の対。

【解説】 ⑴例文の「石炭」「積み果てつ」「中等室」「卓」「ほとり」「静」「熾熱燈」「光」「晴れがましき」「徒」「なり」が自用語。⑵山田文法での自用語の下位分類は、次の通り。

(ア)概念語（主語になりうるもの）－体言 例「石炭」「中等室」「卓」「ほとり」「静」「熾熱燈」「光」「徒」

(イ)陳述語（述語になりうるもの）－用言 例「積み果てつ」「晴れがましき」「なり」

【補説】 ⑴山田孝雄の文法学説では、形容動詞を認めないので、「静」「徒」は体言（名詞）、「なり」は用言の存在詞に分類される。⑵山田孝雄の文法学説では、助動詞を認めないので、学校文法で動詞「積み果つ」＋助動詞「つ」と分けられる「積み果てつ」は、複語尾「つ」の付いた用言（動詞）というように分類される。（小野）

⇒概念語、陳述語、副用語

畳語　じょうご

A　東舞鶴中学校は、ひろいグランドを控え、のびやかな山々にかこまれた、新式の明るい校舎であった。〈三島由紀夫・金閣寺〉

B　唐衣《からころも》　着つつなれにし妻しあればはるばる来ぬる旅をしぞ思ふ〈伊勢物語・九〉

【定義】同一の語や語の一部を重ねて一語とした語。

【解説】複合語の一種で、例文Aの「山々」は名詞「山」を、Bの「はるばる」は形容動詞「遥かなり」の一部を反復させてできた語である。「山々」は名詞であり、「はるばる」は副詞である。

【補説】⑴畳語は、名詞（人々）・動詞の連用形（泣き泣き）・動詞の終止形（ゆくゆく）・形容詞の語幹（ひろびろ）・副詞（まだまだ）・感動詞（あらあら）などのようにいろいろな語や語の一部を反復させてつくることができる。そのまま用いられるものもあるが、「思い思いに」や「のびのびと」のように「に」や「と」を伴って用いられるものもある。⑵意味的には、複数性（山々）、動作の継続・反復（泣き泣き）、また強調（まだまだ）などを表す。⑶「しい」を下接して形容詞となるもの（はなばなしい）や、「する」を下接して動詞となるもの（生き生きする）もある。　⇒複合語　（秋元）

将然言　しょうぜんげん

東条《とうじょう》義門《ぎもん》が『友鏡《ともかがみ》』（一八二三）、『和語《わご》説略図《せつのりゃくず》』（一八三三）で用いた文語活用形の名称の一つ。現行の「未然形」に当たる。（池上）

上代特殊仮名遣い　じょうだいとくしゅかなづかい

【定義】上代、我が国では現在より母音が多かったと推定されている。そのことから、今より二一音も多かった日本語の発音を、それに当てる漢字によって書き分けていた万葉仮名の特殊な文字表記法。

【解説】⑴まず上代の我が国は文字がなかったので、すべての文献は中国渡来の漢字で書かれていたことが前提になる。『古事記』などの、事柄を記す文章は漢文でよかったが、歌謡・和歌などは漢文で書くわけにいかないので、漢字の意味に関係なく音や訓だけを借りて使う、いわゆる万葉仮名が工夫された（例）「止利（鳥）」「也麻（山）」）。(2)さて我が国の上代では、現在用いられている発音より『古事記』の「モ」も含めて二一も多い発音があったことが万葉仮名の研究によってわかっている。すなわち現在の次の音にはそれぞれ二種類の音があった。

・清音　エキケコソトノヒヘミメヨロ（一三音）
・濁音　ギゲゴゾドビベ（七音）

右のうちエはア行のエとヤ行のエが違うので二種になる（たとえばeとyeの違いの類か）。その他の音の違いは、母音が二種類あったことによる（iとï、eとë、oとö）ものであろうと推定される。その場合、kiとkï、keとkë…という二種類の発音がそれぞれ成立するわけである。だから、たとえば「月」のキと、「秋」のキとは違う音だったということになる（『古事記』では、モにも二つの発音があったとされる）。エ以外の音の二種の発音は研究史の上で、甲類（ki・ke・ko…）・乙類（kï・kë・kö…）と呼ばれている。(3)録音機がない昔の発音について、どうして甲・乙二種類あることがわかったか。それは万葉仮名の用字法を研究した学者が、たとえば同じキでも「秋」のキは「伎・吉・企」などの漢字（甲類）、「月」のキは「紀・黄・忌・帰・機」などの漢字（乙類）を用いていて、絶対に混同することがない、つまり「秋」は「阿伎・阿企」と表記するが、決して「阿貴・阿帰」とは表記しないことを発見したからである。このことで、キの発音が、当時「秋」と「月」では違っていたことが明らかになった。

【補説】このことについては、本居宣長の指摘を受けて石塚龍麿《たつまろ》が『仮名遣《かなづかい》奥山路《おくのやまみち》』（一七九八）で二類の区別のあることを明らかにしていたが、橋本進吉はこれを更に発展させて精密な研究を行い、「上代の文献に存する特殊の仮名遣と当時の語法」（一九三一）を発表した。これを中心にした研究によって、以後古代語の研究は飛躍的に進展した。⇒仮名遣い　（林）

情態の副詞　じょうたいのふくし

A　一つずしりと揺れて、おもむろに汽車は動き出した。〈芥川龍之介・蜜柑〉

B うららに照れる春日《はるひ》に雲雀《ひばり》あがりこころ悲しもひとりし思へば〈万葉集・一九・四三二六〉

【定義】言葉自体が事物の状態を表し、主として動詞の働きがどのような様子であるかを示す。

【解説】(1)例文Aの「ずしりと」はいかにも重そうな様子を表して動詞「揺れ」にかかり、「おもむろに」は「ゆっくりと」の意で動詞「動き出し」にかかる。Bの「うららに」は春の日がのどかな様子を表して、動詞「照れ」にかかる副詞である。また「ひっそりと静かに」「あかあかと日はつれなくも秋の風」〈奥の細道〉のように、形容動詞・形容詞にかかる場合もある。(2)情態の副詞には次のような種類がある。

(ア)時に関する語 口語 いつか まだ もう すでに すぐ 文語 いつしか しばし はや

(イ)分量・状況に関する語 口語 ほとんど すべて あらかた じっと どんより（と） 文語 もっぱら ふと げに いと いとど

(ウ)擬声語・擬態語・畳語《じょうご》 口語 ガタンと ドキッと にっこり（と） いよいよ たびたび 悠々と 文語 ひいふっと からりと うららに なかなか（に） をさをさ

(エ)指示副詞 口語 ああ そう こう どう 文語 さ しか かく

【補説】(1)この類の副詞の中には、格助詞「の」が付いて連体修飾語となるものがある。例 ほとんどの人 いよいよの時 (2)また、断定の助動詞「だ」「です」を伴って述語になることがある。例 この絵はこの壁にぴったりだ。妹にそっくりです。(3)指示副詞と事物（指示）代名詞との違いは前者が「そうが花だ」のように主語になり得ないのに対して、後者は「それが花だ」のように主語になり得る点である。

⇒副詞

（安藤）

序詞 じょことば

B みかの原わきて流るるいづみ川いつ見きとてか恋しかるらむ〈新古今集・一一〉

【定義】主として和歌に用いられた修辞法の一つ。「じょし」「序《じょ》」とも。ある語を導き出すためにその語の前に置く、ふつう十二音以上の修飾的な語句。

【解説】(1)ある語の前に置いてその語を修飾するという点では「枕詞《まくらことば》」と同じ働きを持つが、枕詞との違いは、(ア)枕詞は五音（まれに四音。和歌なら一句）であるのに対して、序詞は音数が一定でなく、ふつう十二音（和歌なら二句）以上、ときには十七音（和歌なら三句）の長さになる（五音の序詞も稀にある）。(イ)枕詞は、その言葉自体、また、どの枕詞がどの語を修飾するかが習慣化し固定しているが、序詞は作者が自由に創作する個性的な修辞である。(2)序詞の語句の導き出し方には、次の三種類がある。

(ア)同音・類音の繰り返しによる。例ほととぎす鳴くや五月のあやめ草あやめも知らぬ恋もするかな〈古今集・一一〉

同音・類音の繰り返しは冒頭の例歌の「みかの原」の「いづみ→いつみ」のように、清濁は問わない。

(イ)掛詞による。例風吹けば沖つ白波立田山夜半にや君がひとり越ゆらむ〈伊勢物語・二三〉

「立」が「白波が立つ」と「立田山」の掛詞になって、「立田山」を導き出す。

(ウ)比喩による。例風吹けば峰にわかるる白雲の絶えてつれなき君が心か〈古今集・一二〉

「風が吹くと峰で別れていく白雪のように」という比喩で「絶えて」を導き出す。(3)序詞の多くは自然の景物を詠み、歌の内容とは直接の関係がない。一見不要のようであるが、実は、巧みな序詞はBGMのように雰囲気を盛り上げて歌の主題を効果的に表現する。たとえば冒頭の例歌の前半を、

みかの原のあなたに住むと聞く人を
いつ見きとてか恋しかるらむ

としたらどうであろうか。不要と見えた序詞の部分は、実はこんこんと湧き、清らかに流れる泉川のような清純な初恋の心情を盛り立てていることがわかるだろう。そのうえ、「いづみ川―いつみき」のリフレインによって、歌の生命ともいうべき快いリズムが作り出されているのである。

【補説】上代に発達し、古典和歌の全時代にわたって用いられたが、最も盛んに用いられたのは『万葉集』、次いで『古今和歌集』である。歌が口誦され、耳で鑑賞す

るものであった時代、序詞のゆったりと耳に快いリズムは多くの人に愛好されたが、目で読む時代になるにつれて使用が衰えた。（安藤）

助詞《じょし》

A 蓮華寺では下宿を兼ねた。〈島崎藤村・破戒〉
B よき人かなとぞおぼゆる。〈徒然草・三七〉

【定義】 品詞名の一つ。単独で文節を構成することができず、活用が無いもの。付属語である点では助動詞と同じだが、活用しない点で助動詞と区別される。つまり助詞は常に他の語のあとに付いて用いられて、前後の語の関係を示したり、「強意・疑問・詠嘆」などさまざまの意を添えたりするもので、それ自体独立した意味は持っていない。

【解説】 (1)例文**A**の「で」は「兼ねる」という動作の行われる場所を示し、「は」はその場所を取り立てる気持ちを表している。「を」は「兼ねる」という動作の対象を示している。**B**の「かな」は前の「よき人」に詠嘆の気持ちを添え、「と」は「おぼゆ」という動作の内容を示し、「ぞ」はそれまでの叙述内容を強調すると同時に文末を連体形で結ぶ働きを持っている。(2)助詞はふつう次の四種に分けられる。

(ア)格助詞
口語 が・の・を・に・へ・と・より・から・で・まで・や
文語 が・の・を・に・へ・と・より・から・にて・して

(イ)接続助詞
口語 ば・と・とも・が・て・つつ・ながら・ても・けれど・のに・ので・から・し・たり・なり・に・ものの・ものを
文語 ば・と・とも・ども・が・て・して・つつ・ながら・に・を・で・ものの・ものを・ものから・ものゆゑ

(ウ)副助詞
口語 まで・すら・のみ・など・なんか・なんぞ・ばかり・だけ・ほど・くらい・やら・か・は・も・さえ・でも・しか・こそ

文語 まで・すら・そら・のみ・など・ばかり・だに・し・しも・は△・も△・さへ・こそ△・ぞ△・なむ△・や△（やは）・か△（かは）

(エ)終助詞

口語 な・な（なあ）・か（かな）・や・よ・ぞ・とも・ね（ねえ）・さ

文語 な・な・か（かな）・や▲・よ▲・を▲・そ・なむ・ばや・がな・かし・は

（ただし文語では△を付けた語を「係助詞」、▲を付けた語を「間投助詞」と呼ぶこともある）

【補説】(1)大槻文彦『広日本文典』（一八九七）では、「名詞・動詞・形容詞・助動詞」など耳慣れた品詞名が並ぶなかで、助詞に当たるものとして「弖爾乎波《てにをは》」という名称が用いられている。これは中世の歌論書などで用いられた言葉で、元来は「助詞」だけでなく助動詞や動詞の活用語尾、接尾語までを含むものであった。(2)助詞は助動詞とともに日本語の「膠着語《こうちゃく》」としての特徴を担っているものとして重要である。

⇒間投助詞、膠着語、弖爾乎波《てにをは》、副助詞

（池上）

叙述《じょじゅつ》

【定義】「事柄の内容をととのえるとともに、それを話し手の意図・判断・態度として述べる」という働き。

【解説】(1)たとえば「花が咲く」は、開花という事柄の内容を表すとともに、花が咲くという現象が存在すると考える話し手の態度を述べて一つの文となっている。(2)話し手の意図や態度を表し、文を統一して完成させる働きは、多く「用言（動詞・形容詞・形容動詞）」、または「用言＋助動詞」が持っているが、「体言＋断定の助動詞（だ・なり）」、また場合によっては体言のみにもその働きがある。例「今日は寒い」（形容詞）「あれは鳥だ」（体言＋断定の助動詞）「時は春／日は朝《あした》」（体言のみ）

叙述＝事柄の内容（素材）＋話し手の態度（表現要素）

【補説】(1)最近の構文論では、文の最も一般的な構造を前述の定義でいう「事柄の内容の表現＝素材要素」と、「それを素材とする話し手の意図・判断・態度＝表現要素」の結合と考え、前者を叙述、後者を陳述と呼んでいる。たとえば「わかる」「ひどい！」などの一語による文が単なる単語ではなく「文」としての価値を持っているという理由を説明するには、この考え方が有効である。「ひどい！」という文は、その「無情で思いやりのない様子」という単語の持つ意味（＝素材）のほかに、「わたしはいまあなたをひどいと思う気持ちであり、あなた（聞き手）にその気持ちをぶつけている」という態度表明（＝表現要素）とともに話され、叙述と陳述が一体となった文という表現が成立していると考えるわけである。

叙述＝事柄の内容（素材）
陳述＝話し手の態度（表現要素）

(2)叙述という用語は、西洋文典での動詞に関する「叙述法 indicative mood」からの移入で、もともとは、ある事態を事実として述べる語法を指した（「直説法」ともいう）。（北村）

序数詞 じょすうし

数詞の一種。人や事物の順序・等級などを表すもの。順序数詞とも。⇒数詞 （池上）

助数詞 じょすうし

【定義】数詞を構成する接尾語の一種。

【解説】日本語では、事物の形状・性質の相違に応じて非常に細かく区別されている。普通に用いられるものをあげれば、次のようである。

一脚《いっきゃく》…椅子・机・腰掛けなど
一軒…家（建築物としての）
一戸…家（人がまとまって住む所としての）
一筋《ひとすじ》…ひも・手拭い・帯・槍など
一艘《いっそう》…舟
一着《ちゃく》…洋服
一羽《わ》…鳥・兎
一匹《ぴき》…犬・猫などの小動物
一頭《とう》…牛・馬などの大きい動物

（池上）

助動詞 じょどうし

A 生意気なる某《それがし》などと、某呼ばわりをされれば沢

山だ。〈夏目漱石・坊っちゃん〉

B それをみてだに帰りなむと仰《おほ》せらるれば、…〈竹取物語〉

【定義】 品詞名の一つ。単独で文節を構成することができず、活用があるもの。付属語である点では助詞と同じだが、活用する点で助詞と区別される。つまり、助動詞は常に他の語のあとに付いて用いられて、その語に「受身・可能・尊敬…」などの文法的意味を添えるものである。

【解説】 ⑴例文**A**の「れれ」は、上のサ変動詞未然形に接続してその動作を受けること（「受身」）の意を表している。**B**の「らるれ」は、上のサ行下二段動詞未然形に接続して、その動作主を尊敬する気持ちを表している。⑵助動詞について考える場合、

(ア)どんな語のどの活用形に付くか……「接続」

(イ)どんな活用形式を持つか……「活用」

(ウ)どんな意味を表すか……「意味」

の三点が重要で、それぞれを基準として助動詞の分類整理が行われている。その分類方法には、

(ア)接続による分類―「未然形に付くもの」など。

(イ)活用による分類―「動詞型に活用するもの」など。

(ウ)意味による分類
- 「受身・尊敬・可能・自発」を意味するもの
- 「継続・反復」を意味するもの
- 「使役」を意味するもの
- 「推量」を意味するもの
- 「尊敬・親愛」を意味するもの
- 「断定」を意味するもの
- 「丁寧」を意味するもの
- 「伝聞」を意味するもの
- 「比況・様態」を意味するもの

がある。純粋に古文解釈のための文語文法や、現代語を正しく理解するための口語文法という色合いの濃い学校文法の現場では「意味による分類」が効果的といえ、本書もその立場を取っている。

【補説】 ⑴「助動詞」という名称は英語の auxiliary verb の翻訳から生まれたもので、大槻《おおつき》文彦『広日本文典』（一八九七）以後普及したといってよい。⑵山田孝雄《よしお》

『日本文法学概論』(一九三六)では、助動詞のほとんど(口語の「だ・です・ようだ」、文語の「なり・たり・ごとし」を除く)を独立の一単語とは認めず、「動詞・存在詞の活用形からさらに分出して種々の意味を表すに用いる特別の語尾」と考え「複語尾」と名づけた。(3)時枝誠記《ときえだもとき》『日本文法口語篇』(一九五〇)・『日本文法文語篇』(一九五四)のように、口語の「せる・させる」「れる・られる」、文語の「す・さす・しむ」「る・らる」だけは助動詞から除いて「用言的接尾語」または「動詞的接尾語」とする立場もある。(4)助動詞は助詞とともに日本語の膠《こう》着語《ちゃくご》としての特徴を担っているものとして重要である。

⇒膠着語、複語尾　(池上)

自立語　じりつご

A　国境の長いトンネルを抜けると雪国であった。〈川端康成・雪国〉

B　行き行きて駿河国《するがのくに》に至りぬ。〈伊勢物語・九〉

【定義】単独で文節をつくることができる単語。付属語の対。

【解説】(1)例文A・Bの——線をつけた各語が自立語であり、それ以外の語は付属語である。(2)付属語(助詞・助動詞)以外の品詞(名詞・代名詞・動詞・形容詞・形容動詞・副詞・連体詞・接続詞・感動詞)はすべて自立語である。単独で文節をつくれる単語ということは、その単語が、それだけで実質的な意味・概念を表せるということである。「詞」「概念語」「観念語」「独立詞」などと呼ばれることもある。

【補説】(1)自立語は一文節中に一つだけあって、文節の頭に置かれる(一つの自立語がそのまま一文節になることもある)。(2)「自立語・付属語」という用語の由来は、橋本進吉『国語法要説』(一九三四)において、文節構成上からの品詞分類である「詞・辞」の二大別にその源泉を見ることができる。その後、学校教科書として編まれた『新文典』では「独立する語・付属する語」とされたが、文部省『中等文法』(一九四七)で「自立語・付属語」という名称に定着し、今日に至っている。

⇒品詞分類、付属語　(北村)

使令　しれい

東条《とうじょう》 義門《ぎもん》が『友鏡《ともかがみ》』（一八二三）で用いた文語活用形の名称の一つ。『和語説《わごせつ》 略図《りゃくず》』（一八三三）で「希求言《けぐげん》」と改称。現行の「命令形」に当たる。

⇒希求言《けぐげん》、命令形　（池上）

親愛語　しんあいご

【定義】待遇表現の分類の一つ。聞き手に親しさを感じ、愛情を抱いて話す表現。「ボクちゃん／お嬢ちゃん／わたしのクマさん（夫）／ダーリン（夫）」など。

【解説】待遇表現には「敬語・尊大語・軽卑語」などの分類があるが、親愛語もその一種。敬語などのように組織だってはおらず、固定的な語形や用法が定まっているとも言い難い。聞き手に親しさを自然に感ずるということでは、一般に大人が子どもに対して話しかける際に用いられることが多く、また、夫婦、恋人などごく親しい男女間で用いられることもある。「〜ちゃん／〜くん／〜さん」などのくだけた敬称を付けて相手を呼んだり、親しみのある動物や物語の登場人物などに託して言われることなども多い。

⇒待遇表現　（北村）

人代名詞　じんだいめいし

A うんおれは君に奢《おご》られるのが嫌だったから…と説明した。〈夏目漱石・坊っちゃん〉

B …そらみつ大和の国はおしなべてわれこそ座《ま》せ…〈万葉集・一・一〉

【定義】代名詞の下位分類の一つ。事物などを指す事物代名詞に対して、人物を指すものをいう。人称《にんしょう》代名詞とも。

【解説】(1)例文**A**の「おれ」のように話し手（坊っちゃん）が自分自身を指していう場合を一人称、「君」のように聞き手（山嵐）を指す場合を二人称という。また、

あいつはいかん、あいつはばかだからいかん。〈二葉亭四迷・浮雲〉

の「あいつ」のように話し手・聞き手以外の第三者を指す場合を三人称、さらに、

だれが御免になるように仕向けたんだエ、…〈二葉亭

四迷・浮雲〉の「だれ」のようにはっきり特定できない人物を指す場合を不定称という。なお、この「不定称」という名称は、事物代名詞の下位分類にも用いられる。

【補説】(1)日本語の人代名詞は、英語などに比べて語彙の数が多く、しかも各語に話し手の待遇意識が反映されている。(2)次に主な人代名詞をあげておく。

［口語］

自称	対称	他称 近称	他称 中称	他称 遠称	不定称
わたくし	あなた	このかた	そのかた	あのかた	どのかた
わたし	きみ	こいつ	そいつ	あいつ	どなた
ぼく	おまえ				だれ
おれ	きさま				どいつ
われわれ					

［文語］

自称	対称	他称 近称	他称 中称	他称 遠称	不定称
あ・あれ	な・なれ	こ・これ	そ・それ	か・かれ	た・たれ
わ・われ	いまし		し	あ・あれ	
まろ	きみ				
わらは	なん(む)ぢ				
それがし	ぬし				
	そこ				
	そなた				

（池上）

⇒人称

推定の助動詞 すいていのじょどうし ⇒**伝聞(推定)の助動詞** でんぶん(すいてい)のじょどうし

推量の助動詞 すいりょうのじょどうし

A ① まるで常識のない愚かな事だと云えば、そうも云えるだろう。〈芥川龍之介・侏儒《しゅじゅ》の言葉〉

② 生活費を稼ぐ傍らに、肉体の回復に努めようと計画したのであった。〈佐佐木俊郎・機関車〉

B 憶良らは　いまはまからむ[1]　子泣くらむ[2]…〈万葉集・三・三三七〉

【定義】 主として「推量」「意志」の意を表す次のような助動詞。

［口語］	（主な意味）
う・よう	推量・意志・勧誘
らしい	推定
［文語］	
む（ん）・むず（んず）	推量・意志・勧誘
らむ（らん）	現在の推量
けむ（けん）	過去の推量
べし	当然の推量・当然の意志
まし	仮想
めり	婉曲な推量
らし	推定

【解説】 例文**A**①は「云える」と断定せずに、「云えるだろう＝言うことができるだろう」と推量している。**A**②は「努力しよう」という意志を示している。**B**の1「まからむ」は「退出しよう」という意志を表し、**B**の2「泣くらむ」は、「いまごろ泣いているだろう」と、いま目の前にないことを推量している。このように活用する語に付いて種々の推量や意志の意味を付け加えるのが推量の助動詞である。以下、各語の意味・活用を説明する。

［口語］

(1)う・よう

①推量（眼前にない不確かなことや、未来のことを予想する）例「あと一時間はかかろう」「もうすぐ日も暮れよう」

②意志（～するつもりだ、という話し手の意志を表す）例「私もそこへ行こう」「私はこっちを食べよう」

③勧誘（相手に誘いかける）例「みんなで温泉に行こう」「一緒に夕食を食べよう」

＊②と③は文脈上、どちらの意味にも解釈できることがある。

【活用と接続】（無変化型。語形変化しない）

基本形	未然	連用	終止	連体	仮定	命令
う	○	○	う	（う）	○	○
よう	○	○	よう	（よう）	○	○

接続「う」は、動詞（五段活用）・形容詞・形容動詞・助動詞「ます・です・た・たい・ない・だ・ようだ・そうだ」の各未然形に付く。

「よう」は動詞（五段活用以外）・助動詞「せる・させる・れる・られる」の各未然形に付く。

それぞれの連体形は「もの・こと・わけ・はず」などの形式名詞にしか続かない。

(2)らしい

推定（ある事柄を何らかの確かな根拠に基づいて推し量る）例「友達によると、彼女は来年、アメリカの大学に行くらしい」「あくびばかりしているところをみると、どうやら彼は寝不足らしい」「彼はイギリスに留学したいらしい」「ディズニーランドは、ずいぶん楽しいらしい」「天気予報によれば、今日の海上はおだやからしい」

【活用と接続】

基本形	未然	連用	終止	連体	仮定	命令
らしい	○	らしかっ らしく らしゅう	らしい	らしい	（らしけれ）	○

接続動詞・形容詞および助動詞「せる・させる・れる・られる・たい・ない・ぬ（ん）・た」の終止形に付く。形容動詞には語幹に付く。体言や助詞「の・から・まで・ばかり」などに付く。「らしゅう」は「ございます」に付く。

＊「らしい」が体言や形容動詞の語幹に付く場合、接尾語の「らしい（「いかにも…と思われる。そう呼ぶにふさわしい」の意を添える）」との識別に注意を要する。「あそこにいるのは隣の家の子供らしい」の「らしい」は推定の助動詞だが、「あの子は無邪気で本当に子供らしい」の「らしい」は接尾語で、「子供らしい」で一語になる。接尾語

には例文のように「本当に／とても／大変」という語が挿入できるので、識別の手がかりになる。

【文語】

(1)む（ん）・むず（んず）

①推量（眼前にない不確かなことや、未来のことを予想する）例「わが里に大雪降れり大原の古《ふ》りにし里に降らまくは後《のち》」〈万葉集・二・一〇三〉

②意志（～するつもりだ、という話し手の意志を表す）例「しひて仕うまつらせたまはば、消え失せなむず」〈竹取物語〉

③適当・勧誘（そうするのがふさわしい。また、それを相手に誘ったり、要求したりする。多く、「こそ～め」「なむ」「てむ」の形で用いられる）例「さやうのもの、なくてありなん」〈徒然草・一三九〉

④仮定・婉曲（「モシ…」と仮に想定したり、「ヨウナ」と遠回しにやわらげていう。多く連体形が用いられる）例「これが花の咲かむ折りは来むよ」〈更級日記〉

【活用と接続】

基本形	未然	連用	終止	連体	已然	命令
む（ん）	（ま）	○	む（ん）	む（ん）	め	○
むず（んず）	○	○	むず（んず）	むずる（んずる）	むずれ（んずれ）	○

接続 活用する語の未然形に付く。

＊未然形の「ま」は、上代だけに現れ、ク語法による「まく」の形で用いられた。

「むず」は、推量の助動詞「む」に格助詞「と」とサ変動詞「す」が付いた「むとす」の形が変化して成立した助動詞とされる。意味・用法も「む」とほとんど同じであるが、「む」に比べると「むず」は、強調の気持ちが加わり、客観性・確実性のある推量となる。

(2)らむ（らん）

①現在の推量（目の前にない事柄が、たぶん今起こっているだろう、と推量する）例「今は懲りぬらむ」〈平

中物語・一〉

②原因の推量（目の前の事柄とその奥にある原因・理由などを推量する）**例**「などや悲しき目を見るらむ」（どうして辛い目にあうのだろうか）〈更級日記〉

③伝聞・婉曲（はっきりとは知らないが、人から聞いたこととしてその事柄を推量的に述べる。また遠回しにやわらげて言う。これらの用法では、多く連体形を用いる）**例**「鸚鵡《あうむ》、いとあはれなり。人の言ふらむことを、まねぶらむよ」〈枕草子・四一〉

【活用と接続】

基本形	未然	連用	終止	連体	已然	命令
らむ（らん）	○	○	らむ（らん）	らむ（らん）	らめ	○

接続 活用する語の終止形に付く。ただし、ラ変型活用をする語には、その連体形に付く。

＊「らむ」と同形の表現である「ら（完了の助動詞〈り〉の未然形）＋む（推量の助動詞）」や「ら（活用語の語尾）＋む（推量の助動詞）」などと紛らわしいので、注意。

(3)けむ（けん）

①過去の推量（過去の事柄について、回想的に推量する）**例**「昔物語を聞きても、このごろの人の家の、そこほどにてぞありけんと覚え」〈徒然草・七一〉

②過去の原因推量（過去の事柄について、原因・理由を推量する）**例**「前《さき》の世にも御契《おほんちぎ》りや深かりけむ」〈源氏物語・桐壺〉

③過去の伝聞・婉曲（連体形の用法。過去のはっきりとは知らないことを、人から伝え聞いたこととして推量的に述べる。また遠回しにやわらげて言う）**例**「布留《ふる》の滝は、法皇の御覧じにおはしましけむこそめでたけれ」〈枕草子・五八〉

【活用と接続】

基本形	未然	連用	終止	連体	已然	命令
けむ（けん）	○	○	けむ（けん）	けむ（けん）	けめ	○

接続 活用する語の連用形に付く。ただし、時や推量

を表す助動詞（「けり」「めり」「ごとし」など）には付かない。

(4) べし

①推量（強い確信をもって推量する）例「潮満ちぬ。風も吹きぬべし」〈土佐日記〉

②意志（自信をもって強い態度で決意する）例「毎度ただ得失なくこの一矢に定むべしと思へ」〈徒然草・九二〉

③当然・適当（強い確信をもって、当然そうなるはずだ、適当だ、と判断する）例「子となり給ふべき人なめり」（当然、私の子とおなりになるはずの人であるようだ）〈竹取物語〉

④可能（ある動作をすることができる。また、それが可能だろう、と推定する）例「羽なければ、空をも飛ぶべからず」〈方丈記〉

⑤命令・勧誘（それを当然のこととして相手にそうすることを命令したり、勧めたりする）例「めなもみといふ草あり。…見知りておくべし」〈徒然草・九六〉

【活用と接続】

基本形	未然	連用	終止	連体	已然	命令
べし	べから	べく べかり	べし	べき べかる	べけれ	○

接続 活用する語の終止形に付く。ただし、ラ変型活用をする語には、その連体形に付く（古くは、上一段活用動詞の「見る」「似る」に付くとき、「見べし」のように連用形に付くこともあった）。

(5) まし

①反実仮想（事実に反したことを仮に想像する。多く「〜ましかば〜まし」「〜ば〜まし」「〜せば〜まし」「〜ませば〜まし」の形で用いる）例「鏡に色・形あらましかば、映らざらまし」〈徒然草・二三五〉

②不可能な希望（願ってもかなわぬことを前提にして希望を表し、ふつう後悔・不満の意を添える）例「見る人もなき山里の桜花ほかの散りなむのちぞ咲かまし」（見る人もない山里の桜の花は、ほかの桜が散って

しまった後に咲けばよかったのに）〈古今集・一〉

③ためらいのある意志・希望（「何・や・いかに」などの疑問を表す語とともに用いて、ためらいや迷いの気持ちを含んだ意志・希望を表す）例「しやせまし、せずやあらましと思ふことは、おほやうはせぬはよきなり」（しようかしら、しないでいようかしら、と思うことは、たいていはしないのがよいのだ）〈徒然草・九八〉

④単純推量（不確かなことを推量する）例「うららかに言ひ聞かせたらんは、おとなしく聞こえなまし」〈徒然草・二三四〉

【活用と接続】（特殊型活用）

基本形	未然	連用	終止	連体	已然	命令
まし	ましか（ませ）	○	まし	まし	ましか	○

接続 活用する語の未然形に付く。

＊未然形の「ませ」は上代の和歌の中のみに現れる。未然形の「ましか」は平安時代以降に現れる。

(6) めり

①推定（目に見える現実の様子を根拠に推定する）例「あはれに言ひ語らひ泣くめれど、涙落つとも見えず」〈大鏡・序〉

②婉曲（断定しないで、遠回しにやわらげて言う）例「いでや、この世に生まれては、願はしかるべきことこそ多かめれ」（いやもう、この世に生まれたからには、だれでもこうありたいと思うことが多いようだ）〈徒然草・一〉

【活用と接続】

基本形	未然	連用	終止	連体	已然	命令
めり	○	めり	めり	める	めれ	○

接続 活用する語の終止形に付く。ただし、ラ変型活用をする語にはその連体形に付く。連用形は、助動詞「き」「つ」が後にくるときに用いる。また、まれに「けり」が後にくるときにも用いられる。

(7) らし

①推定（明らかな根拠・事実に基づいて、確信をもって現在のことを推定する）例「この川にもみぢ葉流る奥山の雪げの水ぞ今まさるらし」〈古今集・六〉

②単なる推定（特に根拠・理由は明示しないが、ある確信をもって推定する）例「わが夫子《せこ》が挿頭《かざし》の萩に置く霜をさやかに見よと月は照るらし」〈万葉集・一〇・二二二五〉

【活用と接続】（特殊型活用）

基本形	未然	連用	終止	連体	已然	命令
らし	○（らしから）	○	らし（らしく）（らしかり）	らし（らしき）（らしかる）	らし	○

接続 活用する語の終止形に付く。ただし、ラ変型活用をする語にはその連体形に付く。

＊連体形と已然形とは、それぞれ係助詞の結びにしか用いられない。（　）内は江戸時代の活用。ただし「らしき」は奈良時代以前に「こそ」の結びとしても用いられた。（北村）

数詞 すうし

A ①…両人《ふたり》の少年《わかもの》が話しながら出てまいった。〈二葉亭四迷・浮雲〉

②…二ツ目の横町の角《かど》までまいツた時、…〈二葉亭四迷・浮雲〉

B その松の数いくそばく、いく千歳《ちとせ》経たりと知らず。〈土佐日記〉

【定義】人や事物の数量・順序を表す語をいう。次の特徴を有する点で名詞の一種として扱われる。

①単独で文節を構成できる自立語である。

②活用がない。

③主語になることができる。

【解説】(1)例文A①の「両人」のように数を表すものを基数詞または数量数詞といい、A②の「二ツ目」のように順番・順位を表すものを序数詞または順序数詞という。基数詞には、「一箇・二匹・三枚・四回・五日《いっか》」

など、序数詞には「一番・二等・三位・四号・五級」などがある。例文Bの「いくそばく・いく千歳《ちとせ》」は松の本数や経過年数が不明であることを表しており、これらを「不定数詞」という。「いくつ・いくら・何人」なども不定数詞である。このほか、「倍数詞」（二倍・百倍など）や「部分数詞」（三分の一・五分の三など）という呼び方を用いることもある。(2)日本語の基数詞には、和語系の「ひ（ひと）・ふ（ふた）・み・よ・い・む・な・や・こ・と・はた（二十）・みそ（三十）・よそ（四十）・もも（百）・ち（千）・よろ（よろず・万）と、漢語系の「一・二・三・四・五・六・七・八・九・十・百・千・万・億・兆」との二系列があり、それぞれに一種の接尾語を付けた形で、「一人《ひとり》・二《ふた》つ・三《み》つ揃《ぞろい》・四《よ》箱《はこ》・五《いつ》棟《むね》」とか「一度《いちど》・二回・三人・四本・五冊」のように用いられ、このような接尾語を「助数詞」と称するが、「第一巻」のような接頭語もそれに含めてよかろう。対象が人物か事物かの別、物の形状の違いなどに応じてこの助数詞が複雑に使い分けられているのが、英語の場合と比べて大きな相違点といえる。しかしそれも次第に単純化されて、特に現代口語では事物の性質・形状を問わず「一つ」または「一個」に統合する傾向が見られる。

【補説】(1)日本語の数詞には、

…たゞあなたの口からたった一言、「あきらめろ」といっていただきたい。〈二葉亭四迷・浮雲〉

百歳《もんとせ》にひととせたらぬ九十九髪《つくもがみ》…〈伊勢物語・六三〉

の「一言・ひととせ」のように単独で連用修飾語になるという働きがある。この点を重く見て、「数詞」を一般の「名詞」とは別の品詞とする立場（山田孝雄《よしお》『日本文法学概論』〈一九三六〉など）も出てくる。しかし一方で、

…蜘蛛の糸を、一列になりながら、せっせとのぼって参ります。〈芥川龍之介・蜘蛛の糸〉

声たえず鳴けや鶯ひととせに…〈古今集・二〉

のように、数詞が助詞を伴って連用修飾語になっている例もある。しかし、「名詞」の中にも、

…友だちなどが、朝夕遊びにやって来ました。〈芥川龍之介・杜子春〉

のように、単独で連用修飾語になるものも含まれている。したがって「単独で連用修飾語になるか否か」によって、

「名詞」と「数詞」を別品詞とすることはできない。(2)吉澤義則『日本文法理論篇』(一九五〇)では、「数詞の副詞的用例」を指摘したうえで、それが「今日・明年・一昨晩」など「『時』に関する名詞」にも共通して見られることから、この両者を合わせて「時数詞」という新品詞を立てることを提唱した。 (池上)

数量数詞《すうりょうすうし》 ⇒**数詞**《すうし》

静辞 すわりてにをは

【定義】江戸時代の富樫広蔭《とがしひろかげ》『詞玉橋《ことばのたまはし》』(一八二六)で用いられた語。学校文法における助詞にほぼ相当する。

【解説】『詞玉橋』では、(ア)上の意を下へ掛けて述語とかかわるもの(連体格を除く格助詞および係助詞の類「も」「に」「を」「は」「ば」「ど」「の」「が」「ぞ」「なむ」「や」「か」「こそ」)、(イ)下の述語とかかわらないもの(間投助詞の類「し」「を」「や」、連体格助詞の類「の」「が」「つ」「や」、その他「ごと」「ごとき」「ごとし」「まま」「まにまに」等)、(ウ)願望・感歎・禁止などの意を表すもの(終助詞の類「ばや」「かな」「な」等)とに分類する。

⇒動辞《うごきてにをは》

(小野)

節 せつ

A ①東京駅の屋根のなくなった歩道に立っていると、風はなかったが、冷え〴〵とし、着て来た一重外套で丁度よかった。〈志賀直哉・灰色の月〉

②天は人の上に人を造らず人の下に人を造らずと云《い》へり。〈福沢諭吉・学問のすすめ〉

【定義】文となる働きを持つ言葉のまとまりが、文を構成する部分となるとき、その言葉のまとまりを「節」という。

【解説】(1)例文①の「屋根のなくなった」や例文②の「天は人の上に人を造らず」が「節」である。いずれも、主語・述語をそなえ、文となる働きを持っているが、より大きな「文」を構成する部分となっている。このような言葉のまとまりを「節」という。(2)「節」のうち、文の、ある成分となっているものを従属節と呼び、対等の資格で結合して一つの文を組み立てているものを対立節と呼ぶのが普通である。従属節には次のような種類がある。

(ア)**主語節** 例くちばしの赤いのが文鳥です。／彼女がそう思うのは当然だ。／一年で最も雨量が多いのは六月です。

(イ)**述語節** 例あの子は気が弱い。／富士山は形がよい。／アカシアは花が白い。／この着物は姉が作ったのです。

(ウ)**連体修飾節** 例星の美しい夜です。／私が買った本です。／象は鼻の長い動物です。

(エ)**連用修飾節** 例弟は気持ちがよさそうに眠っている。／彼の強情なのには驚いた。／身体は小さくても、望みは大きい。

(オ)**独立節** 例十二時が打つまで、それまでには帰らなければならない。／彼がそんなことをするとは、これには私もあきれた。

対立節には、次のようなものがある。

例梅が散り、桜が咲く。／雨も降れば、風も吹く。／体も丈夫で、頭もよい。／海は静かで、風は涼しく、月は明るい。

(3)「節」を含まない文を単文といい、「節」を含む文を有節文という。有節文のうち、従属文を含む文を複文といい、対立節からなる文を重文という。

【補説】「節」は元来、英文法のclauseの訳語であろう。吉岡郷甫《きょうほ》『日本口語法』（一九〇七）が用いはじめとされる。橋本進吉『新文典別記・文語篇』（一九三九）は、「節」は「主語・述語を具えた、一つの文と同等なものが、他の文の一部分になったもの」であるとした。英文法におけるclause（節）は必ず主語・述語の関係を含む。しかし日本語の場合「私が買った本」は「昨日、買った本」も「節」とされる。すなわち主語・述語の具備は必要条件ではない。そこで定義のような表現になるのである。

⇒句、構造から見た文の種類、文　（林）

接辞　せつじ

A お舅《とう》さまも褒めて下さったけれど、これは本当の人間らしい手になったということだ。〈三島由紀夫・愛の渇き〉

B この男、なま宮仕へしければ、それを頼りにて、衛府《ゑふ》の佐《すけ》ども集り来にけり。〈伊勢物語・八七〉

【定義】単独で用いられることがなく、常に他の語や語の一部に付いて用いられる、語の構成要素。

【解説】例文Aの「お」やBの「なま」のように他の語の前に付くものを接頭語（接頭辞）といい、例文Aの「さま」「らしい」やBの「ども」のように他の語の後に付くものを接尾語（接尾辞）という。もとの語に何らかの意味を付加する。⇒接頭語、接尾語　（秋元）

接続詞　せつぞくし

A 西洋は大きくて細かくて、そうしてどこまでも娑婆気《しゃばけ》がとれない。〈夏目漱石・草枕〉

B 夕顔は、…実のありさまこそ、いとくちをしけれ。…されど、なほ夕顔といふ名ばかりはをかし。〈枕草子・六七〉

【定義】自立語で活用がなく、主語にならずに、文中の語と語、文節と文節、および文と文とのさまざまな関係を示す語。

【解説】(1)例文ABの「そうして」「されど」が接続詞。例文Aの「そうして」は、「大きくて細かい」という部分と「どこまでも娑婆気がとれない」という部分をつないでいる。例文Bの「されど」は、「夕顔は実の様子がひどくがっかりする（いとくちをしけれ）」という部分と「名前だけはやはり面白い」という部分をつなぐ役割を果たしている。(2)接続詞の前後の関係によって分類すると以下の通りになる。

(ア)順接　だから　ですから　で　そこで　そうすると　よって　ゆえに

(イ)逆接　しかし　だが　だのに　けれども　ところが　しかるに　されど

(ウ)添加　なお（なほ）　そして　そうして　それから　おまけに　かつ

(エ)譲歩　とはいえ（いへ）　ただし　もっとも

(オ)並列　また　ならびに　および

(カ)選択　または　それとも　あるいは　もしくは　はた

【補説】(1)接続詞は、他の品詞から転成したものか合成したものである。「あした行って一銭五厘返してしまえば借も貸もない。そうして置いて喧嘩をしてやろう。〈夏目漱石・坊っちゃん〉」の「そうして」は、副詞「そう」とサ変動詞「する」の連用形および接続助詞「て」の合わさったものである。(2)文中で同じような働きをするものに接続助詞があるが、これは付属語であるので、「来たけれども、すぐ帰った」のように、形は接続詞と共通していても、文節の一部になっている点でことなる。(3)山田孝雄《よしお》、松下大三郎らは、接続詞という品詞を認めず、副詞の下位分類である「接続副詞」と考える。(4)「接続詞」は元来、オランダ文典で用いられていた用語で、鶴《つる》峯戊申《みねしげのぶ》『語学新書』(一八三三)が、それを日本語に適用して「接続言《つづけことば》」と呼んだものが早いものである。(小野)

⇒接続副詞

接続助詞　せつぞくじょし

A 口惜《くや》しかったから、兄の横っ面を張って大変叱られた。〈夏目漱石・坊っちゃん〉

B 見れば、率《ゐ》て来し女もなし。〈伊勢物語・六〉

接続助詞は、ふつう次の語とする。

口語 ば・と・ても・が・て・つつ・ながら・ても・けれど・のに・ので・から・し・たり・なり・に・ものの・ものを

文語 ば・と・とも・ども・が・て・して・つつ・ながら・に・を・で・ものの・ものを・ものから・ものゆゑ

【定義】助詞の一つ。主として用言や助動詞に付いて、前の語句と後の語句をつなげ、それらの語句の意味上の関係を示す働きをする。

【解説】例文**A**の「から」は、「口惜しかった」と「兄の横っ面を張って大変叱られた」の二つの語句をつなげて、前の語句が後の語句の前提条件(この場合は理由)を表す、という関係を示す。接続助詞の関係の示し方には、次のようなものがある。

(ア)仮定条件「モシ…ナラ」と、実現していないことを想定して述べる。(例)花が咲けば楽しいだろう〈口語〉

(イ)確定条件「…ノデ・…スルト」と、すでに起こっていることを前提にして述べる（例雨降れば〈降ルノデ〉中止なり〈文語〉。このうち、「日沈めば星出づ」のように、ある条件のときは必ずある事柄が起こることを示すものを恒常条件（恒時条件）という。

(ウ)特に条件を示さない（列叙表現）「…テ」などの単純な接続や、「…タリ」などの並列を示す。（例咲いて散る／寝たり起きたりしている〈口語〉

意味上のつながり方

仮定条件と確定条件には、意味上前の語句から順当な原因・理由で後の語句に続く「順接」（例雪が降れば寒い）と、前の語句が後の語句に矛盾・対立して続く「逆接」（例雪が降るのに暖かい）がある。

【補説】 語源的には、係助詞から転成したといわれるもの（は→ば）、格助詞から転成したといわれるもの（が・に・を・と・とも）など、すべて他の語から転成した語なので、もとの助詞との識別に困ることがある。助詞の使用は古い時代の語ほど少なく、時代が下るにつれて多くなるのは、もとの助詞が次第に接続的な用法を持つようになり、接続助詞化したためである。

【各語の注意点】（接続助詞各語の用法・用例については口語・文語対照助詞一覧表を巻末に付録として掲げる）

ば 口語 文語 ①口語では仮定形に付いて仮定条件を示す（例雨が降れば中止だ）だけだが、文語では未然形に付いて仮定条件（例雨降らば中止なり〈雨ガ降レバ中止ダ〉）、已然形に付いて確定条件（例雨降れば中止なり〈雨ガ降ルノデ中止ダ〉）を表す。②打消の助動詞「ず」と形容詞に付くときは「は」となる（例あひ見ずは／声なくは）。

と 口語 格助詞と接続助詞の両方にある。格助詞は体言と準体助詞「の」に付き、接続助詞は活用する語の終止形に付く。ただし、引用の格助詞「と」は、引用する文の文末に付くので、終止形に付くことが多い（例ぼくが行くと言った）。

とも 口語 文語 ①（文語）連語（格助詞「と」＋係助詞「も」）の場合がある（例「雪かとも見ゆ」）。逆接の意がなく、「も」を除いても意味が変わらなければ連語である。②（口語）終助詞「とも」（例「それでいいとも」）がある。

ど（ども） 文語 口語の「けれど」「けれども」に当た

る。

て 口語 文語 ①音便形に付くときは「で」となる 例「泳いで渡る」「読んでみよう」)。②文語の場合、完了の「つ」の未然形・連用形の「て」例「行きてむ」「咲きてけり」)と紛らわしいが、完了の助動詞の場合は、すぐ下に助動詞や助詞「ば」「ばや」などが付くので、それ以外を接続助詞と考えればよい 例「咲きて散る」「見ては泣く」「咲きてこそ散れ」以上助詞。「咲きてけり」「咲きてば」「咲きてむ」以上完了の助動詞)。

で 文語 打消の接続(「…ナイデ」)。打消の助動詞「ず」に接続助詞「て」が付いて「…ずて」となったものが一語になってできた。

ても(でも) 口語 ①音便形に接続する場合「でも」になる 例「読んでも」「脱いでも」)。②連語「ても」(接続助詞「て」+副助詞「も」)の場合がある 例「歩いても行ける」)。「も」がなくても大きく意味が変わることがなければ連語、「も」がなくては成り立たない 例食べなくても死なない)のが接続助詞である。

が・に・を 口語 文語 文語では格助詞と接続助詞の両方にある。口語では「が」が格助詞・接続助詞・終助詞にある。識別は、〈ア〉口語では格助詞は体言と準体助詞「の」に付き、接続助詞は活用する語に付く 例格助詞「桜が咲く/そうするのがよい」、接続助詞「暑いがさわやかだ」)。また、終助詞は文末に付く 例「すぐに来ますが」)。(イ)文語では格助詞も活用する語の連体形(準体言)に付く 例「花の咲くが〈咲クノガ〉嬉し」「月の明かきに〈明ルイ時ニ〉渡る」「花の咲くを〈咲クノヲ〉見る」)。これは文語では連体形が体言と同じに扱われることが多いからである。連体形の後に「こと」「とき」「の」を補って、主格・目的格・修飾格などの格を示す語になるのが準体言で、これにつく「の」は格助詞である。

のに 口語 連語(格助詞「の」+格助詞「に」)の場合がある 例「行くのに苦労する」)。逆接の意がなく、「ために」とほぼ同じ意味になる場合は連語である。

ので 口語 日常のくだけた話し言葉では「の」が撥音化して「んで」となることが多い 例「二、三日留守にしますんで、よろしくお願いします」)。

から 口語 格助詞「から」がある。格助詞は体言または

「体言＋助詞」の形で全体が体言相当のものに付き（例「東京から電車に乗る」「野菜などから焼き始める」）、接続助詞は用言や助動詞の終止形に付く（例「安くておいしいからまた来よう」「すぐ治るだろうから心配しないでください」）。

けれど（けれども）〔口語〕 文語の「ど・ども」に当たる。

ながら〔口語〕〔文語〕 接続助詞であるが、体言・形容詞語幹・副詞にも付く。この場合、「…ノママデ」の意味になる（例「子供ながら」「恥ずかしながら」「かくながら」）。このような「ながら」を接尾語と考える説もある。

なり〔口語〕 副助詞「なり」がある。ある事柄を例示する場合（例せめて自転車なりあればなあ）は副助詞、「…ト同時ニ／…ノママデ」の意味になる場合は接続助詞である（例家に入るなり眠ってしまった／コートを着たなり食卓についた）。

たり（だり）〔口語〕 音便形に付くときは「だり」となる（例「騒いだりして」「読んだり見たり」）。

つつ〔文語〕 和歌など、「つつ」で言い切る場合は、詠嘆の意味を示すこともある。

し〔口語〕 いくつかの事柄を列挙するときに用いられるが、一つの事柄だけを取り上げたり（例「熱はあるし、今日は休もう」）、終助詞的に用い（例いい旅行だった。天候に恵まれたし）言外にそれ以外の事柄を類推させることもある。

して〔文語〕 ①格助詞「して」がある。格助詞は体言に付き（例「二人して行きけり」）、接続助詞は形容詞・形容動詞・打消の助動詞「ず」に付く（例「波荒くして」「静かにして」「行かずして」）。②連語（動詞の語尾＋接続助詞）の場合がある（例「学問して帰る」）。

ものの・ものを・ものから・ものゆゑ〔文語〕 逆接の確定条件（「…ノニ」）を示す。

（堀崎）

接続副詞 せつぞくふくし

【定義】 山田孝雄《よしお》の品詞分類における用語。副詞のなかで、語と語あるいは文と文をつなぐ働きをするもの。

【解説】 ⑴山田孝雄の文法学説では、接続詞という品詞を独立させず、副詞の一類と考える。⑵山田は、副用語である副詞を、まず二大別して、接続副詞と先行副詞に分ける。先行副詞には、感動副詞、陳述副詞、状態副詞、程度副詞が含まれる。(2)接続副詞は、次の通りである。
(ア)上下の語を連ねるもの　「および」「かつ」「また」
(イ)上の文を受けて下の文を修飾するもの　「もっとも」「そもそも」「しかし」
⇒接続詞　（小野）

截断言　せつだんげん

東条《とうじょう》 義門《ぎもん》が『友鏡《ともかがみ》』（一八二三）、『和語《わご》説略図《せつのりゃくず》』（一八三三）で用いた文語活用形の名称の一つ。現行の「終止形」に当たる。⇒終止形　（池上）

接頭語　せっとうご

A　花の御馳走と一緒にお盆を忘れて置いて来てしまったのである。〈幸田文・こんなこと〉
B　「女のあまりに才《ざえ》かしこきはものあしき」と人の申すなるに、…〈大鏡・道隆〉

【定義】単独で用いられることがなく、常に他の語の上に付いて用いられる、語の構成要素。

【解説】(1)接頭語の機能は、ほかの語に何らかの意味を付加するものである。例文Aの「御《ご》」「お」は、それぞれ後の名詞を丁寧・上品にいうものである。Bの「もの」は形容詞に付いて、「どことなくそのような状態である」という意味を表す。(2)接頭語は、後にくる語の品詞により大きく三分類することができる。
(ア)名詞…御《お》茶・御《おん》曹司・御《ご》挨拶・御《み》仏・大雨・素足・ど根性・真ん中・不必要・全日本・第一日・反体制・アンチ巨人・ノンストップ
(イ)動詞…打ち消す・差し迫る・取り扱う・取っぱらう・引っ越す・ほのめかす
(ウ)形容詞・形容動詞…か細い・けだかい・小《こ》ぎれい・生暖かい・もの静かだ

【補説】(1)接頭語は、ふつう後にくる語の品詞を変えないが、否定の意味を表す「無《む》」「無《ぶ》」「非」などは、「無愛想」が形容動詞「無愛想だ」になるように、品詞を転換させることがある。(2)接頭語が他の語の前に付くとき、「こ＋きれい」が「こぎれい」に、「とり＋はらう」が「とっぱらう」になるように音韻変化を引き起こすことがある。(3)「引き渡す」の「引き」は、もとは動詞の連用形である。「幕を引き渡す」では、「引き」は動詞としての意味が生きており、複合動詞の前項だといえるが、「営業権を引き渡す」では、「引き」は動詞の実質的な意味を失って形式的な意味である強調の意味を付加しているに過ぎず、接頭語である。このように複合語の構成要素と接頭語との間に明確な線を引くことは難しい。(4)接頭語の語種は和語・漢語・外来語に及ぶが、古代語において多かった和語の接頭語は、現代語ではその数も少なく生産力も乏しい。これは和語の接頭語に情意的な意味を持つもの（なま女房・うち見る・ものあはれ）が多かったためだと考えられる。これに対して現代語では、実質的な意味を表す漢語（超・抗・被・再）や外来語（ハイ・スーパー）の接頭語が増え、その生産力も高くなっている。

⇒接辞、接尾語　（秋元）

接尾語　せつびご

A 私たち父も子も、せんから暑さに弱いたちだった。〈幸田文・父―その死―〉

B 紫だちたる雲の細くたなびきたる…〈枕草子・一〉

【定義】 単独で用いられることがなく、常に他の語の下に付いて用いられる、語の構成要素。

【解説】 例文**A**の「たち」は複数の意味を「私」に付け加えている。接尾語はこのように前の語に何らかの意味を付け加えるだけのものと、**A**の「さ」や**B**の「だつ」のように意味を付け加えるだけでなく、前者は形容詞「暑い」を名詞「暑さ」に、後者は名詞「紫」を動詞「紫だつ」にと品詞を変える文法的機能も果たすものがある。

【補説】 (1)意味を付け加えるだけの接尾語に属するものには、複数表示（あなたがた・あなたたち・私ども・僕ら）、待遇表示（皆様・皆さん・花子ちゃん・太郎君）、人物表示（弁護士・保証人・銀行員・看護師）、性質表示（アルカリ性・国際化・友好的）、助数詞（一個・二本・三頭）などがある。(2)意味の付加と文法的機能を果たす接尾語を、接尾語がつくる品詞別にあげると、名詞を作る接尾語（暑さ・甘み・寒け・聞き手・イギリス式）、動詞を作る接尾語（おもしろがる・高まる・春めく・思いつく）、形容詞を作る接尾語（子供っぽい・女らしい）、形容動詞を作る接尾語（怪しげ・国際的）・副詞を作る接尾語（社長然、事実上）などに分けられる。
⇒接辞、接頭語　（秋元）

零記号《ゼロきごう》　⇒**零記号**《れいきごう》、**入子型構造**《いれこがたこうぞう》

総主語　そうしゅご

A 吉田は肺が悪い。〈梶井基次郎・のんきな患者〉

【定義】「象は鼻が長い」などの文において、述語「長い」に対する主語は「鼻が」である。「象は」は、下の「鼻が長い」全体の主語になっている。この「象は」のようなものを「総主語」という。「総主」とも。

【解説】(1)『草野氏日本文法』（一九〇一）の付録として収められた「国語ニ特有セル語法—総主」に、「象は体大なり」の形の文では、「象は」は「体大なり」全体に対して主語となる語で、「総主」とすべきだと説いた。

(2)以来、この問題については多くの議論がなされてきたが、その主なものは、次のようである。

(ア)「象は鼻が長い」において、「象は」は「鼻が長い」という文の主語であって、「鼻が長い」という文は「象は」を主語とする文の成分（この場合は述語節）となるとする説。

(イ)「象は」を提示語とし、「鼻が長い」という文の一成分と考える説。

(ウ)「象は」に類する「何々は」を、提題の主語・主題・題目語などと呼んで、「鼻が」は、「水が飲みたい」という場合の「水が」に類する対象語とみる説。

⇒ガとハの問題、主語　（林）

促音便　そくおんびん

A 国境の長いトンネルを抜けると雪国であった。夜の底が白くなった。〈川端康成・雪国〉

B 与一鏑《かぶら》を取つてつがひ、よつぴいてひやうど放つ。〈平家物語・一一〉

【定義】タ・ハ・ラ行四（五）段活用動詞連用形とラ変活用動詞連用形が、「て」「た」「たり」などに続く際、連用形活用語尾の「ち」「ひ」「り」が促音の「っ」に変化する現象。「つまる音便」ともいう。

【解説】例文**AB**ともに、「ある」「なる」「とる」が「た」「て」に続く場合、本来であれば、「ありた **arita**」「なりた **narita**」「とりて **torite**」のようになるべきところを、「あった **atta**」「なった **natta**」「とって **totte**」のように、「り」の音節が促音「ッ」に変化して、簡便にまとまった発音となっている。

【補説】カ行五段動詞は、「吹きて」→「吹いて」のように、普通はイ音便になるはずなのだけれども、「行く」だけが、「行きて」→「行って」のように促音便となる。（小野）

⇒音便

尊敬語　そんけいご

A やがて御釈迦様はその池のふちに御佇《おたたず》みになって、水の面《おもて》を蔽《おお》っている蓮の葉の間から、ふと下の容子《ようす》を御覧になりました。〈芥川龍之介・蜘蛛の糸〉

B 「君をし見れば」と書きなしたる、御覧じくらべて、「ただこの心どものゆかしかりつるぞ」とおほせらるる…〈枕草子・二三〉

【定義】敬語の分類の一つ。相手や話題中の人物、またその人に関係のあるものに対して、尊敬の気持ちを表すために用いる言葉遣い。相手が自分より高い位置にあること、または会話や手紙などの相手であることを前提とする。

【解説】⑴例文**A**の「御佇みになる」、「御覧になる」は、「佇んでいる」「見る」ということを尊敬語を使うことによって、「御釈迦様」に対する敬意を表している。**B**の「おほせらるる」は、「言う」を「おっしゃられる」と尊敬語を使うことによって話し手に対する敬意を表している。⑵尊敬語は、尊敬すべき相手の動作や関係あるものについて、いくつかのきまった言い方で言う。その種類は、

①特別な敬意のある語を用いる。

口語「(〜する)→なさる」「(食べる)→召し上がる」「(行く／来る)→いらっしゃる」「(見る)→ご覧になる」「(くれる)→くださる」「(名前)→芳名」

文語「(あり／居り／行く／来)→おはす」「(言ふ)→おほす」「(与ふ)→たまふ」

②動詞を「お／ご〜になる」の形で言う。

口語「(書く)→お書きになる」「(笑う)→お笑いになる」「見る→ご覧になる」

③尊敬の助動詞を用いる。

口語「れる／られる」を付ける。

「うなずかれる」「述べられる」「来られる」

文語「る／らる／す／さす／しむ」を付ける。

「参られよ」「求められよ」「笑はせ給ふ」

④敬意を示す補助動詞を用いる。

口語「お話し申し上げる」

文語「童《わらは》べと腹だちたまへるか」「かかるついでに見たてまつりたまはむや」

⑤敬意のある接頭語や接尾語を加える。

口語「お帽子」「貴校」「ご尊顔」「お美しい」

文語「おん前」「若君」

【補説】尊敬する人の動作・状態に対する用法を「動作主尊敬」、尊敬する人に関係あるものや持ち物などに対する用法を「所有主尊敬」などと呼ぶこともある。

⇒敬語、謙譲語、丁寧語　(北村)

尊敬・親愛の助動詞(奈良時代) そんけい・しんあいのじょどうし

B ①三笠の森の神し知らさむ〈万葉集・四・五六一〉

②この岳《をか》に　菜摘ます児《こ》　家聞かな　告《の》らさね〈万葉集・一・一〉

「す」は奈良時代に用いられた、尊敬・親愛を表す助動詞である。

【定義】他の人物、およびそれに関するものに対して、高い敬意や親愛の情を含んだ心情的な尊敬を表す。

【解説】(1)次のように活用する。

基本形	未然	連用	終止	連体	已然	命令
す	さ	し	す	す	せ	せ

接続 動詞(四段・サ変)の未然形に付く。

(2)例文①「神し知らさむ(神が御存知でいらっしゃいましょう)」のように、神や天皇に対する極めて高い敬意を表す。例文②のように、天皇が見知らぬ少女に対して「菜摘ます児……告《の》らさね（菜を摘んでいらっしゃる娘さん……〈家を〉教えてくださいよ）」のように優しく語りかける親愛の情、また「わが背子《せこ》は仮廬《かりほ》作らす（仮小屋を作っていらっしゃる）〈万葉集・一・一一〉」のように敬意を含んだ愛情を表す。⑶奈良時代に盛んに用いられたが、平安時代には使用されなくなり、下二段活用の「す」にとって代わられた。下二段活用の「す」が尊敬に用いられるときは「給ふ」など他の敬語を伴って用いられるのに対し、この四段活用の「す」は単独で用いられる。

【補説】⑴この「す」が四段・サ変以外の動詞に付く場合は、多くは音韻変化を起こして一語の動詞となっている。例「着る＋す→着《け》す」「見る＋す→見《め》す」⑵四段活用にこの「す」が付いた語は、次のように多くは音変化して一語となって残った。

名詞「みはかし（御刀。「御＋佩く（身に帯びる）」＋「す」の連用形」）

動詞「聞こす（聞か＋す→きこす）」「思ほす（思は＋す→おもほす）」「思《おぼ》す（思は＋す→思ほす→おぼす）」

⑶この「す」を助動詞ではなく「動詞的接尾語」とする立場もある（時枝誠記《ときえだもとき》『日本文法 文語篇』、鈴木一彦『日本文法本質論』など）。　（池上）

存在詞　そんざいし

A 漆の如き闇の中に貫一の書斎の枕時計は十時を打ちぬ。彼は午後四時より向島の八百《やほ》松《まつ》に新年会ありとて未だ還らざるなり。〈尾崎紅葉・金色夜叉〉

B 玉葛《たまかづら》花のみ咲きて成らざるは誰《た》が恋にあらめ吾《あ》は恋ひ思《も》ふを〈万葉集・一・一〇二〉

【定義】山田孝雄《よしお》『日本文法学概論』（一九三六）の品詞分類における用語。口語の「ある」、文語の「あり」およびその種々の融合形および「をり・はべり・いまそがり（いますがり）」がこれに属する。

【解説】⑴例文ABにおける「あり」「なり」「あら」が存在詞。山田孝雄の品詞分類では、用言のうちの形式用言に分類され、その中の純粋形式用言が、存在詞にあたる。『日本文法論』（一九〇八）では、動詞の一下位分類であったが、その後、「あり」の特殊性と働きの大きさから、特に一語（とその融合形）で一品詞としたものである。また学校文法では断定の助動詞として分類される「なり」を存在詞と認定する点が注意される。(2)存在詞は、以下のように分けられる。

(ア)「あり」①存在を意味するもの「新年会あり」

②陳述をなすもの「やるせなきはわが恋にあり」

(イ)「あり」に基づく動詞「をり」「侍り」「いまそがり」

(ウ)形容存在詞「形容詞連用形＋あり」の融合形「白く＋あり→白かり」

(エ)動作存在詞「動詞連用形＋あり」の融合形「恋ひ＋あり→恋へり」

(オ)説明存在詞「に＋あり」「と＋あり」の融合形「還らざるに＋あり→還らざるなり」「漠然と＋あり→漠然たり」

(カ)存在の「なり」「に＋あり」の融合形「京なる人のもとにつかはしける」

(キ)指示存在詞「かく＋あり」「しか＋あり」「さ＋あり」の融合形「かかり」「しかり」「さり」

(ク)存在詞の敬語①敬称「あらせらる」

②謙称「ござる」

学校文法では、形容詞の補助活用（カリ活用）とされる「白かり」、完了の助動詞とされる「恋へり」、形容動詞とされる「漠然たり」、断定・指定の助動詞とされる「還らざるなり」「京なる人」、連体詞とされる「かかる」などについて、関与する「あり」の存在を重く見てすべて存在詞という品詞のもとに統一的に説明しようとしたところに、独自性がある。

【補説】「あり」を他の動詞と区別する考え方は、近世の富士《ふじ》谷成章《たになりあきら》、東条義門らにも見られ、山田孝雄《よしお》の学説は、それらを受け継いだものである。

⇒動詞 (小野)

尊大語 そんだいご

【定義】待遇表現の一種。話し手が自分を聞き手より高い位置において表現するもの。

【解説】待遇表現には「敬語・親愛語・軽卑語」などの

分類があるが、尊大語もその一種。「おれさま」のように尊敬語を自分自身に用い、また「近う参れ」のように謙譲語を聞き手や第三者の動作に用いる形をとる。また「くれてやる・してやる」など恩恵の受給表現、「座らせよう・食べさせるか」などの使役表現も尊大意識に基づいたものであれば尊大語になる。

【補説】(1)尊大語という特定の語があるわけではなく、話し手が尊大意識をもって表現しているかどうか、それを聞き手が尊大な表現と受け取るかどうかという、言葉の用法によるものなので、「早く来い、乗れ」などの命令表現や、「おい、何だ?」の応答表現なども、その使いようによっては尊大な表現となることもある。(2)上代の記紀・万葉に見える「我が御魂《みたま》」〈古事記・上〉「我はいまさむ」〈万葉集・六・九七三〉など、絶対敬語とか自敬表現とかいわれるものは、神・天皇という絶対上位者に限って自然に用いられるもので、尊大意識に基づいているものではないから尊大語としては扱い難い。

⇒謙譲語、尊敬語、待遇表現

（北村）

た

待遇表現　たいぐうひょうげん

【定義】話し手が自分と聞き手との人間関係に配慮して表現する言い方。またその形式をとって表現された語句や文。その下位分類としては、敬語・軽卑語・尊大語・親愛語があるが、特に敬語を指していう場合が多い。

【解説】聞き手に配慮した表現とはいっても、いつも相手への気遣いや心配りによってなされる表現とは限らない。軽卑語や尊大語の場合は相手をののしり、自分を偉そうに高めていう表現であるから、待遇表現の中には話し手の態度がまったく異なる表現があることになる。一般に待遇表現は敬語法のこととして扱われることが多いが、待遇表現の概念を広くとらえれば、言語表現をする際の「時・場所・場合・目的・所属・行動」などあらゆるものに対する配慮がみな待遇表現の要素ということになる。

【種類】①敬語　聞き手や第三者に対して、話し手の敬意を示す表現。尊敬語・謙譲語・丁寧語の三種に分ける。例「社長がおっしゃる／殿下が本をお読みになる／先生が来られた」(尊敬語)「社長に申し上げる／殿下からのお手紙を拝見する／先生をお待ちする」(謙譲語)「そのとおりです／頑張ります／さようでございます」(丁寧語)

②軽卑語　相手または話題の人を見下し、自分を優位に立たせて、相手・話題の人を軽んじ卑しめる表現。軽侮語、軽蔑語。例「馬鹿／まぬけ／鬼／お多福」

③尊大語　自分で自分に対し使う敬語や偉ぶった言い方。自分の地位が高いことをきわだたせるため、自分の事柄や行為に用いる表現。例「おれ様／我が輩／くれてやる／してやる」

④親愛語　聞き手に親しさを感じ、愛情をいだいて話す表現。例「ボクちゃん／お嬢ちゃん／わたしのクマちゃん(夫)」

【補説】待遇表現という用語の由来は、岡田正美が『言語学雑誌』(第一巻五・六号、一九〇〇)で「待遇法」として扱ったのがその初期のものと思われるが、松下大三郎も『日本俗語文典』(一九〇一)で「待遇」の語を用いており、三矢重松『高等日本文法』(一九〇八)中にも文の種類を述べるくだりで「待遇上の種類」という分類が見える。ただ、文法用語として一般的に定着したのは、昭和二〇年以降のことといってよいであろう。待遇表現は、いわば自分と相手との相対的人間関係をどのように位置づけるかという態度によってなされる表現であるだけに、そこにはその時々でさまざまな心理的・社会的要因が持ち込まれることになり、非常に複雑な様相を呈する表現ともなる。そのため、待遇表現の言語観察を行う場合、それらの要因を正確に把握することが前提となるが、そこには文脈や話題に依存した待遇意識も出てくるため、単に表面上の発話だけを見ても言語形式としてはいつも決まった待遇表現が認められない場合もあり、研究の困難点となっている。

（北村）

⇒敬語、軽卑語、親愛語、尊大語

体言　たいげん

A 兄はそれから、五十円出して、これをついでに清《きよ》に渡してくれと言ったから、異議なく引き受けた。〈夏目漱石・坊っちゃん〉

B 散りぬとも香をだに残せ梅の花恋しきときの思ひ出にせむ〈古今集・一〉

【定義】 自立語で、活用せず、単独でまたは助詞を伴って文節を構成したときに、主に主語となり得る単語。

【解説】 ⑴例文**AB**の傍線部が体言である。細分すると、普通名詞（「兄」「異議」「香」「梅」「花」「思ひ出」）、固有名詞（「清」）、形式名詞（「とき」）、数詞（「五十円」）、代名詞（「これ」）となる。なお点線部中の「それ」「ついで」は体言ではない（「それから」で一語の接続詞。「ついでに」で一語の副詞）。⑵動詞・形容詞の連用形名詞法による「彼の走りに注目する」「遠くを見つめる」や、形容詞・形容動詞の語幹に接尾語が付いた「楽しげ」「元気さ」「面白み」は転成名詞であり、体言に含まれる。しかし、主に文語文法で見られる、連体形準体法による「思ふ（自分ガ好意ヲ持ッタ相手）をば思ひ」〈伊勢物語・六三〉、「霜のいと白き（白イ場合）も、またさらでも」〈枕草子・一〉、「公の奉り物は、おろそかなる（質素ナモノ）をもつてよしとす」〈徒然草・二〉などは、それぞれ動詞、形容詞、形容動詞で準体言とされるが、体言には含まれない。⑶体言が文節を構成したときの働きは、以下のように多岐にわたる。

(ア)普通名詞で時を表すものと数詞とは、単独で連用修飾語となり得る。例「明日会おう」「兄弟が三人いる」

(イ)単独で独立語となり得る。例「緑、それは平和の色である」

(ウ)格助詞「の」（文語文法では「が」も）などを伴って連体修飾語となり得る。例「私の本」「己《おの》が身」

(エ)格助詞「と」「に」「や」などを伴って並立語となり得る。例「君と僕」

(オ)助動詞「だ」「です」「らしい（推定）」などを伴って述語となり得る。例「あれは花です」

【補説】 ⑴学校文法では、「体言」を「名詞」と「代名詞」の二品詞とする立場と、「名詞（代名詞を含む）」の一品詞とする立場とがある。⑵「体言」「用言」のもとになったのは、仏教の「体」「相」「用」（「体」は実体、「相」は状態、「用」は動作・作用）であるという。⑶日本に入った「体」「用」の概念は、中世以降は歌論や連歌論に、近世以降は国学者の日本語研究に応用されるようになった。⑷学校文法の「体言」「用言」に通じる概念を確立したのは、近世中〜後期の冨士谷成章《ふじたになりあきら》（『かざし抄』『あゆひ抄』）、鈴木朖《あきら》（『言語四種論《げんぎょししゅろん》』）からとされる。また、術語としての「体言《たいげん》」「用言《ようげん》」の定着は、近世後期の東条義門《ぎもん》（『山口栞《やまぐちのしおり》』）のころと考えられる。⑸「体言」「用言」の定義は、学説の立脚点や品詞分類法などによって大きく異なる。特に、近世の国学者の学説やそれを受け継ぐものは、活用しない自立語を「体言」、活用する自立語を「用言」とすることが多い。

⇒用言　（渡部）

対称《たいしょう》

「二人称」に同じ。大槻文彦『広日本文典』（一八九七）での呼称。⇒人称　（池上）

対象格《たいしょうかく》　⇒**対象語**《たいしょうご》

対象語《たいしょうご》

A 声がきこえ、湯上りの匂いをぷんぷんさせて、帰って来た。〈織田作之助・青春の逆説〉

B 今さら子がかなしく、妻が恋しければとて、いかでか見捨て奉るべし〈盛衰記・三一〉

【定義】 文の成分中の連用修飾語の一つ。「名詞＋が」の形が、後の用言を修飾している場合、その「名詞＋が」の部分を対象語という。

【解説】 ⑴例文**A**の「声が」は「聞こえ」を、**B**の「子が」は「かなしく」、「妻が」は「恋しければ」を修飾している。これらが対象語である。⑵「名詞＋が」の形をとっても、それが後の用言の主体を表している場合は主語あるいは主格である。例雨が降る。／背が高い。／星がきれいだ。対象語は、文中の格としては対象格とされる。対象語には次のようなものがある。

①希望……水がのみたい。

②可能……ピアノが弾ける。
③感情……毎日がつらい。
④知覚……足が痛い。
⑤能力……料理が上手だ。
⑥好悪……わたしはこれがいい。

【補説】(1)対象語という用語は、時枝誠記《もとき》によって示されたものである。「名詞＋が」の形が、主語ばかりでなく、後の用言（ほとんどの場合、可能動詞か形容詞あるいは形容動詞）にかかる修飾成分になることがあり、用言から見れば、その意味上の対象となっていることから「対象語」と命名された。西欧文典でいう「object（「目的語」）」を対象語と訳す場合もある。(2)「名詞＋が」が、対象語なのか主語なのかは、必ずしも自明なわけではない。その文脈によって判断が揺れる場合もある。たとえば「ライオンが恐ろしい」といった場合、「恐ろしい」を話し手の主観表現と判断するか、「ライオン」固有の属性を表現していると判断するかによって、対象語か主語かが違ってくる。

⇒主格、主語、用言、連用修飾語

（北村）

代名詞　だいめいし

A ①「アノー昨夕《ゆうべ》はあなたどうなすったの」〈二葉亭四迷・浮雲〉
②「何だか私《わたくし》が残酷だって大変憤《おこ》っていらしったが、…〈二葉亭四迷・浮雲〉
B 山崎のあなたに水無瀬といふ所に宮ありけり。〈伊勢物語・八二〉

【定義】品詞名の一つ。単独で文節を構成することができ、活用がなく、単独で主語となることができるもの。人や事物などを、その物の名前を言わずに直接指し示すもの。

【解説】(1)例文**A**はともにお勢と文三との対話の場面。**A**①の「あなた」は聞き手・文三をその名を言わずに直接指しており、**A**②の「私」は話し手・お勢を、その名を言わずに直接指している。ともにお勢の文三に対する敬愛の気持ちが込められている。また、**B**の「あなた」は「あっち・向こう」の意で、都から遠く離れた場所を指している。(2)**A**①②の「あなた・私」のように人物を指して用いる代名詞を「人《じん》代名詞」（人称《にんしょう》代名詞とも）、Bの「あなた」のように場所などを指して用いる代名詞を「事物代名詞」（指示代名詞とも）という。

【補説】(1)人代名詞には、

婆さんは…自分の力でおれを製造して…〈夏目漱石・坊っちゃん〉

人はおのれをつゞまやかにし、…〈徒然草・一八〉

のように、既に文中に登場している人物そのものを指す用法があり、この類を「反射代名詞」という。(2)橋本進吉『国語法要説』（一九三四）や文部省『中等文法 口語』（一九四七）の流れを汲む学校文法では、代名詞を独立の品詞とせず名詞の中に含めるのが普通である。(3)時枝《ときえだ》誠記《もとき》は『日本文法 口語篇』（一九五〇）などで、代名詞を「話手を基準にした関係概念」を表すものと規定して、単純に「名詞の代わりに用いる語」（大槻文彦『広日本文典』〈一八九七〉など）とする考えを否定した。(4)日本語の代名詞の特徴としては、英語のpronounなどのように性・数・格の区別がはっきりしていないこと、人《じん》代名詞に属する語彙の数が英語などに比べてはるかに多く、しかも各語に話し手の待遇意識が反映されていることなどがあげられる。（池上）

⇒事物代名詞、人《じん》代名詞、反射代名詞

他称 たしょう

「三人称」に同じ。大槻文彦『広日本文典』（一八九七）などでの呼称。⇒人称 （池上）

他動詞 たどうし ⇒自動詞と他動詞《じどうしとたどうし》

タリ活用 たりかつよう

B 威徳魏《ぎ》々として尊容堂々たり〈平家物語・三〉

【定義】形容動詞の活用の型の一つ。文語の形容動詞にのみ見られ、ナリ活用と対立する活用の型。

基本形	語幹	未然	連用	終止	連体	已然	命令
堂々たり	堂々	たら	と たり	たり	たる	たれ	たれ

【解説】⑴形容動詞は、活用の違いから「ナリ活用」と「タリ活用」の二種類に分ける。⑵ラ変動詞（「ら・り・り・る・れ・れ」）に準ずる変化をするが、連用形には「たり」と「と」の二形がある。「たり」は助動詞を接続するための形で、「と」は、中止法と副詞法として働く。⑶タリ活用は、「…と」のような副詞が、述語や助動詞を接続する働きを持たないことから、その必要に応じ、「…と」に、動詞「あり」を接続した「堂々と＋あり」という形から生まれたもので、「〜と＋あり（-to＋ari）」という音の連続から、母音oが脱落して「〜たり（-tari）」となったものである。これは、ナリ活用や形容詞のカリ活用のでき方と同様である。⑷音便形はない。⑸タリ活用は、漢文訓読の影響を受けた軍記物語などに多く用いられ、物語や和歌など和文系の資料にはほとんど現れない。⑹タリ活用の語幹は、ほとんどが漢語である。

【補説】形容動詞は、これを一品詞と認めるか否か、学説によって取り扱い方がさまざまで、問題の多い品詞である。吉沢義則がカリ活用・ナリ活用・タリ活用を形容動詞という一品詞として認めるべきことを説き、その後、橋本進吉がカリ活用を形容詞の補助活用として形容動詞から除いて以来、ナリ活用・タリ活用を形容動詞の活用とするのが一般的になった。

⇒カリ活用、形容動詞、ナリ活用　（堀崎）

単語《たんご》

【定義】言語単位の一つ。一定の意味と一定の音形（語形）を持つ言葉としての最小の単位。「語」ともいう。

【解説】⑴言語単位には、単語より大きい単位として文・文節があり、単語より小さい単位として音節・単音などがある。音節や単音は単に音形（語形）だけを有し、一定の意味は持たない（[ki]という音節は「気・木・記・黄・期…」など多くの意味になる可能性はあるが、逆に一定した意味を持つことができない）。すなわち単語は、一定の意味を担った文法上の最小単位である。このようにふつう、二音節以上から成っている単語をさらに細分すると、その時点でもはや意味は消失するか、特定できないことが多い。意味といっても、それは必ずしも具体的な意味とは限らず、抽象的意味でもよい。たとえば、「けれども」「らしい」「(食べ)ない」「〜を」などは、何の具体的意味も持っていないようだが、それぞれ常に「逆接」「推定」「打ち消し」「目的提示」という一定の文法的意味を持ち、多くの語に付いて文法的機能を担える。したがって、これらはすべて単語である。⑵「ご親切」「不要」や「私たち」「深さ」などの接頭語・接尾語は、「〜語」という名称では呼ばれていても、それぞれ付属的な意味しか持たず、付く語も限定されているので単語とは見なされない。

【補説】 橋本進吉は単語の有する性質に、音声上の観点から、アクセントが一定していることや、常に一続きで発音されることなども指摘している。ただ、単語の分類がいつも自明であるとは限らない。たとえば、「竹の子」と「犬の子」は、ともに同じ構造による表現であるが、意味上、前者は一語意識が強いのに対し、後者はふつう「犬+の+子」という三つの単語の組み合わせ表現という意識になる。また「勉強する」は一語なのか「勉強+する」という二語なのか、また「雨風」は「雨(あめ)+風(かぜ)」として分解できるのか、といった問題もある。つまり、その単語が指示しようとする対象の概念がどのくらい一語として熟しているか、また、その意識による発音上の反映はどうなっているかなどの考察が必要となってくる。

「単語」という用語は、古く洋学資料に散見され、幕末にも『英吉利《いぎりす》単語篇』(一八六六)などの書があるところからすると、江戸末期には一部の洋学者たちの間でかなり定着していた語であると思われる。

(北村)

⇒文、文節

単純語 たんじゅんご

【定義】 単語を構成上から分類した一つ。それ以上小さく分解することのできない語。「あたま(頭)」「め(目)」「やま(山)」「ひと(人)」「しろ(白)」「つくえ(机)」など。

【解説】 単純語はそれ以上小さい要素に分解できない語で、名詞に多い。反対に「舞い・落ちる」「名・高い」「お・父・さん」「あん・かけ・そば」などのように、二つ以上の要素に分解できる単語を「合成語（あるいは複合語）」という。

【補説】語の分解がそれ以上不可能だということは、「語をそれ以上分けると、各部分が意味をなさなくなる」ということである。漢字熟語の場合などでは、こうした「意味をなす／なさない」の判断が難しいものもある。たとえば、「新・品」「良・質」「美・声」などは、二つの要素が独立的であり、分解して考えることが容易なことから、いずれも合成語（複合語）と見なせる。しかし、「社会」「倹約」「裁判」などの場合は、分解すると、一つ一つの漢字の意味が失われることはないにしても、各要素の独立性が乏しく、もとの語の意味との関係が希薄になるので、単純語と見なした方が妥当である。（北村）

⇒合成語、単語、複合語

断定の助動詞 だんていのじょどうし

A 石川五右衛門がその楼上の欄干に足をかけて、満目《まんもく》の花を賞美したというのは、多分この山門だった。〈三島由紀夫・金閣寺〉

B あまの原ふりさけみれば春日なる三笠の山にいでし月かも〈古今集・九〉

【定義】「～である」という断定の意味や「～にある」という存在の意味を表す次の助動詞。指定の助動詞ともいう。

口語 だ

文語 なり・たり

【解説】例文**A**・**B**の「だっ」「なる」が断定の助動詞。**A**の「だっ」は「である」の意を表し、**B**の「なる」は「春日にある三笠の山」という意を表す。以下、各語の意味・用法を説明する。

(1)だ（口語）

①断定　確定的な判断を表す。

例 一風変った父と娘の関係だった。〈井上靖・舞台〉

いまに来るだろう。〈井上靖・舞台〉

まだやっと一年生なのに、かの女の音頭とりはなれきっていた。〈壺井栄・二十四の瞳〉

②終止形の用法　終止形は終助詞的ないろいろの意味

を表す。

例 飯だ、飯だ。（行動をうながす）

あなたはだね、これをやることになっている。（相手への訴えかけを強める）

もう帰るだと。（非難・意外な気持ちを表す）

知らないよゥだ。（相手を軽くばかにした気持ちを表す）

【活用と接続】

基本形	未然	連用	終止	連体	仮定	命令
だ	だろ	だっ で	だ	（な）	なら	○

接続 体言・格助詞「の」。ただし未然形「だろ」、仮定「なら」は、動詞・形容詞、動詞・形容詞型の助動詞、助動詞「ない」「ぬ」「た」の終止形に付く。例「乗るなら飲むな」「ちょっと高いだろう」「鳴かぬなら鳴かしてみよう」「もう着いただろう」

連体形「な」は、形式名詞（「はず」「もの」など）と助詞「の」「のに」に続く場合だけ使う。

【注意】(1)名詞＋「なり」か、形容動詞かは次のように識別する。

・五歳で、幼稚園児だ＝名詞＋断定の助動詞（「五歳な子」「幼稚園児な子」にはならない）

・健康で、しあわせだ＝形容動詞（「健康な」「しあわせな」という連体形になる）

(2)「で」が断定の助動詞か、助詞かは次のように識別する。

・私の子供である（ではない）＝断定の助動詞（下に「ある」「ない」など存在を示す語があるか、または省略されている）例 これは花で（アッテ）、これは実だ。

道路で遊ぶ。＝格助詞　泳いで帰る。＝接続助詞

(2)なり（文語）

①断定　確定的な判断を表す。

例 おのが身は、この国の人にも（デモ）あらず。月の都の人なり（デアル）。〈竹取物語〉

叔母なる（デアル）人の…。〈更級日記〉

②存在　存在することを判断する意を表す。

例お前なる（ニイル）人々、ひとりふたりづつ失せて……。〈枕草子・三一三〉

天《あま》の原ふりさけ見れば春日《かすが》なる（ニアル）三笠の山に出でし月かも〈古今集・九〉

③人名・資格を示す「なり」　江戸時代になってから、人名や資格・続き柄などを表す「なり」の用法が生じた。連体形「なる」の形をとり、「〜という」と訳す。

例信濃の俳諧寺一茶なる（トイウ）者の草稿にして〈一茶・おらが春〉

【活用と接続】

基本形	未然	連用	終止	連体	已然	命令
なり	なら	なり に	なり	なる	なれ	なれ

接続 体言・活用する語の連体形。一部の副詞・助詞にも付く。

【注意】(1)同形語に伝聞推定の「なり」があるが、断定の「なり」は体言・連体形に接続し、伝聞推定の「なり」は終止形に接続するのである程度見分けがつく。しかし終止形・連体形が同形の活用語に付くときは文意から見分ける必要がある。(2)「に」は同形語が多い。断定の助動詞連用形の「に」は、なかでも識別が困難な語だが、次の二つを満たす「に」と考えるとよい。

(ア)「デ」と口語訳する「に」。

(イ)「に」の下に「アル」の意の動詞（「あり」「侍り」「さうらふ」「おはす」など）があるか、または省略されている「に」。

この条件で、次のように判断できる。

例この国の人にもあらず。（断定の助動詞。下に動詞「あり」がある）

今年元禄二年にや。（断定の助動詞。下に「あらむ」が省略されている）

火に焼かむ（格助詞。「デ」と訳すが、「アル」の意の動詞を伴わない）

(3)断定の助動詞「なり」の連体形「なる」に、推量の助動詞「めり」や、推定・伝聞の助動詞「なり」が付くとき、「なる」の「る」が「ん」に変化（撥音便化）して、

「なるめり→なんめり」「なるなり→なんなり」となることがある。古くは「ん」の字がまだ成立していなかったため、表記上は「なめり」「ななり」となっていることが多いので注意を要する。例扇のにはあらで、くらげのななり（デアルヨウダ）〈枕草子・一〇二〉

(3)たり（文語）

①断定　資格・立場などを表す語について「…だ」と断定する。

例清和天皇の後胤《こういん》として（デアッテ）、八幡太郎の孫なり。〈古活字本保元物語・下〉

諸国の受領《ずりやう》たりしかども（デアッタケレドモ）〈平家物語・一〉

【活用と接続】

基本形	未然	連用	終止	連体	已然	命令
たり	たら	たり と	たり	たる	たれ	たれ

接続　体言に付く。

【注意】連用形「と」は「デアッテ」の意の「として」、「デアル」の意の「とあり」にしか用いられない。他の「と」は格助詞か接続助詞である。

【補説】(1)断定の助動詞「なり」は、「に（場所を示す格助詞）＋あり」が変化したもので、物事の本質や性質などを説明する体言や、体言に準ずる語（動詞の連体形など）に付き、物事のあり方や定義を言い当てる意味を表す。そこから一般的な断定の用法が生じた。(2)断定の助動詞「たり」は、提示・指示の意味を持つ格助詞「と」にラ変動詞「あり」の付いた「とあり」が変化した形である。「たり」は「なり」よりも遅れて、主に漢文訓読体の文章などで用いられ、ある事柄の一時的・外面的な特徴から判断される意を表す。(3)連語「である」は、口語においては、「存在する」という具体的な意味を失い、断定の助動詞相当として用いられていると考えることもできる。例「吾輩は猫である。名前はまだ無い」〈夏目漱石・吾輩は猫である〉(4)室町時代には、「にてあり」→「であり」→「であ」→「ぢゃ」と変化した断定の助動詞「ぢゃ」が用いられていた。「ぢゃ（じゃ）」は、現代の口語では標準的ではないが、方言において用いられているほか、年輩の人めかしていう場合に「おお、そうじゃった」などと用いられる。「ぢゃ」は、一方では「だ」に変化して口語の助動詞となり、また一方では、「や」に変化して、関西方言における断定の助動詞として用いられている。また、口語の丁寧の助動詞「です」も意味のうえからは断定の助動詞に加えられる。(5)口語においては、「に」「と」「の」も断定の助動詞「だ」の連用形であるとする考えもある（時枝誠記『日本文法口語篇』）。

（小野）

単文《たんぶん》 ⇒**構造から見た文の種類**《こうぞうからみたぶんのしゅるい》

段落《だんらく》

【定義】 文章を構成する部分として、いくつかに区分された各々の文集合。またはその切れ目。

【解説】 (1)段落として区分された一つ一つのまとまりは、それぞれ内容上の統一性を持ち、各段が互いに意味的に関連し合って、文章全体の主題を展開、構築する。また、文章に区切りを設け、文章全体をいくつかの部分からなる構成体に整える働きもある。文章を言語表現の一つの単位と見るなら、段落もまたその下に位置する単位であるといえる。ただし、文章全体が一段落からなることもある。段・文段・節・パラグラフとも。(2)段落に次の二種がある。

(ア)形式段落……改行して一字下げの体裁をとり、形式的に示される段落。

(イ)意味段落（大段落）……いくつかの形式段落をその意味内容の関連性から考え、まとめたもの。

【補説】 段落は、「改行して一字下げの体裁をとる」という形式面の特色と、「一つの段落は内容上、統一性がある」という内容面の特色を持っている。ふつうは、この形式と内容が合致しているとされるが、実際にはそうなっていないことも多い。すなわち、一つの形式段落で表現された内容に統一性がなかったり、同じ内容を持つ形式段落が複数羅列しているなどということもある。これは、段落をどう扱うかということが、実際には書き手の自由に任されているからであり、段落の扱われ方、作られ方が、厳密な論理的規定に拠るものではないからである。ただし、その文章全体の内容を的確に把握するためには、まずは書き手の段落構成に託した意図を尊重し、各段落の要点と関連などを正確につかまえながら読み進めていくことがやはり有効である。　⇒文章　（北村）

談話　だんわ

A　むかし、むかしあるところに、おじいさんとおばあさんとが、住んでいました。ところが、夏のある日のことでした。おじいさんは山へシバかりにでかけました。「行ってらっしゃい。」おばあさんは、おじいさんを送りだすと、「どれ、どれ、わたしは、川へせんたくに行きましょう。」とたらいをかかえて川へせんたくに出かけました。〈坪田譲治・桃太郎（新百選日本昔話）〉

【定義】何らかの伝達の意図をもってなされ、意味的に完結した統一体をなす言語表現。普通、語や文がいくつか集まってつくられる集合体である。狭義には書かれた文の集合体を文章、話された文の集合体を談話というが、広義にはこの両方を含む。ディスコースとも。

【解説】⑴「談話」は普通「人と話を交わすこと」、「ある事柄についての非公式な意見」の意味に使われるが、文法論上では定義のように、「意味的に完結した統一体をなす言語表現」として扱われる。⑵従来文法の最大単位として扱ってきたのは「文」であるが、談話の流れの中に一種の文法的規則性が見られること、また、文脈の流れ全体の中での文の働きに着目すべきことが指摘されるようになって、「談話」が最大の文法的単位として注目されるようになってきた。談話内における規則性を追求する分野は談話分析（discourse analysis）と呼ばれる。

【補説】⑴談話のレベルで考えた方がよりよい説明ができる問題に、「は」と「が」の使い分けがある。例文の場合、おじいさんとおばあさんがはじめて登場する第一文では、新情報なので「が」が使われ、次に登場するときには旧情報になっているので「は」が使われる。このように「は」と「が」の使い分けは、新情報か旧情報かが関係してくる。このほか、語順、指示語の用法、省略、授受表現など、談話のレベルで考えたほうがよい問題がある。⑵久野暲《すすむ》は『談話の文法』（一九七八）などで談話という概念を文法的な説明に適用している。

⇒ガとハの問題、文、文章　（秋元）

中止形　ちゅうしけい

A 犬は喜び、庭駆《か》けまわり、猫は火燵《こたつ》で丸くなる〈雪・文部省唱歌〉

B 神楽《かぐら》こそ、なまめかしく、おもしろけれ〈徒然草・一六〉

【定義】 用言の連用形で、いったん語句を意味的に中止し、後に続ける用法を持つ形。この用法を「中止法」という。中止形には次のようなものがある。

①動詞……夕方、上野に着き、そのまま下宿に向かった。

②形容詞……大きな事故もなく、全員無事に帰国した。／山青く、水清し。

③形容動詞……辺りはとても静かで、物音一つしなかった。

④助動詞……兄は作家で、弟は画家だ。／父に怒られ、表に飛び出した。

【補説】 中止形は、当然、文をそこで前後の部分に分けるが、その二つの部分の意味的関係にはいくつかの種類が認められる。まず前後が同時の事柄である場合（「天高く、馬肥ゆる秋」）があり、次に前後が時間順の事柄である場合（「部屋に入り、椅子に腰かけた」）がある。また、前部分が理由・手段などを表し、後の部分と因果関係を持つ場合（「風邪をひき、会社を休んだ」「調味料を加え、味を調えた」）などもある。

⇒中止法、連用形　（北村）

中止法　ちゅうしほう

A 床の所々に作られた落し戸を開け、籠を吊して彼等は湖の魚を捕る。〈中島敦・狐憑〉

B 翁心地あしく、苦しき時も……〈竹取物語〉

【定義】 連用形の用法の一つ。連用形でいったん語句を意味的に中止し、後につなげる用法。

【解説】 (1)例文**A**の「開け」は動詞による中止法である。**B**の「あしく」は形容詞による中止法である。(2)ほかに形容動詞による「映画の内容は退屈で、思わず寝入ってしまった」や助動詞による「ぜひお越しいただきたく、お願い申し上げます」のようなものもある。

【補説】(1)中止法は、一文中で何回でも繰り返し使用することができるが、三回以上使用した場合には、意味的に時間的順序によって羅列する言い方になることが多い。例朝早く起き、洗面し、食事をとり、あわてて家を飛び出した。(2)中止法によって前後に分けられた各部分の意味的関係には、このような時間順の事柄である場合と、前部分が理由・手段などを表し、後の部分と因果関係を持つ場合や、単に並立、対比的にいう場合などがある。例質問の意味がわからず、何も答えられなかった。／大きな竜巻が発生し、多数の家が損壊した。／東京は炎夏にあえぎ、北海道は冷夏にふるえた。(3)中止法は、最後まで言い切らないで、いったん途中で意味完結を保留する言い方であるから、これから意味がどのように続いていくのか、といった類推を聞き手に促す効果が強く出ることがある。川柳などにはこうした中止法の持つ効力を軽妙な余韻表出に活用した表現が多くある。例我が好かぬ男の文《ふみ》は母に見せ／人は武士なぜ傾城《けいせい》にいやがられ

⇒中止形、連用形　（北村）

中称 ちゅうしょう

A 君、そこの所はまだ煮えていないぜ。〈夏目漱石・坊っちゃん〉

B わが屋前《には》に花そ咲きたるそを見れど心も行かず…〈万葉集・三・四六六〉

【定義】人《じん》代名詞の三人称、または事物代名詞について、話し手・聞き手との遠近・親疎の関係によって分けたものの一つ。指される内容が話し手よりも聞き手に近い人物・事物・方向である場合をいう。「それ・そこ・そちら」など。

【解説】(1)例文Aの「そこ」は、坊っちゃんと山嵐が牛鍋を突ついていて、山嵐がしゃべっている場面で、聞き手（坊っちゃん）が箸を出している所を指しており、Bの「そ」は歌中で取り上げている「花」が詠み手とは少し離れた所にあることを表している。(2)主な中称の代名詞を次にあげる。

口語 それ・そこ・そちら

文語 それ・そち・そなた

例 あてもなく、そこかしこと散歩する様な…〈夏目漱石・吾輩は猫である〉

こなたに渡し奉り給へ。そち参り給はん事は、猶あしくなんある。〈落窪物語・四〉

【補説】大槻《おおつき》文彦『広日本文典』（一八九七）以来もっぱら話し手との空間的な距離で考えて、話し手からやや離れた所の人物・事物を指すのが中称であるという考え方が一般的であった。しかし今日では、山田孝雄『日本文法学概論』（一九三六）や時枝誠記《もとき》『日本文法口語篇』（一九五〇）などのように、空間的な距離だけでなく心理的な距離も重視する立場が普通になっている。

⇒遠称、近称、不定称　（池上）

陳述　ちんじゅつ

【定義】山田孝雄《よしお》が初めて用いたといわれる用語。文を統一した姿で最終的にまとめあげる働き。

【解説】「我は」だけでは、文の主語が示されただけで、完結していないが、「山田なり」「帰らむ」「背高し」のような語句と組み合わされて、「我は山田なり」「我は帰らむ」「我は背高し」となることによって、文としての全体的なまとまりが生まれる。このようなまとまりを陳述と呼ぶ。その陳述を産み出すものは、「山田なり」「帰らむ」「背高し」のような語であり、そのように文を最終的にまとめあげる働きを持つ語を、陳述語と呼ぶ。

【補説】「陳述」の語は西欧の言語学にこれに対応する術語を見いだし得ない、日本文法学独特のものである。　（小野）

⇒喚体《かんたい》、述体、陳述語

陳述語　ちんじゅつご

A ①縦令《たとひ》富貴になり給ふ日はありとも、われをば見棄て給はじ。我《わが》病は母の宣《のたま》ふ如くならずとも。〈森鷗外・舞姫〉

②二階にては例の玉戯の争なるべし、さも気楽に高笑するを妻はいと心憎く〈尾崎紅葉・金色夜叉〉

【定義】山田孝雄《よしお》の品詞分類における用語。文の述語となりうる単語。概念語の対。

【解説】(1)例文①②における「なり給ふ」「あり」「見棄て」「給はじ」「宣ふ如くならず」「なるべし」「する」「心憎く」が陳述語。学校文法でいう用言（動詞・形容詞・形容動詞）にほぼ当たる。(2)山田文法での陳述語の下位分類は、次の通り。

(ア)実質用言　①形状用言―形容詞　「心憎し」
②動作用言―動詞　「なる」「給ふ」「見棄つ」「給はじ」「宣ふ」「ならず」

(イ)形式用言　①形式形容詞　「如し」
②形式動詞　「す」
③存在詞　「あり」「なるべし」

【補説】(1)山田孝雄の文法論では助動詞を陳述語（用言）の複語尾とみなすので、「給はじ」「ならず」「なるべし」全体で一語の陳述語となる。(2)山田孝雄の文法論では「争なるべし」の「なる」は存在詞「あり」と解釈され、それに複語尾「べし」が付いたものが「なるべし」となる。　（小野）

⇒概念語

陳述の副詞　ちんじゅつのふくし

A　だが、決して雹太《ひょうた》は焦ってはいなかった。〈井上靖・碧落《へきらく》〉

B　この御社《みやしろ》の獅子の立てられやう、さだめてならひあることにはべらん。〈徒然草・二三六〉

【定義】これを受ける語に仮定・推量・打消など特定の述べ方（陳述・叙述）を要求する副詞。「叙述の副詞」「呼応の副詞」とも。

【解説】(1)例文Aの「決して」は、「まったく」の意で下の「いなかった」という打消の表現を要求する副詞である。例文Bの「さだめて」は「きっと」の意で「はべらん（ゴザイマショウ）」という推量の表現を要求する副詞である。いずれも「決して焦っていた」とか、「さだめてならひあることにはべる」と言うことができない。陳述の副詞はこのように下にくる語の陳述の仕方を限定する。(2)情態の副詞・程度の副詞が修飾する語の内容を説明するのに対して、陳述の副詞は叙述内容にはほとんど関係なく、話し手の気持ちを表すのに用いられる。

例 花がはらはらと散る（情態）
花がすこし散る（程度）
花がたぶん散るだろう（陳述）

(3) 陳述の副詞が要求する言い方には次のような種類がある。

(ア) 打消　口語 決して　絶対　全く　全然　ちっとも　文語 え　おそらく　つやつや　いさ　ゆめ　いまだ
(イ) 推量　口語 おそらく　きっと　たぶん　文語 さだめて　いかばかり　いかに
(ウ) 疑問・反語　口語 なぜ　どうして　どう　文語 いかが　いかに　など　なぞ　いかで　あに
(エ) 仮定　口語 もし　たとい　万一　仮に　文語 もし　たとひ　よも　よし
(オ) 比況　口語 まるで　あたかも　文語 さながら　あたかも　さも
(カ) 願望　口語 どうか　どうぞ　何とぞ　是非　文語 願はくは　かならず　いかで
(キ) 当然　口語 まさに　当然　文語 まさに　すべからく

【補説】陳述の副詞は、ふつう文の初めにあって、文末の陳述の仕方を予告する働きをする。日本語の表現の最大の特徴は「文末決定性」（表現の意図が文末で決まる）にあるといわれ、日本語の欠点の一つであるともされるが、陳述の副詞はこの欠点をある程度補うものである。（安藤）

⇒情態の副詞、程度の副詞、副詞

つまる音便《つまるおんびん》　⇒**促音便**《そくおんびん》

定家仮名遣い　ていかかなづかい

【定義】藤原定家が、その著『下官集《げかんしゅう》』で提唱し、後世、行阿《ぎょうあ》の『仮名文字遣』によって普及した一種の仮名遣い。中世初期に始まり、近世末期まで、貴族階級や歌学者・歌人の間で権威あるものとして用いられた。

【解説】藤原定家（一一六二―一二四一）は、『下官集』の一項「嫌文字事」で、当時仮名遣いの乱れていた「を・お」「え・ゑ・へ」「ひ・ゐ・い」の三種八項について、たとえば「女郎花《おみなえし》」は「をみなへし」と書くのがよいというように例語を示した。「笛」を「ふゑ」と書くのは誤りで「ふえ」と書くのがよいとも示した。この流儀は定家の権威によって引き継がれ、源親行《ちかゆき》を経て、行阿《ぎょうあ》の『仮名文字遣』（十四世紀後半）によって「ほ」「わ」「は」「む」「う」「ふ」の六項が増補され、「行阿仮名遣い」・「定家仮名遣い」と称されるようになった。仮名遣いの乱れは平安中期に始まるというが、定家仮名遣いは、その乱れを、古くからの伝統的な書き方によったり、当時のアクセントを勘案したりして正そうとしたもので、貴族階級、歌学者・歌人の間では正統の仮名遣いとされてきた。契沖《けいちゅう》『和字正濫鈔《わじしょうらんしょう》』（一六九三）以後、国学者は、いわゆる歴史的仮名遣いによる者が多くなった。なお、定家仮名遣いには、いわゆる字音仮名遣いは含まない。⇒仮名遣い　（林）

程度の副詞　ていどのふくし

A　芝居の話か。もう沢山だな。〈三島由紀夫・女方〉

B　春はあけぼの。やうやう白くなりゆく山ぎは〈枕草子・一〉

【定義】言葉自体は事物の状態を表すことがなく、主として形容詞・形容動詞の表す様子がどの程度であるかを示す副詞。

【解説】(1)例文**A**の「もう」は、形容動詞「沢山だ」にかかって、芝居の話が程度を越えているという気持ちを表している。例文**B**の「やうやう」は、形容詞「白く」にかかって山の空との境界のあたりがだんだん白くなってくる様子を表している。いずれも「どんなに沢山か」「どのように白いか」という状態を表すのではなく、どの程度そうであるかを示している。(2)「もう眠る」「すこしわかる」のように、動詞を修飾することもあるが、これらも「どのように眠る」か、「どのようにわかる」かという状態を説明するのではなく、動作の程度を説明しているので、程度の副詞である。情態の副詞は、ぐっすり眠る」「はっきりわかる」のように動作の状態を説明する。(3)程度の副詞はある種の体言を修飾する場合がある。たとえば「ちょっと右」「もっと遠方」「ずっと昔」「もう百円貸せ」など。この場合の体言は方向・場所・時間・数量など、空間的・時間的にある広がりを持った語であって、この種の副詞はそのような語の上に付いてその程度を表すのである。(4)程度の副詞は情態の副詞を修飾することがある。たとえば「もっとしっかりやろう」「ずっとはっきり見える」「きわめてゆっくりと話した」など。

【補説】(1)程度の副詞のなかには、格助詞「の」が付いて連体修飾語になるものがある。例かなりの人出・わずかの資本　(2)また、断定の助動詞「だ」「です」を伴って述語になることがある。例仕事はあとちょっとだ。残りはほんの少しです。

⇒情態の副詞、陳述の副詞、副詞　（安藤）

丁寧語　ていねいご

A　しかし地獄と極楽との間は、何万里となくございますから、いくら焦って見た所で、容易に上へは出られません。〈芥川龍之介・蜘蛛の糸〉

B　なにがし僧都の、この二年籠りはべる方にはべるなる〈源氏物語・若紫〉

【定義】待遇表現の一つで、敬語の分類の一つ。ぞんざいな言い方ではなく、言葉遣いを丁寧にして、聞き手に対する敬意や自己の品位を表す言い方。

【解説】(1)例文**A**は「何万里となくあるから」「出られない」よりも丁寧な言い方で読み手に敬意を表している。**B**は「籠っておりますところでございますそうです」と、家来が丁寧な言葉で聞き手光源氏に敬意を表している。(2)現代語では「(名詞)～です」「(動詞)～ます」「(名詞＋で／形容詞／形容動詞)～ございます」のように文末にこれらの助動詞が付く表現となる。「お～(名詞)」「ご～(名詞)」「(名詞)～さま」など接頭語・接尾語などが用いられる表現もある。また、文語では、「はべり(侍り)」「さうらふ(候ふ)」「ござる」などの表現が用いられる。自分の地位と相手の地位とに、上下の差はない。(3)待遇表現には「敬語・親愛語・軽卑語・尊大語」などの分類があり、丁寧語は敬語の一つ。「尊敬語・謙譲語」に対していう。尊敬語や謙譲語が、どちらも相手を高める表現であるのに対して、丁寧語では、自分と相手との上下関係は前提とはならない。そのため、尊敬語や謙譲語に比べるとその敬意の度合いはそれほど大きくないが、なかでは、「～ございます」の敬意が最も大きくなる場合が多い。丁寧語はその用法も比較的単純なことから、日常、一般的に行われている敬語表現である。

【補説】丁寧語として用いられる「です／ます／ございます」は、尊敬語や謙譲語とともに用いることができる。

例「先生はいつもそうおっしゃい（尊敬語）＋ます」「そちらに参り（謙譲語）＋ます」「あれが拙宅（謙譲語）＋で＋ございます」

また、このほかに「（名詞文＋で／形容動詞連用形）＋あります」の形もあるが、その表現がややかしこまりすぎているので、会話ではあまり使われない。接頭語・接尾語などが用いられる表現（お菓子・お肉・お財布・ご無理・お星さま）は、特に「美化語（上品語）」と呼ばれて、丁寧語と区別して扱われることもある。

⇒敬語、待遇表現　（北村）

丁寧の助動詞　ていねいのじょどうし

A「若い連中が三、四人居りますが、一人は講師の送り迎えですし、他は受付をやっています。」
「どうする？」
「さあ、どうしましょうかな？」〈井上靖・初代権兵衛〉

【定義】聞き手に対する丁寧な、改まった気持ちを表す。丁寧の助動詞は口語の次の二語である。

です　丁寧な断定
ます　丁寧

【解説】例文の「居ります」「います」「どうしましょうかな」は、「居る」「どうしようかな」に比べて聞き手に対する丁寧な言い方。「送り迎えですし」は、「送り迎えだし」と比べて聞き手に対して丁寧に断定する言い方である。以下各語について説明する。

(1)です

①確定的な判断を丁寧な言い方で表す。「だ」の丁寧体。

例日本で最も高い山は富士山です。もうお出かけでしょうか。借金したのがまちがいなのです。

②丁寧な気持ちをそえる。

例大変嬉しいです。ひどく寒かったですね。この辺は静かです。

③終助詞的な用法（終止形が用いられる）。
例それはですね、少しですね、都合悪くてですね。

(2)ます

丁寧な、改まった気持ちを表す。
例バチカンも一部見ましたが、ここの名物はうまい物ばかりのようであります。〈寺田寅彦・先生への通信〉

【活用と接続】

基本形	未然	連用	終止	連体	仮定	命令
です	でしょ	でし	です	(です)	○	○
ます	ませ ましょ	まし	ます	ます	(ますれ)	ませ まし

接続 **です** 体言・体言相当の語・形容詞終止形・形容動詞と助動詞「そうだ」「ようだ」の語幹・格助詞「の」に付く。ただし③の用法の場合はいろいろな語に付く（例そしてですね／そろそろですね）。
ます 動詞・動詞型活用の助動詞の連用形に付く。ただし命令形は敬語動詞に付くのが普通（例いらっしゃいませ）。

【補説】 (1)「です」の語源は二説ある。
①「にて候→でさふ→でそう→です」
②「でござります→でござりんす→でござんす→でがんす→であんす→でえす→です」
「です」が用いられたのは室町時代からで、狂言に見え、江戸末期の滑稽本・人情本にも用いられているが、広く行われるようになったのは明治以後である。(2)「ます」の語源は諸説あるが、「まゐらす」説が有力。「まゐらす→まゐらする→まらする→まつする→ます」。上代に用いられた「坐《ま》す・座《ま》す」とは別語。室町時代以降、狂言・歌舞伎・浮世草子・洒落本・人情本などで会話に用いられた。(3)「ます」の終止形・連体形の古い形に「まする」があり、「お願い申し上げまする」のように文語的なかたい言い方に用いられた。(4)「だ・である体」「常体」に対し、「です」や「ます」を付けた丁寧な文体を「です・ます体」「敬体」と呼ぶ。(5)次の語を丁寧の助動詞とする説もあるが、これらは動詞としての用法も

あるので、ふつう次のように扱っている。

口語 ござります（ございます） 助詞「て」「に」、助動詞「で」に付き、また形容詞連用形ウ音便に付く補助動詞。補助動詞「ある」の丁寧語。

文語 はべり さうらふ・さぶらふ 丁寧の補助動詞。

（安藤）

弖爾乎波 てにをは

【定義】 古く助辞（助詞・助動詞・活用語尾など）の代表的なものを並べた言い方。大槻《おおつき》文彦が『広日本文典』（一八九七）で用いた品詞名の一つ。現今の「助詞」に当たる。「天爾遠波」（略シテ「天爾波」）とも書かれる。

【解説】 「てにをは」という言葉の起源は、平安時代の漢文訓読の際に用いられた訓点の付け方にある。その一つの方式に上図のようなものがあり、右上とその下の訓点を続けて読んで「ヲコト点」の名称が生まれた。また四隅の訓点を左下から右回りに読むと「テニヲハ」となり、当初はこの語によって「漢文を訓読する際に補って読むべき言葉」、すなわち用言の活用語尾や助詞・助動詞などを広く指していた。それが鎌倉時代の歌学に引き継がれて「言葉の続き方」のような意味で用いられていたものを大槻が日本語独特の品詞の名称として採用したのである。

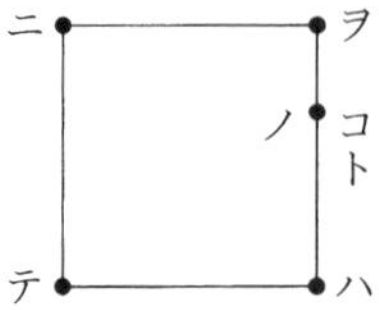

（池上）

テンス

A 「ここからは、わたしたちが先導するわ」と、ボニータが言った。「遠慮しないで。一緒に来たっていいのよ」

「あの連中はどうした」と、おれはサルコに訊ねた。〈筒井康隆・旅のラゴス〉

【定義】 ある時点を基準とした時間的な前後関係（現在・過去・未来）を表す文法的なシステム。「時制」・「時」とも。

【解説】 (1)テンスに関係する動詞のうち、動作を表す動詞の形態は、次の三つの形に分類される。

ル形 「書ク」「食ベル」などの終止形 →未来を表す

タ形　「書いタ」「食べタ」など、助動詞「タ」が付いた形　↓過去を表す

テイル形　「書いテイル」「食べテイル」など、接続助詞「テ」と補助動詞「イル」が付いた形　↓現在を表す

例文の「先導する」はル形で未来を表し、「言った」「した」はタ形で過去を表す。これらの語を現在にするには、「先導している」「言っている」「している」のように、テイル形にしなければならない。(2)「いる・ある」のような存在・状態を表す動詞は現在も未来もル形で表すことができる。たとえば、「先生は研究室にいる」は現在も未来も表し、これを区別するためには「今先生は研究室にいる」「明日先生は研究室にいる」のように「今」「明日」などの時の名詞を付けなければならない。過去を表す場合は、存在・状態動詞も「先生は研究室にいた」のようにタ形で表す。

【補説】(1)テンスはもともとインド・ヨーロッパ語などの文法論の用語。実際上、現在・過去・未来といっても、どの立場からある出来事を述べるかによりテンスのとらえ方が異なるため、言語により差異がある。(2)ル形には習慣的な動作（「毎日ジョギングをする」）や恒常的な真理（「地球は太陽のまわりをまわる」）などの用法もある。また、タ形にはさし迫った命令（「さっさと行った、行った」）や発見のニュアンス（「あった。あった。こんなところにあった」）などのモダリティ（話し手の叙述内容についての態度）や「めがねをかけた人」などアスペクト（動詞が今ある過程）に関連する用法などがある。したがって、ル形―タ形の対立を単にテンスだけの問題としてとらえていいのかどうかは疑問である。(3)国語調査委員会の『口語法』（一九一六）は、西洋文法の観点からテンスを現在・未来・過去に分類した。そこでは動詞の終止形を現在、動詞に「う・よう」の付いたものを未来・動詞のタ形を過去としている。

⇒アスペクト、モダリティ　（秋元）

伝聞(推定)の助動詞　でんぶん(すいてい)のじょどうし

A 自己の哲学の材料にしたそうだが、…〈森鷗外・ヰタセクスアリス〉

B ①秋の野に人待つ虫の声すなり我かと行きていざ訪はむ〈古今集・四〉

②月の都より、かぐや姫の迎へにまうで来《く》なる。〈竹取物語〉

【定義】話し手自身が見聞きしたことではなく、ほかから伝え聞いたことに基づく判断、または音や声を手がかりにした推察を表す助動詞。「推定の助動詞」ともいう。伝聞・推定の助動詞は次の語である。

口語 そうだ・そうです

文語 なり

【解説】例文Aは「自己の哲学の材料にした」とほかから伝え聞いたことを「そうだ」で表している。例文B①は、虫の「声が聞こえる、鳴いているのは松虫らしい」と推定していることを、「なり」で表している。例文B②は、月の都からかぐや姫の迎えが「まうで来」ることを、竹取の翁が直接聞いたのではなく、かぐや姫から伝え聞いたことを「なる」で表している。以下各語について説明する。

(1)そうだ・そうです（伝聞）

伝え聞いたこととして述べる。「そうです」は「そうだ」と同じ内容を丁寧に表現する。[…トイウコトダ（デス）・…トイウ話ダ（デス）]

例 祖父は常に周囲の人たちに豪語していたそうである。〈井上靖・頭蓋のある部屋〉

折々発作《ほっさ》が来て息が出来なくなるそうです。〈川端康成・父母への手紙〉

【活用と接続】

基本形	未然	連用	終止	連体	仮定	命令
そうだ	○	そうで（そうに）	そうだ	（そうな）	○	○
そうです	○	そうでし	そうです	（そうです）	○	○

接続 活用語の終止形。

【補説】(1)「そうだ」の連用形は中止法に用いられるほか、「そうである・そうでございます」などの形で使われる。(2)「そうだ」の連体形「そうな」が、ややくだけた形や、古風な言い方として文末に用いられることがある。例彼女は卒業したそうな。／宝くじが当たったそうな。(3)「そう」、または「そう」に終助詞を伴った形が多く見られる。例彼は明日来るそう。／山の景色がすばらしいそうよ。／美しい人だそうね。(4)同形語に比況・様態の助動詞「そうだ」「そうです」があるが、これらは接続が連用形なので、識別できる。

(2)なり（文語）

①推定　音が聞こえてくることを「…が聞こえる」と述べ、それに基づいて音を立てる主体を「…のようだ」と推定する。［…ノ音（声）ガキコエル・音カラスルト…ノヨウダ］

例吉野なる夏実《なつみ》の川の川よどに鴨ぞ鳴くなる（鴨ガ鳴クノガキコエル・鴨ガ鳴イテイルヨウダ）山かげにして〈万葉集・三・三七五〉

「丑《うし》四つ」と奏すなり。（奏スルノガキコエル・奏シテイルヨウダ）〈枕草子・三一三〉

②伝聞　人の話や書物などから伝え聞いたこととして述べる。［…トイウコトダ・…ト聞イテイル］

例男もすなる（スルトキイテイル）日記といふものを、女もして見むとてするなり。〈土佐日記〉

【活用と接続】

基本形	未然	連用	終止	連体	已然	命令	備考
なり	○	○	なり	なる	なれ	○	奈良時代
なり	○	なり	なり	なる	○	○	平安時代
なり	○	○	なり	なる	なれ	○	鎌倉時代

接続活用する語の終止形に付く。ただし、平安時代以降は、ラ変型の活用をする語にはその連体形（多くその撥音便化した形）に付く。

【解説】(1)推定・伝聞の助動詞「なり」は、「音《ね》＋あり」が変化して成立したといわれている。「なり」は、耳に入ってくる周囲の物音を聞くことによって、その状況を「～のようだ、～のように聞こえる」と判断するのがもともとの意味だと考えられる。そのため推定の「なり」は音を表す語句に付き、伝聞の「なり」も「人から伝え聞いた話（言葉）」というやはり音声を表す語句に付く。書物からの伝聞もこれに属する。聴覚的な根拠から推定の意味を表す「なり」は、視覚的な根拠から推量の意味を表す助動詞「めり」（＝「見えあり」または「見あり」）と対照をなすものといえる。(2)ラ変型活用をする語の連体形に、推定・伝聞の「なり」が付くとき、その語の語尾「る」が「ん」に変化（撥音便化）することが多い。「あるなり→あんなり」、「たるなり→たんなり」、「なるなり→なんなり」などである。古くは「ん」という仮名文字がまだ成立していなかったため、表記上は「あなり」「たなり」「ななり」などと記されることが多い。例扇のにはあらで、海月《くらげ》のななり（海月ノ骨ノヨウデスネ）〈枕草子・一〇二〉(3)奈良時代には、ラ変型活用の語でも、連体形にではなく、終止形に付いた。例葦原《あしはら》の中《なか》つ国はいたくさやぎてありなり（騒イデイルヨウダ）〈古事記・中〉(4)江戸時代には、推定・伝聞の「なり」が和歌・俳諧などで詠嘆（感動して述べる）を表す助動詞として用いられる例が見られる。これは平安時代の和歌に用いられた推定・伝聞の「なり」を詠嘆と解釈しても意味が通るため、江戸時代に広まった用法である。この場合は「〜（コト）ダナア」「〜デアルコトヨ」などと訳す。松尾捨次郎『国語法論攷《ろんこう》』（一九三六）で詠嘆の用法は誤りとされた。例手枕に身を愛すなりおぼろ月〈蕪村〉(5)同形語に断定の助動詞「なり」があるが、接続によって見分けられる（断定の「なり」は体言及び連体形に接続する）。ただし、終止形と連体形が同じ活用形の語に接続した場合は、文意から識別するしかない。

⇒断定の助動詞、比況・様態の助動詞　（池上）

同格　どうかく

【定義】一文中において、ある語（あるいは成分）と、他の語（あるいは成分）とが、同等の文構成機能を有していること。

【解説】用例は古文に見られ、現代語にはふつう見られない。多く格助詞「の」「が」を用いて表される。

【種類】(1)格助詞「の」で表される場合　例「気高う清げにおはする女の、うるはしくさうぞき給へるが（＝気高く美しい様子でいらっしゃる女の方で、端正に装束をつけていらっしゃる方《かた》が)」〈更級日記〉 (2)格助詞「が」で表される場合 例「鈍色《にびいろ》のこまやかなるが、うちなえたるものどもを着て(=濃いねずみ色の着物で、しなやかになったものを何枚か着て)」〈源氏物語・若紫〉

⇒格助詞

(北村)

動詞 どうし

A 智に働けば角が立つ。情に棹《さお》させば流される。意地を通せば窮屈だ。兎角に人の世は住みにくい。〈夏目漱石・草枕〉

B むかし、をとこありけり。女のえ得《う》まじかりけるを、年を経《へ》てよばひわたりけるを、からうじて盗み出《い》でて、…〈伊勢物語・六〉

【定義】 自立語で活用をし、終止形が、口語ではウ段で終わる語(文語では、それに加えて「あり」「をり」「はべり」「いまそがり」を含める)。事物の動作・行為や存在を表す語。

【解説】 (1)例文AB の――部の語が動詞。これらを終止形にすると、それぞれ「働く」「立つ」「棹さす」「流す」「通す」「住む」「あり」「得《う》」「経《ふ》」「よばひわたる」「盗み出《い》づ」となる。(2)動詞は、一般的には、「立つ」「経」のような事物の動作(年月が経過することも、一種の動作と見て)、「棹さす」「流す」「通す」などのような行為を意味するものが多いけれども、「あり」などのように存在を意味するものもある。(3)活用の型によって分類すると、以下の通り。

[口語] 五段活用 「立つ」「渡る」「蹴る」「死ぬ」「ある」
上一段活用 「起きる」「居《い》る」「着る」「見る」「似る」
下一段活用 「得《え》る」「経《へ》る」「出《で》る」
カ行変格活用 「来る」
サ行変格活用 「する」「運動する」

[文語] 四段活用 「立つ」「渡る」
上一段活用 「着る」「見る」「似る」「居《ゐ》る」
下一段活用 「蹴る」
上二段活用 「起く」
下二段活用 「得《う》」「経《ふ》」「出《い》づ」

カ行変格活用　「来《く》」
サ行変格活用　「す」「死す」
ナ行変格活用　「死ぬ」「往ぬ」
ラ行変格活用　「あり」「をり」「はべり」「いまそがり」

【補説】 文語の活用から口語の活用への変化をまとめると、

〔文語〕		〔口語〕
四段	→	五段
下一段	→	五段
ナ変	→	五段
ラ変	→	五段
上一段	→	上一段
上二段	→	上一段
下二段	→	下一段
カ変	→	カ変
サ変	→	サ変

のようになる。これは、活用の型が単純化し、連体形と終止形が同形になったことによる。「蹴る」が、「けない、けます、ける、けるとき、ければ、けろ」の下一段型をとらずに、「けらない、けります、ける、けるとき、ければ、けれ」の五段型になっているのも、「死ぬ」が「しなず、しにたり、しぬ、しぬるとき、しぬれば、しね」とのナ行変格活用から「しなない、しにます、しぬ、しぬとき、しねば、しね」の五段活用になっているのも、「あり」が「あらず、ありたり、あり、あるとき、あれば、あれ」のラ行変格活用から、「あらぬ、あります、ある、あるとき、あれば、あれ」の五段活用になっているのも、もともと、五段活用との共通性があった（傍線部分）ところに基づいて、最大多数の五段活用に組み込まれたと解することができる。また、上二段活用および下二段活用は、それぞれ上一段活用および下一段活用の型のほうが単純であったので、後者のほうに合一した。この場合、仮にすべてが、五段活用になると、たとえば、「起きる」は、「おかない、おきます、おく、おくとき、おけば、おけ」のようになってしまい、上二段のときの語形と大幅に異なってしまうことから、一段活用は温存されたのである。（小野）

時枝文法　ときえだぶんぽう

【定義】 時枝誠記《ときえだもとき》（一九〇〇―一九六七）の学説による文法論。その特色は、彼の「言語過程説」という言語本質観に基づいて構築された理論にある。

【解説】 時枝文法の根幹をなす「言語過程説」とは、人間の言語伝達行動を「表現と理解」の二方面から段階的に説明する理論である。つまり、言語の本質は、語られた言葉の音声あるいは文字といった語形面にあるのではなく「聞く・話す・読む・書く」という言語活動そのものにあると考える。文法も、形式的構成面からの説明ではなく、言語活動における表現過程のあり方を重視すべきだと主張し、その単位としては、まず「語」「文」「文章」の三つがたてられた。特に「文章」はこれまでの文法研究では「文」や「語」などと同列の単位として扱われなかったものである。また、「語」は思想の表現過程の違いから、「詞《し》（概念過程を含む形式＝客体的な表現）」と「辞《じ》（概念過程を含まぬ形式＝主体的な表現）」とに大別される。「辞」に該当する品詞としては、助詞・助動詞・接続詞・感動詞・陳述副詞をあげ、残りの品詞はみな「詞」であるとした。時枝文法では、この「詞」と「辞」が複合して「入子《いれこ》型構造」をなしていると説明され、これが日本語の「文」の基本構造だとしている。

【補説】 時枝の言語理論は『国語学原論』（一九四一）などで説かれ、『日本文法　口語篇』（一九五〇）で整理された。その「言語過程説」を基底とする「詞辞理論」から説かれた文法論は、言語活動の面に焦点を当てた新しい発想をもたらすものであった。しかし、一方ではその理論に固執するあまり、意味の扱いに一貫性を欠いたり、形容動詞・命令形・副詞などの扱いをめぐっては、理論的矛盾を残す部分があったりするなど、少なからぬ問題を生じさせてもいる。

⇒入子型構造、言語過程説、詞と辞、文章　（北村）

時の名詞　ときのめいし

A「…来年の今月今夜は…再来年《さらいねん》の今月今夜…」
〈尾崎紅葉・金色夜叉〉

B 年の内に春はきにけりひととせをこぞとやいは

んことしとやいはん〈古今集・一〉

【定義】名詞のうち「今年《ことし》・先月《せんげつ》・今日《きょう》」のように、広い意味での「時」に関する概念を表すもの。

【解説】⑴例文AＢの――を付けた語が「時の名詞」である。⑵この種の語は、「今日着いたばかりだ」「去年引っ越して来ました」「昔住んでいたことがある」など単独で連用修飾語になる場合がある。この点、「学校に行く」「故郷へ帰る」「失敗を重ねる」などのように一般の名詞が助詞を伴わないと連用修飾語になれないのとは違っている。

【補説】単独で連用修飾語になるという機能は、「時の名詞」ばかりではなく、「兄弟が三人いる」のように「数詞」の一部にも共通して見られる。この点に注目して、

名詞中から、特に「時に関するもの」を抽出して、それと職能を同じうする全数詞とを合わせて、新に、一品詞に立て、これを「時数詞」と呼ばうとするのである。（吉澤義則『日本文法理論篇』一九五〇）

とする説もある。　⇓時数詞　（池上）

独立語　どくりつご

Ａ「お嫂《ねえ》さん、あたしの目の中をのぞいてごらん。」〈太宰治・雪の夜の話〉

Ｂ さても、いと美しかりつる児《ちご》かな。〈源氏物語・若紫〉

【定義】「文の成分」の一つ。「主語―述語」、「修飾語―被修飾語」などのように他と直接の関係を持たず、文中で独立している語、文節。「感動・呼びかけ・応答・接続」などの意を表す場合や、文頭にあって後続する叙述部を「予告・提示」したり、「範囲限定」したりする場合がある。

【解説】⑴例文Ａの「お嫂さん」は相手への呼び掛けを表す。例文Ｂの「さても」は「なんとまあ」の意で感動を表す。いずれも他の文節との直接の関係を持たず、独立している。⑵独立語には次のような種類がある。

(ア)「感動」を表す……主として感動詞を用いて、感動・驚きを表す。例「おお、何ということだ！」「ははあ、こんな仕掛けだったのか」「あら、悲し

や」〈宇治拾遺物語・一三〉

(イ)「呼びかけ」の意を表す……主として感動詞・名詞を用いて、相手への呼びかけを表す。例「おい、待ってくれよ」「もしもし、どうしましたか？」「いかに、宗高、あの扇の真中射て、平家に見物せさせよかし」〈平家物語・一一〉

(ウ)「応答」の意を表す……主として感動詞を用いて、肯定・否定・確認などの返答をする。例「はい、わかりました」「いや、そうじゃない」「いな、いとうつくしかりき」〈宇津保物語・俊蔭〉

(エ)「接続」の意を表す……接続詞などを用いて、直前の文とその文の接続関係を示す。例「徹夜で勉強した。それで、試験はよく出来た」「女いとをかしうめでたしと思ひけり。されど、逢ふこと難《かた》かりけり」〈大和物語・一七一〉

(オ)後続部の「予告・提示」をする……主として文頭に名詞などを用いて後続する叙述部の主体や対象を予告・提示する。例「空、海、山、川……どれもみな美しい！」「沖津島山、竹生島、波にうつろふ朱の垣こそおどろかるれ」〈雨月物語・二〉

(カ)後続部の「範囲限定」をする……主として文頭に名詞などを用いて後続する叙述部の主題の範囲を限定する。例「昭和二十年八月十五日、日本で一番長い一日が終わった」「山中柴を打つの人、我が琴を聴き得ることあらんや」〈英草紙《はなぶさぞうし》・二〉

(3)「文の成分(構成要素)」である文節は、文中にあって、ふつう「主語—述語」「修飾語—被修飾語」のように他の成分(文節)と文法的、構造的に関係し合う。それに対して、独立語という成分は、他の成分に係り受けの関係を持たない部分である。すなわち、文中(通常は冒頭部)に一つの独立部を構成し、文法的には、いったん他の部分と切り離された体裁をとる(書き言葉では、読点などで区切られる)。ただし、意味的には独立しているのではなく、当然、後続の叙述部内容と密接に関連しているわけで、その意味的関係のあり方は、聞き手が全体の文脈からたどっていくことになる。いわば、文法的形態からではなく、全体の文意からその関係を決定していく必要がある。

【補説】「独立語」という用語は、三矢《みつや》重松《しげまつ》の『高等日本文法』(一九〇八)に見られるものが最初と思われる。独立語という概念をめぐっては、各文法論によって少なからぬ学説の異同が見られるが、今日、学校文法で説かれている独立語の説明は、ほぼ橋本進吉の学説を採用している。

⇒感動詞、接続詞、文節　(北村)

取り立て　とりたて

A
① 今年も年末に大雪が降った。
② 音楽はクラシックしか聴きません。

【定義】複数の同じような事柄を背景にして、その中のある事柄を取り上げて示すこと。助詞「も・でも・すら・さえ・まで・だって・だけ・のみ・ばかり・しか・こそ・など・なんか・なんて・くらい(ぐらい)・は」によって示される。これらの助詞を「取り立て詞」という。

【解説】(1)「取り立て詞」は、文構成には直接関与しない任意の要素で、もっぱら取り立ての機能を果たす。例文①では「も」によって、「去年も・一昨年も・その前も」と類似の事柄があるなかで「今年」を取り立てている。例文②では「クラシックしか」によって「現代音楽や軽音楽は(聴きません)」を示している。(2)「取り立て詞」は従来の日本文法で係助詞とか副助詞とかいわれていたものであるが、問題の多い範疇であった。これらに格助詞、接続助詞などを含めて、従来の日本語文法の枠をはずして再検討した考え方である。　(堀崎)

な

ナ行変格活用　なぎょうへんかくかつよう

B ① 前栽《せんざい》の中に隠れゐて、河内へ去ぬる顔にて見れば〈伊勢物語・二三〉
② 水におぼれて死なば死ね。〈平家物語・四〉

【定義】動詞（文語）の活用の型の一つ。五（四）段活用などのように規則的に活用せず、変則的な活用をするナ行動詞であるところから、こう呼ぶ。「ナ変」とも。

【解説】(1)文語では「死ぬ」「往ぬ」の二語だけ。五十音図ナ行のア段・イ段・ウ段・エ段の四段にわたって活用し、一部に「る」「れ」を伴う。次のように活用する。

基本形	語幹	未然	連用	終止	連体	已然	命令
死ぬ	し	な	に	ぬ	ぬる	ぬれ	ね

(2)四段活用の一種だが、四段活用とは連体形と已然形が異なり、六つの活用語尾がすべて違った形をとる。「往ぬ」は「去ぬ」とも書き、「立ち去る」「行く」の意味。

【補説】「死ぬ」は、室町時代から江戸時代にかけて、四段活用へ変わった。口語では、五段活用の動詞である。「往ぬ」も、「死ぬ」に遅れて四段活用へと変わり、現在でも関西方言には残っているが、共通語では使われなくなった。（堀崎）

ナ形容詞《ナけいようし》 ⇒**形容詞**《けいようし》

ナリ活用　なりかつよう

B 年返りぬれど、世の中今めかしき事なく静かなり〈源氏物語・賢木〉

【定義】形容動詞の活用の型の一つ。文語の形容動詞にのみ見られ、タリ活用と対立する活用の型。

基本形	語幹	未然	連用	終止	連体	已然	命令
静かなり	静か	なら	なり に	なり	なる	なれ	なれ

【解説】⑴形容動詞は、活用の違いから「ナリ活用」と「タリ活用」の二種類に分ける。⑵ラ変動詞（「ら・り・り・る・れ・れ」）に準ずる変化をするが、連用形には「なり」と「に」の二形がある。「なり」は助動詞を接続するための形で、「に」は、中止法と副詞法として働く。⑶ナリ活用は、たとえば「静かに」のような形が助動詞に接続する働きを持たないことから、その必要に応じ、「…に」に、動詞「あり」を接続した「静かに＋あり」という形から生まれたもので、「〜に＋あり（-ni＋ari）」という音の連続から、母音iが脱落して「〜なり（-nari）」となったものである。これは、タリ活用や形容詞のカリ活用のでき方と同様である。⑷連体形に、助動詞「なり」「めり」が接続する時、「…なんなり」「…なんめり」と撥音便が現れる。この時、「ん」は表記されないことが多い。

例 侍《さぶら》ふ人々もさうざうしげなめり。〈源氏物語・葵〉

⑸平安時代、物語や和歌など和文系の資料によく現れるが、中世以降、連体形・終止形に「な」が使われるようになるなどの変化が現れ、「ぢゃ」「だ」ができ、現代語では、ダの活用となった。「ぢゃ」「だ」は、「にてある↓である↓であ」から「であ↓ぢゃ」と「であ↓だ」という、二通りの変化によってできたものである。

【補説】形容動詞は、これを一品詞と認めるか否か、学説によって取り扱い方がさまざまで、問題の多い品詞である。吉沢義則がカリ活用・ナリ活用・タリ活用を形容動詞という一品詞として認めるべきことを説き、その後、橋本進吉がカリ活用を形容詞の補助活用として形容動詞から除いて以来、ナリ活用・タリ活用を形容動詞の活用とするのが一般的になった。（堀崎）

⇒カリ活用、形容動詞、タリ活用

二段活用の一段化 にだんかつようのいちだんか

A 「文」に生きる人とでも答えるよりない。〈長與善郎・竹沢先生と云う人〉

B なほここながら死なむと思へど、生くる人ぞいとつらきや。〈蜻蛉日記・上〉

【定義】文語の上二段活用・下二段活用の動詞が、口語では上一段活用・下一段活用になる現象をいう。

【解説】 例文**A**の「生きる」は口語のカ行上一段活用動詞だが、文語では**B**の「生くる」のように上二段活用であった。一段・二段の違いは次のようである。

基本形	終止	連体	仮定 已然	命令
〈口語〉 生きる	きる	きる	きれ	きろ
〈文語〉 生く	く	くる	くれ	きよ

文語では「き・く」二段で活用するが、口語では「き」一段の活用になる。この現象は文語のほとんどすべての上二段活用に起こった。これと同じことが下二段活用→下一段活用でも起きる。たとえば「起く→起きる」「始む→始める」「捨つ→捨てる」など、文語のすべての下二段活用動詞は、口語では下一段活用になった。

【補説】 (1)二段活用の一段化が完了するのは江戸時代後期であるが、すでに鎌倉時代から限られた例ではあるがこの現象が見られる。

…未だ生きる所も定めず…〈宝物集・一〉

きかぬ間もさてこそすぎれ山ざくら…〈撰集抄・七〉

室町時代前期の話し言葉を伝えているとされる抄物《しょうもの》の中には、わずかながら

楽《がく》…人の心をやわらげるをたつとぶ。〈論語抄〉

のように下二段活用の語の下一段化も見られる。

江戸時代前期の上方の話し言葉を映しているといわれる『虎明《とらあきら》本狂言集』（一六四二）には、上一段化の例は見られないが、下一段化の例が次のように見られる。

…そのまゝ寝《ね》る。〈乞婿《こいむこ》〉……全体で一三例

…と云《いい》てこしらへる内に…〈煎じ物〉……全体で四例

ふくの神わらひて出《で》る。〈福の神〉……全体で二例

江戸時代後期の江戸の話し言葉を映しているとされる人情・滑稽本などでは、会話は一段化しているが、地の文は二段活用が残っていて、一般庶民の話し言葉では二段活用の一段化がほぼ完了していたといえる。

⇒上二段活用、下二段活用　（池上）

二人称《ににんしょう》 ⇒**人代名詞**《じんだいめいし》、**人称**《にんしょう》

人称 にんしょう

A ① おれの大きな眼が…野だの干瓢《かんぺう》づらを…射《い》貫《ぬ》いた時に…〈夏目漱石・坊っちゃん〉

② おれの大きな眼が、貴様《きさま》も喧嘩をする積りかと…〈夏目漱石・坊っちゃん〉

B ① 「ほとゝぎす、おれ、かやつよ。…」とうたふを聞くも…〈枕草子・二二六〉

② …ふと人のかげ見ゆれば…たそと問ふ。〈源氏物語・空蝉〉

【定義】文法学上の範疇の一つ。ある代名詞が話し手・聞き手・第三者のいずれを指しているかを区別すること。また、その語。一人称（「自称」とも）・二人称（「対称」とも）・三人称（「他称」とも）の三種とする。

【解説】⑴例文A①の「おれ」は「話し手」（坊っちゃん）自身を、A②の「貴様」は「聞き手」（野だいこ）を指している。また両語を通じて「坊っちゃん」の「野だいこ」に対する「敵意」をうかがうことができる。「おれ」が一人称、「貴様」が二人称である。例文B①の「かやつ」は、「あいつ」の意で「ほとゝぎす」を擬人的に第三者として扱い、それを軽視している気持ちがうかがわれる。⑵例文B②の「た」は「だれ」の意で、人影の見えた人物の正体が不明であること、いずれの人称に属するのか特定できないこと、を表している。これを「不定称」という。⑶一人称の「僕たち」、二人称の「あなた方《がた》」、三人称の「彼等《ら》」などのように複数を表す形も見られるが、これらは語彙としての違いがあるだけで、文法上の問題となるものではない。

【補説】⑴日本語の場合、「人称」は人《じん》代名詞を種類分けするための概念に過ぎないが、英語では I go to school. に対して He goes to school. のように人称の違いが動詞の語形変化を生むこともある。⑵日本語では、

郷人《さとびと》等、盲僧を見て問ひて云《いは》く「彼れは何者ぞ…」と、…〈今昔物語集・一三〉

…かれ（＝桐壺の更衣に対して）は、…（帝の）御心ざしあやにくなりしぞかし。〈源氏物語・桐壺〉

のように三人称の「かれ」を男女の別なく用いるのが本来の用法であり、

そして彼（＝謙作）が本統に愛子を…〈志賀直哉・暗夜行路〉

…本統に愛子を可憐に思い出したのは彼女が十五六の時に…〈志賀直哉・暗夜行路〉

のように「彼」と「彼女」で男女を区別するようになったのは明治以降のことである。（池上）

人称代名詞《にんしょうだいめいし》 ⇒**人代名詞**《じんだいめいし》

は

倍数詞《ばいすうし》 ⇒**数詞**《すうし》

橋本文法 はしもとぶんぽう

【定義】 橋本進吉（一八八二―一九四五）の学説による文法論。言語の形式面を重視し、そこからできるだけ客観的で合理性のある文法論を目指した。その一大特色は「文節」という単位の設定にあり、今日の学校文法の原形となった。

【解説】 橋本文法は、別称「文節文法」とも呼ばれ、「文節」という「文を直接構成する要素」を設定したところに最大の特色がある。その基本態度は、音声・語形など「形式」面を重視し、客観的な態度で説明しようとするもので、「文節」という単位も、その発音・アクセント・ポーズなどの音声的形式面から定義づけられた。そして、文節をさらに分解して「単語」を取り出すなど、その論法は、さまざまなレベルの単位を、分解と結合の手法によって形式面から論じようとする要素主義といえる。その詳細は、『新文典別記・初年級用』（一九三二）などにまとめられたが、その主要な論点は、次のようなものである。

①「文節」の概念を中核とした文法で、形式面を重視した。

②語論としては、単独で文節となるものを「自立語」、単独では文節にならないものを「付属語」に二分し、そこから品詞分類を論じた。品詞の中に「副体詞」（のちの「連体詞」）を設けるなど、今日の学校文法での品詞分類表の原形となった。

③文論としては、文節を「直接に文を構成する成分（要素）」とし、各文節の係り受けの関係を中心とする分析を展開した。

【補説】橋本文法の形式重視の姿勢は、逆に言うと、言葉から「意味」の面を排斥しようという態度でもあり、その結果、文における各文節の関係性や、個々の文節の機能性を説明することには限界を生じている。つまり、文や語の意味を考慮しないと、各要素の明確な位置づけや性質、ひいては文の構造を厳密に説明することが不可能であり、橋本文法が構文論に弱さを見せる最大の理由がここにある。（北村）

派生語　はせいご

A　いちばん好きなところは今も神田川のふちにある和泉町のお稲荷さんであった。〈中勘助・銀の匙〉

B　内々の御心づかひは、このたまふさまにかなひても、しばしは情けばまむ。〈源氏物語・夕霧〉

【定義】ある単語に接頭語・接尾語が付いてできた語。

【解説】⑴例文Aの「お稲荷さん」は名詞「稲荷」に、敬意を表す接頭語「お」と接尾語「さん」が付いてできた語である。例文Bの「御《おほん》心づかひ」も同様である。「情けばまむ」は、名詞「情け」に接尾語「ばむ」が付いてできたマ行四段活用動詞である。このように単独で用いることができる単語に、単独で用いることのできない接頭語・接尾語が付いてできた語を派生語という。⑵「うまい→うまみ・うまさ」、「かたい→かたさ」のように、語の一部に接尾語が付く場合がある。(3)接尾語が付いてできた派生語の品詞は接尾語によってきまる。例勇む（動詞）→勇ましい（形容詞）

【補説】(1)「ひかる→ひかり」「おどる→おどり」のように、動詞の連用形が転成した名詞を派生語とする説もある。(2)本来派生語である語が、接頭語・接尾語意識が薄れて単純な一語となってしまったものもある。

例「御＋飯→ごはん」

「子＋ども（複数を表す接尾語）→子供（単数）」など。

(3)複合語は単独で用いることができる語を二つ以上組み合わせて作られた語（例本箱・近づく・青白い）である点で、派生語と異なる。

⇒接頭語、接尾語、複合語

（秋元）

撥音便　はつおんびん

A 貧しい人の手にも触れさせたいという趣意から、わざと質素な躰裁《ていさい》を択《えら》んだのは、是書《このほん》の性質をよく表して居る。〈島崎藤村・破戒〉

B 兼綱うち甲《かぶと》を射させてひるむところに、上総守《かづさのかみ》が童《わらは》、次郎丸といふしたたかもの、おしならべ引組《ひっく》んで、どうど落つ。〈平家物語・四〉

【定義】ナ・バ・マ行四（五）段動詞およびナ変動詞の連用形が「て」「た」「たり」に続く際、活用語尾が撥音「ン」に変化する現象。および、ラ変型の活用語尾が「めり」「なり」「ぬ」などに続く際、撥音「ン」に変化する現象。「はねる音便」ともいう。

【解説】例文ABでは四（五）段動詞「択《えら》ぶ」「引組む」が助動詞「た」助詞「て」に付く際、「択《えら》びた **erabita**」「引組みて **hikkumite**」が、それぞれ「択《えら》んだ **eranda**」「引組んで **hikkunde**」となることにより、簡便で熟合した発音となっている。

【補説】(1)現代の口語では、ナ・バ・マ行五段動詞の連用形は、常に撥音便となる。(2)古くは、「あるめり」「なるめり」「あるなり」なども、「あんめり」「なんめり」「あんなり」のように撥音便となった。この時、「子となり給ふべき人なめりとて、手にうち入れて家へ持ちて来ぬ。」〈竹取物語〉のように、表記上は「あめり」「なめり」「あなり」となっていることも多い。(3)「こそあるなれ」が「既に十二三日と云ふは、これより殆ど鎮西へ下向《げこう》ござむなれ。」〈平家物語・二〉と、撥音便によって「こそあんなれ」→「ござんなれ」と変化したものもある。(4)「をはりぬ」→「をはんぬ」(発音はオワンヌ)は、文書などによく用いられた形である。「次に刀の事、主《との》殿司《もづかさ》にあづけをきをはんぬ。」〈平家物語・一〉

⇒音便　（小野）

話し言葉　はなしことば

【定義】話すことと聞くこととで成り立つ言葉。

【解説】書くことと読むことで成り立つ言葉を「書き言葉」というのに対して、いう。音声言語、口頭語ともいう。「文語」を書き言葉の意味に用いるとき、話し言葉を「口語」ともいう。今日では電話や無線電波によるものも含めていうが、本来、話し手と聞き手とが共通の場面にあって行う会話・対話が一次的な形態で、実音声・アクセント・イントネーション・プロミネンスが備わっているのはもちろん、身振りや表情が表現と理解とを助けるのが普通である。

【補説】「話し言葉」では右の解説のほか、正しい音声・音韻、適度の早さ、間のとり方などが問題となる。用語の点でも同音語の使用に注意することなどが指摘せられる。古典語の文法はもとより、近代語の文法でも、どちらかといえば文法論は「書き言葉」中心であったが、社会生活が複雑になるにつれて、「話し言葉」にも注目の度が及んだ。三尾《みお》砂《いさご》『話言葉の文法・言葉遺篇』（一九四二）が、その嚆矢《こうし》であり、戦後『話しことばの文法・改訂版』（一九五八）が出た。近年「話し言葉講座」の類も開かれている。

⇒書き言葉　（林）

はねる音便　はねるおんびん　⇒撥音便　はつおんびん

反語表現　はんごひょうげん

A 世の中に正直が勝たないで、外に勝つものがあるか〈夏目漱石・坊っちゃん〉

B 業平が名をや朽《くた》すべき〈源氏物語・絵合〉

【定義】問いかけの形で表現し、その反対の結論を強める語法。

【解説】形式的には一見、聞き手に質問をしている疑問文の形をとるが、わざと反対の立場から疑問を呈して、主張したいことを強調する表現法である。口語では文末に「もの」あるいは推量の助動詞を伴って、「～もの（もん）か」「～があろうか」「～だろうか」などの形で用いられることも多い。文語では「か・や・やは・かは・かも・やも」などの助詞が用いられる。例「花は盛りに、月は隈なきをのみ見るものかは（＝花は盛りだけを、月は陰のない満月だけを見るのであろうか、いやそうではない）」〈徒然草・一三七〉

【補説】反語表現の効果は、話し手が表面上は反対の立場から聞き手に確認を求める形式をとることによって、いったん話し手の直接判断を留保する表現になっているところにある。話し手の主張を直接には示さず、その判断を聞き手に問うこのスタイルは、かえって聞き手に思考を促すとともに納得させ、強い賛同を得られるという表現になる。反語表現は、形式的には疑問文であるが、それは相手に解答を求めるという目的で発せられた疑問文ではないので、その返答は必ずしも必要ではない。たとえば、疑問代名詞が反語表現で使われた場合は、それに該当する直接的解答を求めているのではない。「だれがこんなことを喜ぶだろうか？」「次郎のどこがいいと言うんだ？」という反語表現では、「だれも喜ばない」という意味になり、「だれ」は「すべての人々（が～でない）」、また「どこ」は「すべてのところ（が～ない）」という全否定を示すことになる。⇒疑問文　（北村）

反射代名詞　はんしゃだいめいし

A 婆さんは…自分の力でおれを製造して…〈夏目漱石・坊っちゃん〉
B 楫取《かぢとり》もののあはれも知らで、己《おのれ》し酒を食《くら》ひつれば…〈土佐日記〉

【定義】人《じん》代名詞のうち、前に登場している人物を人称とは関係なく「その人自身」の意で指すもの。再帰代名詞・反照代名詞・自照代名詞などとも。

【解説】例文**A**の「自分」は前にある「婆さん」自身を指し、**B**の「己」は前にある「楫取」自身を指している。

【補説】この類は、明治初年の田中義廉《よしかど》『小学日本文典』（一八七四）などで、英語の reflective pronoun（my-self, yourself, himself, herself, themselves）にならって「復帰代名詞」として考え出されたものである。しかし日本語には"～self"に当たる「～自身」の意の接尾語はないので、その後もさまざまの呼称が生まれたが、通説としていえるようなものはない。（池上）

反照代名詞《はんしょうだいめいし》

橋本進吉『新文典別記』（一九四八）などで用いられた語。⇒反射代名詞（池上）

比況・様態の助動詞《ひきょう・ようたいのじょどうし》

A　赤シャツの顔を見ると金時のようだ。〈夏目漱石・坊っちゃん〉
B　世の中にある人とすみかと、またかくのごとし。〈方丈記・一〉

【定義】比況・様態の助動詞は次のような意味を表す。
①他のものにたとえて述べる（比況）。
②例として示す（例示）。
③理由や根拠が不確かな断定を示す。
④ある物事の有様を「…の様子である」「…の様子に見える」と説明する（様態）。

比況・様態の助動詞は次の各語である。
口語　ようだ・ようです　比況・例示・不確かな断定
　そうだ・そうです　様態
文語　ごとし・ごとくなり・やうなり　比況・例示

【解説】(1)例文Aは、「赤シャツの顔」を「金時（金太郎）」にたとえている。例文Bは世の「人とすみか」を「行く河の流れと泡」と同じだ、といっている。このように、ある事柄が、他の事柄に類似している、または同等であるという意を表すのが比況の助動詞の中心的な意味である。(2)「様態」は外見からそのような性質や状態であると判断される意を表す。以下各語を説明する。

(1)ようだ・ようです（「ようです」は「ようだ」の丁寧形）口語
①比況　よく似たほかのものにたとえていう。
例 小鳥のように声をあげた三人の子供たちと…〈芥

川龍之介・蜜柑〉

②例示　同類と見られる具体的な例をひいて示す。

例富士山のような山。／彼のように賢い人間。

③不確かな断定　話し手の知覚による推測や判断を示す。また、断定しないで判断を婉曲に示す。

例どうも僕の見たところでは神経衰弱程度のものではないようです〈広津和郎・あの時代〉

この菓子はすこし甘すぎるようだね。

④「ように」の形で動作の自然な帰結を表したり、動作・作用の目的を表したり、ほかにあつらえ、または依頼する内容を表したりする。

例自然が破壊されるようになる。／よく見えるように配置した。／丈夫に成長するように育てる。／どうか合格できますように。

【補説】⑴比況と例示の違いは、比況が「花（A）のような少女（B）」のようにAとBが全く別のものであるのに対して、例示は「彼（A）のような人（A′）」のように、例示されるもの「彼（A）」が「人（A′）」の一部分であるという点で見分けられる。また例示は「ように」「ような」の形をとることが多い。⑵「よう」が表す内容の範囲が広いために④のように多様な意味で用いられるが、これらも比況・様態の助動詞として扱われている。

(2)そうだ・そうです（「そうです」は「そうだ」の丁寧形）口語

①様態　外見からそのような状態や性質であると見える意を表す。

例お互いに手を出せばその手がつなげそうな泥の道であった。〈佐多稲子・私の東京地図〉

②動作・変化が起こる直前のように見える様子を表す。

例山椒魚は今にも目がくらみそうだとつぶやいた。〈井伏鱒二・山椒魚〉

③推測・判断　現在の時点での推測や判断を表す。

例今度は何とか合格しそうだ。

日曜日にはうかがえそうです。

【補説】同形語に伝聞の助動詞「そうだ」があるが、伝聞の場合は活用語の終止形に付く点で識別できる。

【活用と接続】

基本形	未然	連用	終止	連体	仮定	命令
ようだ	ようだろ	ようだっ ようで ように	ようだ	ような	ようなら	○
ようです	ようでしょ	ようでし	ようです	(ようです)	○	○
そうだ	そうだろ	そうだっ そうで そうに	そうだ	そうな	そうなら	○
そうです	そうでしょ	そうでし	そうです	(そうです)	○	○

＊口語の「ようだ」「ようです」「そうだ」「そうです」の活用は、形容動詞と同じである。

接続 ようだ・ようです…活用語の連体形、「体言＋の」、「この」「その」「あの」「どの」
そうだ・そうです…活用語の連用形、形容詞・形容動詞・助動詞「たい」「ない」の語幹に付く

(3)ごとし・ごとくなり・やうなり 文語

①比況　よく似た他のものにたとえていう［…ノヨウダ・タトエバ…ノヨウナモノデアル］

例 このあらん命は、葉の薄きがごとし（薄イ葉ノヨウナモノデアル）〈源氏物語・手習〉
髪は扇をひろげたるやうに（マルデ扇ヲヒロゲタヨウニ）ゆらゆらとして…。〈源氏物語・若紫〉

②例示　同類と見られる具体的な例を引いて示す。［…ノヨウナ。…ノ類ノ］

例 和歌・管弦・往生要集ごときの（ノヨウナ）抄物《せうもつ》を入れたり〈方丈記〉
心なしの乞児《かたゐ》とは、おのれがやうなる者（オ前ノヨウナ者）をいふぞかし〈宇治拾遺物語・二〉

③同等　前の事柄と大体同じである意を表す。［…ト同ジダ・…ノトオリダ］

例 六日、昨日のごとし（昨日ト同ジダ）〈土佐日記〉
死に事《つか》ふる時は、生に事ふるごとくなれ（ト同ジニセヨ）〈曽我物語〉

④婉曲な判断　婉曲に断定する意を表す。「らしい」

とほぼ同じ。「ごとし」の江戸時代以降の用法。

例 何となく今年はよいことあるごとし元日の朝晴れて風吹く〈石川啄木〉

【補説】 (1)「ごとくなり」は「ごとし」に断定の助動詞「なり」が付いたもの。「ごとし」に已然形・命令形がないという活用の不備を補うものである。「やうなり」は名詞「様《やう》」に断定の助動詞「なり」が付いたもので、平安時代から鎌倉・室町時代にかけて多用され、その後は文章語に残り、口語では「ようだ」になった。(2)「ごとくなり」は漢文訓読文に、「やうなり」は和文によく用いられた。(3)「ごと」だけで、「ごとし」の連用形「ごとく」と同じ、連用修飾の働きがある。例 虫のごと声にたててはなかねども〈古今集・一二〉 (4)口語の「みたいだ」「ふうだ」を比況の助動詞に入れることもある。また口語の「ようだ」「らしい」「ふうだ」、文語の「めり」「らし」を様態の助動詞とすることもある。

【活用と接続】

［文語］

基本形	未然	連用	終止	連体	已然	命令
ごとし	○	ごとく	ごとし	ごとき	○	○
ごとくなり	ごとくなら	ごとくなり ごとくに	ごとくなり	ごとくなる	ごとくなれ	ごとくなれ
やうなり	やうなら	やうなり やうに	やうなり	やうなる	やうなれ	○

＊文語の「ごとし」の活用は、ク活用形容詞に似たもの、「ごとくなり」「やうなり」の活用は、断定の助動詞「なり」に準ずる。

接続 ごとし・ごとくなり…活用語の連体形・格助詞「が」「の」
やうなり…活用語の連体形、「体言＋の」、「体言＋が」

（堀崎）

被修飾語　ひしゅうしょくご

A「厨子王」と云う叫びが女の口から出た。二人はぴったり抱き合った。〈森鷗外・山椒大夫〉

B 楫取りのいふやう、「黒鳥のもとに白き波を寄す」とぞいふ。〈土佐日記〉

【定義】修飾語によって内容を説明される文節。

【解説】(1)例文Aでいえば、「抱き合った」が被修飾語である。「ぴったり」という修飾語によって「抱き合う」様子が説明されている。また、例文Bでは、「波を」が被修飾語である。

【補説】(1)被修飾語は、修飾語と結びついて修飾・被修飾の関係をつくってまとまる。そして、そのまとまり（連文節）が、文の中で、主語（主部）になったり、あるいはふたたび修飾語（修飾部）になったり、さらに別の文の成分になったりして、文を組み立てる。例文Aは「ぴったり抱き合った」全体が述語（述部）、例文Bは「白き波を」全体が修飾語（修飾部）になった例である。
(2)これと関連して、被修飾語という文節は、文節と文節との関係を考える段階では必要な用語であるが、文の組み立てを説明する段階では、上位の働き（例文Aなら述語、例文Bなら修飾語）によって説明されるので、この用語を持ち出さなくてもよいことになる。被修飾語とは、文以前の文節の働きを説明するものなのである。(3)そこで被修飾語を文の成分として認めるかどうかが問題となる。これは、文の成分とは何かという問題とかかわっていて、文を直接組み立てるものを文の成分とするなら、被修飾語は文の成分とはいえなくなるが、一方、文になる以前の文節の働きをも文の成分とするなら、被修飾語も文の成分となる。

⇒修飾語

〈鈴木〉

否定形　ひていけい

A あらゆる神の属性中、最も神の為に同情するのは神には自殺の出来ないことである。〈芥川龍之介・侏儒の言葉〉

【定義】「口語動詞の未然形」の別名。打消形とも。

【解説】例文Aの「出来」がこの考え方では否定形になる。

【補説】動詞の未然形の後にくる語は「ない」であることが多いため、日本語教育の方面では「ナイ形」などともいう。また語学学習問題で「次の文を否定形にせよ」などと使う場合には、活用形のことではなく、否定表現

の意味である。　⇓否定表現　（北村）

否定の助動詞《ひていのじょどうし》　⇓**打消の助動詞**《うちけしのじょどうし》

否定表現　ひていひょうげん

A まだお前は名前をかえないのか。ずいぶんお前も恥知らずだな。〈宮沢賢治・よだかの星〉

B 人のそしりをもえはばからせたまはず…〈源氏物語・桐壺〉

【定義】叙述の内容を打ち消す表現。肯定表現の対。

【解説】⑴日本語では、否定の意は「構文的否定（文法的否定）」と「語彙的否定」という二つの形式によって表現される。前者は例文**A**の「かえないのか」のように「ない／ず／ぬ（ん）」などを用いて肯定表現を打ち消す否定文をつくるものである。後者は「非常識だ・無作法である・不親切だ」など接頭語を付けた語を用い、文形式は肯定文でありながら、意味的には打ち消し表現となるものである。「構文的否定」では例文**B**の「え…ず」のように否定と呼応する副詞が用いられる場合がある。また**A**の「恥知らず」は、本来構文的否定である表現が固定して語彙的否定の語となっている例である。

㋐「構文的否定（文法的否定）」の例

「見ない」「暑くない」「ウソでない」「金がない」「時間がなくて困った」「食事をとらずに、会社に出かけた」「言わぬが仏」「申し訳ありません」

㋑「語彙的否定」の例

「非日常的」「無条件降伏」「未確認物体」「不完全燃焼」

【補説】否定表現といっても、それらは単純な打ち消し表現として使用されるばかりでなく、「～のではない」「～わけがない」「～とは限らない」など、いろいろな表現をとることにより、さまざまな意味を生じさせる表現となる。例「それが原因なのではない」（異議申し立て）／「すべてが善人であるとは限らない」（全面肯定に対する一部否定）

否定表現の中には、「～ないではない」「～なくもない」「～ざるべからず」「～ないわけにはいかない」「～ない～は～ない」などの二重否定表現もあり、これらは単なる否定ではなく、「消極的肯定（例外の存在）」

「義務」「やむを得ない状態」「全部」など、その文脈によってさまざまなニュアンスを表現するために使用される。

＊「二重否定表現」の例

「異なった意見がないではない」「結婚を考えていなくもない」（消極的肯定／例外の存在）

「勉強せざるべからず」（義務・強調）

「仕事をしないわけにはいかない」（やむを得ない状態）

「子を思わない親はいない」「ウソのない世界に悪事はない」（全部）

（北村）

標準語　ひょうじゅんご

【定義】音韻・語彙・語法など、いろいろな観点から人為的に整備された規範性の強い言葉。

【解説】(1) standard language の訳語。音韻・文法・語彙などを一定の基準で選定した、言語生活において基準となる言葉を標準語という。厳密な意味では、個人的癖、方言的特色をまじえたものは標準語とはいえず、具体的言語としては、標準語は実在していない。(2)今日では便宜的に共通語を標準語と称していうことが多く、具体例としてはＮＨＫのアナウンサーが語る言語などがその模範として扱われやすい。ただし、その「標準」という響きが、正統的で価値が高いというニュアンスを強く打ち出しすぎるため、それに対する方言を逆に卑しめることにもなりがちで、好ましくないという見方もある。

【補説】標準語という用語は、明治維新後、全国共通語の確立が急がれた当初には「普通語」という呼称で扱われたが、岡倉由三郎《よしさぶろう》が『日本語学一斑』（一八九〇）で初めて標準語という用語を使用してからは、広く浸透した。岡倉の意図では、かなり共通語に近い意味であったが、第二次大戦後、国立国語研究所が方言調査を行った際に、標準語と共通語との相違を明確化した。

⇒共通語、方言

（北村）

品詞　ひんし

【定義】文法を体系的に説明するため、あらゆる単語をその文法上の性質によって分類したもの。また、分類することを「品詞分類」という。

【解説】文法上の性質を基準として単語を分類し、品詞を定めていくわけだが、その性質とは文中での役割や働き、活用の有無などの観点による。現代の学校文法では、品詞をふつう「名詞・動詞・形容詞・形容動詞・副詞・連体詞・感動詞・接続詞・助詞・助動詞」の十品詞に分類している。ときには、「体言」「用言」などの上位分類や、「副助詞」「格助詞」などの下位分類なども品詞論の一部として扱うこともある。

【補説】(1)英文法などの西洋文法との兼ね合いから、このほかに代名詞や数詞をたてる説もあるが、学校文法では両者を名詞の中に含めて考えている。形容動詞という品詞を認めない説など、各学説にも少なからぬ違いがあり、品詞論が完全に一致しているわけではない。(2)「品詞」という用語は、英文典の **parts of speech** の訳語であろうが、江戸時代、オランダ文典の訳語中に「九品の詞」などの表現が見られ、「品詞」という言い方の原形であろうかと思われる。
⇒形容動詞、数詞、代名詞、品詞分類　（北村）

品詞の転成　ひんしのてんせい

A おれはこの手拭を行きも帰りも、…ぶら下げている。〈夏目漱石・坊っちゃん〉
B 人の心にはつゆをかしからじ。〈枕草子・一三〇〉

【定義】ある品詞に属する語が、そのままの形、あるいはその一部が変化した形で、他の品詞として働くこと。

【解説】(1)例文**A**の「行き・帰り」はともに元来動詞の連用形であるが、ここではそのままの形で名詞として働いている。**B**の「つゆ（露）」は元来「水蒸気が冷えてできた水滴」の意の名詞であるが、ここではそのままの形で「少しも（～ない）」の意の副詞として働いている。それぞれ動詞→名詞、名詞→副詞と転成したものである。(2)品詞の転成には、次のようなものがある。
(ア)動詞→名詞　遊び・釣り・光、保《たもつ》・進《すすむ》（ともに人名）
(イ)動詞→形容詞　勇ましい・騒がしい・喜ばしい
(ウ)動詞→連体詞　あ（或）る・いわゆる・来《きた》る
(エ)動詞→接続詞　および

(オ)名詞→形容詞　おとなしい・黄色い・四角い
(カ)名詞→感動詞　畜生・南無三

【補説】「品詞の転成」と「接尾語」との関係には注意を要する場合がある。「春」という名詞に接尾語の「めく」が付くと「春＋めく」という動詞になるが、これは合成語のうちの「派生語」であって、ふつう転成とはしない。「汗＋ばむ」「楽し＋さ」「甘＋み」なども同様に「派生語」である。しかし、「悲しむ」「やわらぐ」などの場合の「む」「ぐ」は接尾語とは考えないため、これらは「派生語」ではなく形容詞が動詞に転成したものと考えるのが普通である。　（北村）

品詞分類　ひんしぶんるい

【定義】語をもっぱら文法的立場から分類したものを「品詞」（parts of speech）という。
①単独で文節を構成する能力の有無
②活用の有無
③構成する文節の持つ機能上の特徴
によって種類分けして名称を与えることを品詞分類という。

【解説】現行の学校文法ではふつう、文部省『中等文法口語』（一九四三）にならって、次ページのように十品詞に分類する。ほかに、
①八品詞に分ける立場…大槻文彦『広日本文典』（一八九七）、山田孝雄《よしお》『日本文法学概論』（一九三六）など。
②十一品詞に分ける立場…橋本進吉『国語法要説』（一九三四）、時枝誠記《ときえだもとき》『日本文法口語編』（一九五〇）など。
もある。その中で、大槻の「弖爾乎波」、山田の「存在詞」、橋本の「副体詞」という特徴的な名称や、山田の「接続詞」・「感動詞」・「助動詞」、時枝の「形容動詞」の扱いについては特に注意する必要がある。

【補説】(1)品詞分類を考える場合の対象はあくまで「単語」そのものである。したがって、
村の渡しの船頭さんは／今年六十のお爺さん／…〈武内俊子・船頭さん・一九四一〉
の「お」（接頭語）や「さん」（接尾語）はともに単語の

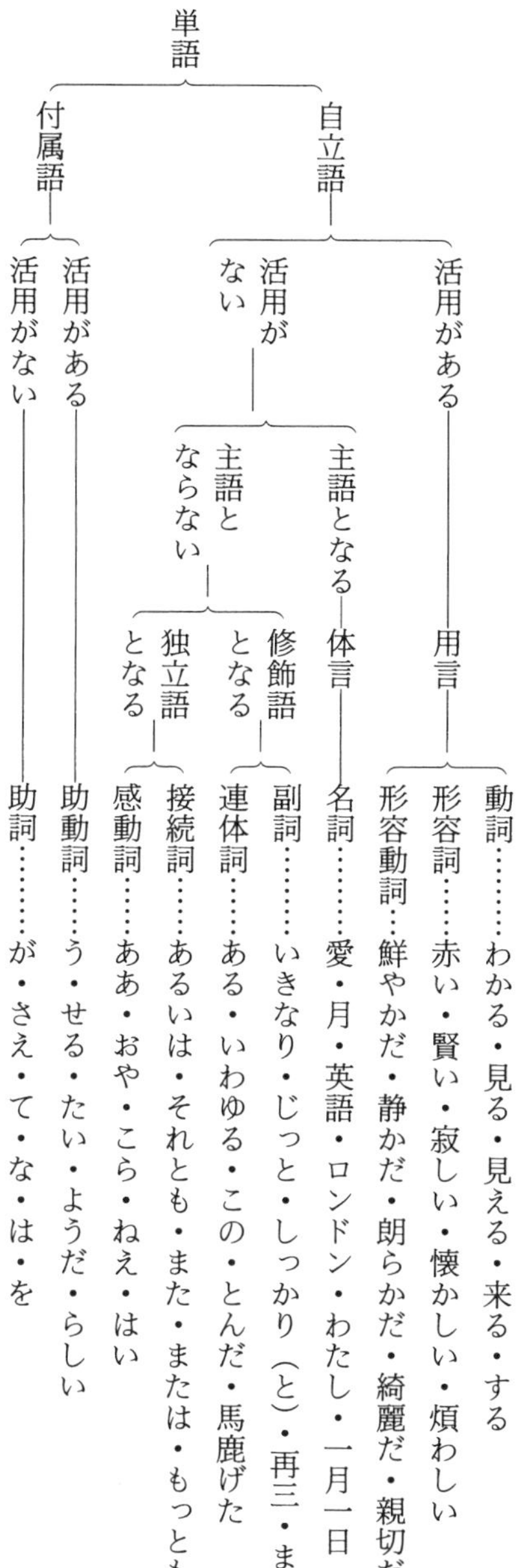

一部分にすぎないから、品詞としては扱われない。⑵単語を文法的な特徴によって種類分けしようとする意識は、古く奈良時代に萌芽が見られる。明治時代になると近代西欧言語学の強い影響を受けて、

田中義廉《よしかど》『小学日本文典』（一八七四）—名詞・形容詞・代名詞・動詞・副詞・接続詞・感詞の七品詞に分ける。「助詞・助動詞」をあげていない。

中根淑《きよし》『日本文典』（一八七六）—名詞・代名詞・形容詞・動詞・副詞・後詞・接続詞・感嘆詞の八品詞に分ける。「助詞」は後詞として認めているが、「助動詞」は動詞の中で説くにとどまり、「数詞」・「接頭語」が形容詞に含められているなどの難点がある。

などが現れたが「直訳文典」のそしりを免れない。これに対して、伝統的な分別意識を踏まえたうえで、西欧言

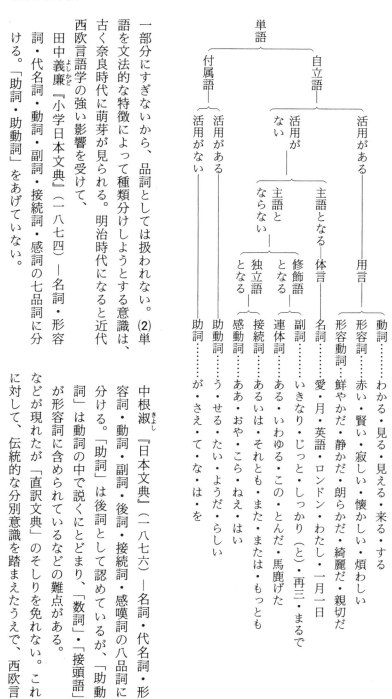

語学の成果を巧みに取り入れた「折衷文典」を完成させたのが前出の大槻《おおつき》文彦である。（池上）

不完全名詞《ふかんぜんめいし》 ⇒**形式名詞**《けいしきめいし》

複合語 ふくごうご

A ある曇った日の日暮れである。〈芥川龍之介・蜜柑〉

B 百人ばかり天人《あまびと》具して、昇りぬ。〈竹取物語〉

【定義】 単独で用いることができる語が二つ以上組み合わされて、新たに一語としての意味・機能を持つようになった語。

【解説】 (1)例文**A**の「日暮れ」は、「日」と「暮れ」が組み合わされて、「夕方」という新しい意味を持つ別の語、**B**の「百人」は「百」と「人」、「天人《あまびと》」は「天」と「人」が組み合わされて新しい意味を持つ別の語になっている。(2)複合語には複合名詞（「花束」「近道」など）、複合動詞（「引き抜く」「近づく」など）、複合形容詞（「奥深い」「暑苦しい」など）、複合形容動詞（「色鮮やかだ」「遠浅だ」など）などがあるが、形容詞が上になる場合は語幹が用いられる。(3)複合語には畳語（「人々」「泣く泣く」〈副詞〉「知らず知らず」〈副詞〉）、省略語の複合（日教組＝日本教職員組合、ベア＝ベース・アップ）なども含められる。(4)二語が結合したとき、次のように一部の音が変化する場合がある。

(ア)後に付く語の語頭音が濁音化する場合。例「本棚《ほんだな》」「鼻血《はなぢ》」

(イ)前の語の語末母音が変化する場合。例「雨具《あまぐ》」「風《かざ》上《かみ》」

(ウ)ア・イが併存する場合。例「雨戸《あまど》」「風車《かざぐるま》」

また、結合したとき、もとの語のアクセントが変化する場合がある。なお、語が結合するとき、後に付く語の語頭音が変化するか否かによって意味が違う、次のような例もあるから注意。

山川　やまかわ＝山と川　やまがわ＝山にある川

大手　おおて＝城などの正面・同業の中の大手企業
　　　おおで＝肩から指の先まで

【補説】 (1)「お父上」「春めく」のように接頭語や接尾語が付いてできた語は派生語である。複合語は、独立した用法を持つ単語が二つ以上結合してできている語を指す。(2)一般に複合語・派生語は合成語の下位分類として位置づけられているが、複合語＝合成語としたり、合成語と派生語を複合語の下位分類にしたりなど、用語が用いる人によって異なることがある。（秋元）

⇒合成語、畳語《じょうご》、派生語

複語尾 ふくごび

【定義】山田孝雄《よしお》『日本文法学概論』（一九三六）などで用いられている術語。現在普通の文法書の「助動詞」に当たる。

【解説】山田は、

> 動詞・存在詞が、その本来の活用のみにて十分に説明若《も し》くは陳述の作用を果たすこと能はざる場合に、その活用形より分出して種々の意義をあらはすに用ゐる特別の語尾を今假に複尾語と名づく。（振り仮名は筆者）

として、現在普通の文法書に挙げられているほとんどすべての助動詞を採り上げているが、口語の「だ」と文語の「なり・たり」（ともに断定）は「説明存在詞」、文語の「ごとし」は「形式用語」と呼んで別扱いにしている。

【補説】山田の「複語尾説」は今日の学界ではあまり顧みられないが、そこに見られる、

> 助動詞といへる名称は英文典の訳語を襲用せるものにしてその名とその実と吻合《ふんごう》せぬものなるが故に用ゐるを避くべきなり。（二九三ページ）

という見解は、英文法の auxiliary verb（日本文法でいう「補助動詞」に当たる）と助動詞との区別が大切であることを示唆している点で、注目すべきものといえる。（池上）

⇒助動詞

副詞 ふくし

A 空だってすっかり曇って、もう月なんか見えませんよ。〈三浦哲郎・月食〉

B 馬をざつとうち入れたれば、馬の頭も見えざりけり。〈平家物語・九〉

【定義】品詞の一つ。自立語で活用がなく、主語・述語にならず、主として連用修飾語として用いられる語。

【解説】(1)例文**A**の「すっかり」は「曇って」にかか

り、「もう」は「見えません」にかかる。例文Bの「ざっと」は「うち入れたれば」にかかっている。いずれも活用しない自立語で、主語・述語になることがない副詞である。⑵副詞には次のような種類がある。

(ア)**情態の副詞**　事物の状態を表し、主として動詞の働きがどのような様子であるかを示す。

例ひたすら無事を祈る　のつと日の出る山路かな

(イ)**程度の副詞**　言葉自体は事物の状態を表すことなく、主として形容詞・形容動詞の表す様子がどの程度であるかを示す。

例かなり遅い　きはめて愚かなり

(ウ)**陳述の副詞**　この副詞を受ける語に仮定・推量・打消など特定の述べ方（陳述・叙述）を要求する。「叙述の副詞」「呼応の副詞」とも。

例たぶん晴れるだろう（推量）　決して行かない（打消）　いかでかからむ（推量）　な鳴きそ（禁止）

【補説】⑴次のような語は連用修飾語だが、副詞ではない。

(ア)ひとり歩く・むかし男ありけり（名詞の副詞的用法）

(イ)美しく咲く・静かに思ふ（用言の連用形）

(ウ)ひとりで行く（「ひとり」「で」の二語）

⑵ある種の副詞が、名詞・他の副詞・文全体を修飾する場合もある。例やや右。もっとしっかりやろう。いったいどうして泣くのだ。⑶格助詞「の」が付いて連体修飾語になる場合がある。例かねての用意。いっそうの努力。⑷断定の助動詞や助詞を伴って述語になる場合がある。例歩くのがやっとだ。おいしいのはもちろんよ。⑸「副詞」の名称はオランダの文典にならったもので、羽栗洋斎の『六格前編』（一八一四）に用いているのが初見とされる。明治初年からこの名称が文法書で一般に用いられるようになった。⑹副詞の品詞としての地位は確立しているとはいえない。「はらはらと」「まさに」などはどこまでを副詞とするか、他の品詞との境界をどこにおくか（例「また」「かつ」は副詞か接続詞か）、体言を修飾する副詞をどう扱うか、「しばし（の間）」「もちろん（である）」などは体言と考えられないか、などの問題点がある。

⇒呼応、情態の副詞、陳述の副詞、程度の副詞　（安藤）

副助詞 ふくじょし

A ① 子供の頃から無鉄砲で損ばかりしている。〈夏目漱石・坊っちゃん〉
② 我輩は猫である。〈夏目漱石・我輩は猫である〉
B ① 花は盛りに、月はくまなきをのみ見るものかは〈徒然草・一三七〉
② 名をば、さかきの造《みやつこ》となむ言ひける〈竹取物語〉

【定義】 助詞の一つ。体言や体言相当の語句、助詞など種々の語に付いて、文の内容にある意味を添え、副詞のように用言を修飾・限定する。副助詞の中で、特に、文末に一定の言い方を要求し、強調・疑問・反語などの意味を表すものを係助詞と呼ぶ。副助詞は、ふつう次の語とする。

口語 まで・すら・のみ・など・なんか・なんぞ・ばかり・だけ・ほど・くらい・やら・か・は・も・さえ・でも・しか・こそ

文語 まで・すら・そら・のみ・など・ばかり・だに・し・しも・は・も・さへ・こそ・ぞ・なむ・や（やは）・か（かは）

これらのうち、以下の語を係助詞と呼ぶことがある。

口語 は・も・こそ・さえ・でも・しか

文語 は・も・ぞ・なむ・や（やは）・か（かは）・こそ

【解説】 (1)例文A①の「損ばかりしている」、例文B①の「くまなきをのみ見るものかは」は、ただ「損をしている」「くまなきを見るものかは」というのと違い、「ばかり」「のみ」が付くことによって、「イツモイツモ（損ヲシテイル）」「（陰ノナイ）ソノ時ダケ」という意味が添加されている。このように、ある意味を添え、副詞のように下の語を修飾することから、副助詞と呼ぶ。そのなかで、特に、例文A②の「我が輩は猫である」の「は」のように、文末に言い切りを要求したり、例文B②の「なむ」のように、それを受ける活用語が連体形（過去の助動詞「けり」の連体形「ける」）になることを要求したりするものを、下の語に影響を及ぼして係っていくことから、係《かかり》助詞と呼ぶことがある。係助詞のうち、「ぞ」「なむ」「や」「か」「こそ」には、文語文の中で、それを受ける活用語に特定の活用形を要求する「係り結び」の現象が見られる。広義には、「は」「も」が言い切りを要求することも「係り結び」の現象とする。(2)副助詞(係助詞を含む)は重ねて用いられたり、格助詞に続いたり、格助詞の代わりに用いられたりする。①格助詞と同じ位置に用いられる場合、格助詞が現れないことがある(例「みかんを食べた」→「みかんばかり食べた」、「犬を飼っています」→「犬も飼っています」)。②格助詞と重ねて用いられる場合、副助詞は格助詞の上にも下にもくる(例先生だけに話した/先生にだけ話した)が、係助詞は格助詞の下にくる(例私の家にも送ってください)。③副助詞と係助詞が重ねて用いられる場合、副助詞が上にくる(例専門医までもさじを投げた)。

【補説】(1)「副助詞」とは、山田孝雄《よしお》の命名により、副詞のような働きのあるところから名づけられた。係助詞と副助詞は、用言にかかるという点で共通の性質を持つが、山田は副助詞が用言の意義を修飾し、係助詞が用言の陳述の方法に勢力を及ぼす点に違いがあるとして区別した。学説により、分類には多少の出入りがある。(3)時枝誠記《もとき》は、係助詞・副助詞に分類されるものをまとめて、「限定を表す助詞」とした。

【各語の注意点】(副助詞〈含係助詞〉各語の用法・用例については口語・文語対照助詞一覧表を巻末に付録として掲げる)

は・も 口語 文語 ①文末について詠嘆を表す場合がある(例かの花は失せにけるは/い寝《ね》にけらしも)。これを終助詞とする説もある。②「を」の強調表現として、「を」に係助詞の「は」を付けた「をば」がある。この「ば」は「は」が濁音化したもので、接続助詞ではない。③「もぞ」「もこそ」の形で「…スルトイケナイカラ」「…スルト困ル」と不安・懸念・困惑の意を表すことがある。(例雨もぞ降る〈降ルトイケナイ〉、御車は門の下に/色にはいでじ人もこそ知れ〈人ガ知ルト困ル〉)

ぞ・なむ・や(やは)・か(かは)・こそ 文語 ①これらの助詞が文中にあると、係り結びが行われる。すなわち、これらを受ける文末の語が終止形ではなく、連体形(ぞ・なむ・や・か)、または已然形(こそ)で結ばれる。②「なむ」には、ほかに、(ア)終助詞の「なむ」(例いつしか梅咲かなむ〈咲イテホシイ〉)、(イ)完了の助動詞「ぬ」

の未然形＋推量の助動詞「む」の終止形（例梅咲きなむ〈キット咲クダロウ〉）、(ウ)ナ変動詞の未然形語尾＋推量・意志の助動詞「む」（例都へ往なむ）、の形があるので注意が必要である。(ア)は未然形に接続し、文末にある。(イ)は連用形に接続している。(ウ)は「な」の上が、ナ変動詞の語幹（死・往）である（ナ変動詞は、死ぬ・往ぬの二語だけ）ことによって見分ける。活用語に付く場合、係助詞の「なむ」は、連体形に接続する。

こそ 口語 文語の「こそ」と同じく、強調の意味を表すが、文末はふつうの終止形となる（例今度こそ頑張ります）。「ほめこそすれ、しかるつもりはない」のような用法は、文語の名残である。

だに・すら（そら）・さへ 文語 **・さえ** 口語 ①「だに」と「すら」は、「…サエモ」と、ある事柄をあげて、それより重いものを類推させる点では同じであるが、「だに」が最小限度の事柄を取り上げるのに対し、「すら」は極端な事柄を取り上げる点が異なる。「すら」は「そら」となることもある。②文語の「さへ」は「…マデモ」と、さらに何かが加わる、添加の意味だけを示すが、口語の「さえ」は一語で、文語の「だに」「すら」「さへ」の三語の意味に、ほぼ相当する意味で用いられる。

ばかり・のみ 口語 文語 口語では「のみ」は文章語として残っているだけで、「ばかり」「だけ」を使うことが多い。

まで 口語 文語 学説によって出入りがあり、限界を表す「まで」を格助詞（例京都まで行きます）、程度や極端な例をあげて他を類推させる意味を表す「まで」を副助詞（例風が強いのに、雨まで降ってきた）とする場合もある。

でも 口語 「でも」については次のような同形語があって、識別がよく問われる。

(ア)いくら騒いでも怒られない。（条件をつくる接続助詞「ても」が音便によって濁音化した）

(イ)これはデパートでも売っている。（格助詞「で」＋副助詞「も」）

(ウ)手紙を読んでもくれない。（接続助詞「て」の音便による濁音化＋副助詞「も」）

(エ)顔は晴れやかでも心は闇だ。（形容動詞語尾「で」＋副助詞「も」）

(オ)そう高価な品物でもない。（断定の助動詞「だ」の連用形「で」＋副助詞「も」）

副助詞「でも」（冬でも暖かい）と(ア)は、「も」をとり除いてしまうと意味をなさないが、(イ)〜(オ)は「も」がなくてもほぼ同じ意味であることで見分けられる。

しか・だけ 口語 ともに限定を表すが、「しか」は常に否定の語を伴う。

やら・か 口語 不確かなことを示す場合のほかに、列挙する場合があるが、これを並列助詞とする説もある。

し・しも 文語 ①「しも」は副助詞「し」に係助詞「も」が加わってできたものである。②「し」にはほかに、(ア)過去の助動詞「き」の連体形（例過ぎし日の思い出）、(イ)サ変動詞「す」の連用形（例みなし終えて）がある。副助詞の「し」は省略しても意味が通じる（例寒き夕べは大和し思ほゆ）。(ア)は、活用語の連体形に接続して過去の意があり、(イ)は「する」の意味があることによって見分ける。

⇒係り結び

（堀崎）

副体詞 ふくたいし

【定義】 松下大三郎の品詞分類における用語。名詞を修飾して、その名詞の表す概念を補充する語。学校文法における連体詞および名詞の接頭語に当たる。

【解説】 松下大三郎による副体詞の分類は、次の通り。

(ア)代名詞、副詞などから転じたもの 例「この」「その」「かの」「いずれの」「例の」「件《くだん》の」「諸々《もろもろ》の」「産みの親」「そもそもの」「我が」「汝が」

(イ)動詞から転じたもの 例「或る」「さる方」「明くる」「去る一日に」「来《きた》る」

(ウ)字音からできたもの 例「翌二日」「故入道」「各部局」「本協会と致しましては」「当銀行の立場と致しましては」

【補説】 「副体詞」という用語は、橋本進吉も採用したが、のち、文部省『中等文法』（一九四四）で「連体詞」という用語が採用されて現在に至る。

（小野）

⇒接頭語、連体詞

複文《ふくぶん》 ⇒**構造から見た文の種類**《こうぞうからみたぶんのしゅるい》

副用語 ふくようご

A 嗚呼《ああ》、相沢謙吉が如き良友は世にまた得がたかるべし。されど我《わが》脳裡に一点の彼を憎むこころ今日までも残れりけり。〈森鷗外・舞姫〉

【定義】山田孝雄《よしお》の品詞分類における用語。主語および述語になる語の上に付いて副次的に用いられる単語。自用語の対。

【解説】⑴例文の「嗚呼」「また」「されど」が副用語。学校文法の接続詞、感動詞、副詞をあわせた概念にほぼ等しい。⑵副用語の下位分類は、次の通り。

(ア)接続副詞　「されど」「また」「そもそも」
(イ)感動副詞　「ああ」「あはれ」
(ウ)状態副詞　「かならず」「いやしくも」「さすがに」「なぞ」
(エ)程度副詞　「また」「いと」「甚だ」「やや」
(オ)陳述副詞　「あきらか」「つまびらか」「はるか」

【補説】現代の文法研究では、接続詞と感動詞を除いた連用修飾成分を広く指す語としても用いられている（渡辺実編『副用語の研究』一九八三など）。また、その場合は、用言の連用形、名詞の副詞的用法も副用語のなかに含めて考えられる。（小野）

⇒自用語

付属語 ふぞくご

A 蓮華寺では下宿を兼ねた。〈島崎藤村・破戒〉
B 今はむかし、竹取の翁といふものありけり。〈竹取物語〉

【定義】単語の二大別の一つ。単独では文節を構成できず、常に自立語の下に付いて文節を構成する語で助詞・助動詞をいう。自立語の対。

【解説】⑴例文A・Bの——は助詞、══は助動詞である。⑵付属語に当たる品詞は、助詞・助動詞であり、その他の品詞（名詞・形容詞・動詞・形容動詞・副詞・連体詞・接続詞・感動詞）はすべて自立語である。⑶付属語はもっぱら自立語の後に付属して文節の構成要素となり、ある意味を付与したり、語と語との関係を示したりする単語である。「辞・関係語・形式語」などと呼ばれることもある。

【補説】(1)一文節中に自立語は必ず一つのみであるが、付属語は複数個現れることもある。例残業させられましたよね。(2)橋本進吉『国語法要説』（一九三四）における「詞・辞」の二大別が自立語・付属語という用語の源泉である。その後、学校教科書として編まれた『新文典』では「独立する語・付属する語」とされたが、文部省『中等文法』（一九四四）で「自立語・付属語」という名称に定着し、今日に至っている。

⇒自立語、品詞分類　（北村）

普通名詞　ふつうめいし

A …十年来召し使っている清という下女《げじょ》が…〈夏目漱石・坊っちゃん〉

B …いと大きなる河あり。これをすみだ河といふ。〈伊勢物語・九〉

【定義】名詞の一種。ある同一の種類に属する人や事物の統括的な名称を表すもの。固有名詞の対。

【解説】(1)例文Aの「下女」、Bの「河」が普通名詞である。(2)すべての名詞が普通名詞と固有名詞のいずれかに属することになるが、その区別は必ずしも厳密・簡明とはいえない。日本語の場合、(3)普通名詞は原則として外国語に翻訳できる（たとえば、木→tree、机→desk、鉛筆→pencilなど）と言ってよい。(4)普通名詞の中には、清水《きよみず》（焼物の種類。地名から）・建仁《けんにん》寺（垣根の種類。寺院名から）・隠元《いんげん》（豆の種類。人名から）・沢庵（漬物の種類。人名から）などのように固有名詞から転じたものがあり、逆に「清《し》水《みず》・川上」などのように姓（固有名詞）に転じたものもある。

【補説】(1)普通名詞は英文法でいうcommon nounに当たるものとして考え出されたが、日本語の場合、固有名詞との間に文法上の違いは何もなく、辞書的な意味の違いがあるにすぎない。(2)日本語の「日本人・日本語・英国人・英語・徳川家」などは多数の人や物を一括して呼ぶ名称であるから普通名詞となるが、英語の**Japanese, English, the Tokugawas**は固有名詞とされる。

⇒固有名詞　（池上）

不定称　ふていしょう

A 地獄には誰《だれ》でも知っている通り、…〈芥川龍之介・蜘蛛の糸〉

B …ふと人のかげ見えければ、又おはするはたそと問ふ。〈源氏物語・空蟬〉

【定義】 代名詞・連体詞で、はっきり特定できない人・事物・方角・場所などをさすものをいう。「だれ・どれ・どこ・どの」など。

【解説】 ⑴例文**A**の「誰」は、「特定できない人物」の意から転じて、「どんな人でも」とか「みんな」の意味で用いられており、**B**の「た」は現れた人影の正体が不明であることを表している。⑵不定称の代名詞が複数を表す場合としては、

例 現代一般の誰彼《たれかれ》に就いて用いられるべきで…〈夏目漱石・こころ〉

たれかれかものしつる、とのたまふ。〈源氏物語・若菜〉

のような例があるが、あまり多くはない。⑶主な不定称を次にあげる。

口語 だれ・どなた・どれ・どこ・どっち・どの

文語 た・たれ・いづれ・いづこ・いづち

例 「君はどっちへ帰るのです。」「谷中《やなか》にいます。」〈森鷗外・青年〉

不知《しらず》、うまれ死ぬる人いづかたよりきたりていづかたへか去る。〈方丈記〉

【補説】 「不定称」という語を用いず「疑問代名詞」とする説（田中義廉《よしかど》『小学日本文典』〈一八七四〉など）や、代名詞から除外して「疑問名詞」とする説（松下大三郎『改撰標準日本文法』一九二八）もある。

⇒遠称、近称、中称　（池上）

不定数詞《ふていすうし》 ⇒**数詞**《すうし》

部分数詞《ぶぶんすうし》 ⇒**数詞**《すうし》

文　ぶん

A 吾輩は猫である。名前はまだ無い。〈夏目漱石・吾輩は猫である〉

B ゆく川の流れは絶えずして、しかももとの水にあらず。〈方丈記〉

【定義】音声または文字を続けて、ひと続きのまとまった思想を表したものを文という。

【解説】言葉による表現では、意味の上で一つのまとまりがつくと、必ず一度言葉を途切らせる。このまとまりが文である。今日、文字で記すときには、終わりに句点（。）を付けて、文の完結を示すのが普通である。文はふつういくつかの文節、いくつかの語が集まってできているが、時には、一語だけ、一文節だけからなる文もある。これを「一語文」という。長い文の途中で切って息を継ぐ場合があり、文字で記す時には読点（、）でそれを示す。

文の定義は一定しない。古今東西、各人各説といってよいほどである。ドイツの諸学者ヨハン・リース（J. Rise、一八五七〜一九三三）はその著『文とは何か』（“Was ist ein Satz ?”）に諸家の定義一四〇をあげている。フリーズ（C. Fries）は二〇〇種以上の定義があると指摘している（“The Structure of English”）。我が国で文に定義を与えようとしたのは明治以後のことであるが、諸説紛々としている。なかで、山田孝雄《よしお》の、単語を材料とし、統覚作用によって統合せられた思想が言語という形式によって表現せられたもの。（『日本文法論』『日本文法学概論』など）

とした説と、橋本進吉の、

まとまった思想を言い表わす音の連続で、前後に音の切れ目を持ち、終りに特殊な音調を伴う。（『新文典別記』『国語法の研究』など）

とした説が重んじられてきた。時枝誠記《もとき》は、

具体的な思想の表現で、統一性・完結性を持つ。（『日本文法』など）

とした。ヨーロッパ諸語の文が、命令文・一語文等の特殊な表現を除くと、主語—述語の関係が文成立の基本条件として考えられるのに対して、日本語では、そのような形式上の規定を行うことが困難で、そこに、いっそう定義を与える場合のあいまいさが生じているのである。しかし一面、日本語では文の終わりに述語がくることが多く、したがってその形も比較的限られるので、文というまとまりを認識することは、ヨーロッパ諸語に比べて、むしろ容易である。（林）

文語文法《ぶんごぶんぽう》 ⇒**口語文法と文語文法**《こうごぶんぽうとぶんごぶんぽう》

文章 ぶんしょう

【定義】単語や文より大きく、統一した意味を持ち完結した言語表現。また、その言語単位の一種。ふつう、いくつかの文の集合によってなされた、一つの完結した表現体をいう。

【解説】文章とは、いくつかの文が互いに意味的に連続して展開し、一つの主題のもとに統一され完結された表現全体をいう。その表現全体を構成する文の数に限度はない。具体的には、小説・随筆・詩・戯曲・評論・手紙など、広義の「作品」と呼び得る書き言葉としての言語表現を指す。また、和歌や俳句が一文のみで構成されている場合にも、作品として全体が統一、完結されていることにより、これを文章と呼ぶことがある。単なる書き散らしたメモや、時刻表などは、そこに複数の文があっても、ふつう文章とは呼ばない。

【補説】文章という言語単位を、文法論の対象として位置づけようとする考え方は、時枝誠記《もとき》『日本文法 口語篇』（一九五〇）、『文章研究序説』（一九六〇）や永野賢《まさる》『学校文法 文章論』（一九五九）などにより推進された。時枝文法学では単なる要素還元的な構成論的文法構築ではなく、そこに「言語過程説」を踏まえた言語の表現過程を見ようとする立場がある。すなわち、文章全体を「詞」と見なし、そこから「辞」を引き出し得るとする考えである。つまり、この場合の「辞」こそは、その文章の主題・結論に当たるとする。しかし、通常の文法論として考えた場合、単語・句・文などのレベルと異なるので、文章のレベルでは、その文法的特徴が形態として認めにくく、一般的な文法法則などを打ち立てることが困難であることは否めない。それゆえ、今日においても、文章という概念がはたして文法論の対象として取り上げられるのかどうか、賛否両論あるのが実情である。その困難点の最大要因は、やはり文章という実態があまりにも多様であり、かつ文脈、段落の問題など、多くの要素を考慮してかからなければならないことなどによる。文章という概念自体は、ほとんど我が国独自のものといってもよく、英語では **a sentence**、**a composition**（作文）、

prose（散文）、an essay（随筆）、an article（論説）、writingsなどというカテゴリーしか見出し得ない。（北村）

⇒言語過程説、詞と辞

文節《ぶんせつ》

A ピトロクリの 谷は 秋の 真下に ある。〈夏目漱石・永日小品・昔〉

B 消えずと いへども ゆふべを 待つ こと なし。〈方丈記〉

【定義】 意味上から区切った言語単位の一つ。文を実際の言語として不自然でないようにできるだけ細かく区切った各々のひとまとまりをいう。

【解説】 (1)例文**A**・**B**の——部が文節である。**A**は五つの文節からなり、**B**は六つの文節からなっている。(2)文を実際の言語としてできるだけ細かく区切るという場合、この「実際の言語」という定義はしばしばあいまい性を持つが、要するに「具体的な意味が壊れてしまわないように」区切る、という程度に考えればよい。つまり「きょうは午後から雨が降るらしい」という文の場合、最初の「きょう」はこれ以上小さく区切ると意味が壊れてしまうから、これでひとまとまり、と考えられるが、そうすると次の「は」が一つだけ浮いてしまう。「は」だけでは、実際の意味を持つとは言い難いし、意味上明らかに「きょう」という語を受けているから、「きょう＋は」の部分をひとまとまりと考えるのである。これが「実際の言語として不自然でないように」ということで、それゆえ、文節を切るには「ね」「さ」「よ」などの終助詞を入れてみるとわかりやすい。(3)こうして区切られた文節には、自立語が必ず一つだけ含まれている。また付属語は含まれている場合もあるし、そうでない場合もあり、含まれている場合はいくつであってもよい。(4)また、文節には、文に切れ目をつくる「切れる文節」と、次の言葉に続いていく「続く文節」とがあり、これらは次のように整理できる。

(ア)主・述の関係 「花が 咲く」

(イ)修飾・被修飾の関係 「桜の 花が 咲く」「空が とても 青い」

(ウ)接続の関係 「安ければ 買おう」「雨だから 行かな

い」

(エ)独立の関係　「ああ、きれいだ」「先生、質問があります」「六月六日、それは私の誕生日です」

(オ)並立の関係　「アメリカと イギリスが イラクを攻撃した」「彼女は、美しくて やさしい」

(カ)補助の関係　「富士山が 目の前に そびえて いる」「彼の相談に のって あげた」

この中で、(エ)は「切れる文節」、(ア)(イ)(ウ)(オ)(カ)は「続く文節」となる。また、ふつう、文の最後にくる文節は当然ながら「切れる文節」となる。このような「切れる」「続く」の現象を「切れ続き」と呼ぶ。

【補説】今日の学校文法（教科文法）は、文・文節・語を言語単位として扱っている。文節は「定義」にも述べたように、まずは意味的な単位であるが、一方で、各文節が相互の意味の関係から結合しつつ、一文を構成するという「文の構成要素」としての役割も担わされている。ただし、各文節の意味的関連ということを考えると、各々の文節がどれも対等で平面的な結合をするわけではないことに気づく。意味的に、より緊密な関係で結合されている文節群が、その文の直接の構成要素になっていると見なす考え方をとらないと、文構造の大きな骨格が見えにくくなる場合がある。この文節群を「連文節」といい、文節のみによる文構成の説明不備を補う概念として重要である。「文節」は、橋本文法の用語だが、ほぼ同概念に当たるものを松下大三郎は「詞」、神保格《じんぼうかく》は「句」、佐伯梅友は「文素」、金田一京助は「語節」などと呼んで、各自の学説を展開している。

⇒自立語、付属語、連文節　（北村）

文素　ぶんそ

橋本文法でいう「文節」とほぼ同じ概念を持つ用語。佐伯梅友の学説で用いられ、「語句」とも呼んでいる。

⇒文節　（北村）

文典　ぶんてん

【定義】(1)文法について述べた書物。(2)「文法」「文法論」のこと。

【解説】文典という語は、江戸末期に箕作阮甫《みつくりげんぽ》『和蘭文典』（一八四二）が最初の例かと思われ、以降、文法書を指すものとして一般に使用された（ロドリゲス『日本大文典』（一六〇八）『日本小文典』（一六二〇）などは一七世紀初めまでに遡れるが、これは原題「Arte～」を後世に和訳したものである）。大槻《おおつき》文彦『広日本文典』（一八九七）には「其法則ヲ、文法トイヒ、文法ヲ記シタル書ヲ、文典トイフ」とあり、当初は規範的文法書の意味合いが強かったと考えられる。その他、比較的よく知られたものとしては、アストン『日本口語小文典』（一八六九）、田中義廉《よしかど》『小学日本文典』（一八七四）、物集《もずめ》高見『日本小文典』（一八八三）、チャンブレン『日本小文典』（一八八七）、大和田建樹《たけき》『和文典』（一八九一）、岡倉由三郎『日本新文典』（一八九一）、落合直文『日本大文典』（一八九七）、松下大三郎『日本俗語文典』（一九〇一）、芳賀矢一『中等教科 明治文典』（一九〇四）、吉沢義則『日本文典』（一九一五）など多くの例があるが、第二次大戦後はほとんど使われなくなった。

（北村）

文法 ぶんぽう

【定義】 一定の音声と意味を持った言葉が、どのような形で、どう組み合わせられているかを考察して見出される通則。またそれを体系的に記述するために、言語学者が自分の考えによって組み立てた学説・文法論。

【解説】 (1)「文法」とは、一般的に「文や文以下の単位である語句を組み立てるための法則・規則」などとされるが、ここにいう法則・規則とは、実は多くの場合、言語学者によって、人間の言語運用知識の体系的説明をするために構築された「文法学説」を指す場合が多い。それゆえ、「～文法」と称されるものには、各々の学者の名前を冠して「橋本文法」「山田文法」と呼ぶものや、その論法の特徴から「格文法」「成層文法」などと称するものなど、多くの種類とその命名法がある。(2)文法論の種類、方法を整理すると次のようになる。

(ア)扱う言語資料の相違から

口語文法（現代語を対象にするもの）

文語文法（古語を対象にするもの）

個別文法（各個別言語のみを説明するもの。「英文法」「フランス文法」など）
一般文法（普遍文法。各言語すべてに共通する規則を説明するもの）
(イ)態度・方法の相違から
実用文法（解釈文法・表現文法・規範文法・学校文法・教科文法。規則を確立し正誤をはっきり説明しようとするもの）
科学文法（記述文法・説明文法・理論文法。正誤の価値づけをせず、あるがままの言語運用状態を記述しようとするもの）
(ウ)学者の名前から　大槻文法・山田文法・松下文法・橋本文法・時枝文法など
(エ)論法の特徴から　文節文法・格文法・機能文法・成層文法・生成文法など

【補説】(1)「文法」という用語自体は、中国の『史記』にも見え、法律・規則などの意として用いられているようであるが、一般的には文章作法のことを指していた。江戸末期、西欧語学の流入で、英語のgrammar、あるいはオランダ語のgrammaticaの訳語として広まるようになってからは、今日の意味で用いられるようになった。ほかに「文典」「語法」などの用語が用いられることもあった。また小学校・中学校の国語科指導要領では「ことばのきまり」と称している。(2)私たちは、幼少期に、自分を取り囲む言語環境からまさに無意識的、自動的に言語知識を脳内に獲得していく。いわゆる「第一言語の習得」過程により言語運用能力が形成されるわけだが、その複雑で膨大な言語能力をどのような知識、法則として脳内に形成しているのかは未だ完全に解明されてはいない。すなわち「文法」は、言語学における最大の謎であるともいえる。近年、大脳生理学や認知心理学などからも文法に関する研究が進められているが、私たちは、無意識的に言語を正しく話せても、その規則を意識的に知識として説明することには困難を感じる。最新の文法研究においても、日常的なレベルの言語規則でさえ完全に説明しつくすことは、難題となっている。たとえば「ハとガ」や「と・ば・たら・なら」などの条件表現にかかわる助詞など、だれでも間違いなく運用できる表現についても、その使い分けを明快な法則、規則として説明することはきわめて困難である。

⇒学校文法、口語文法と文語文法　（北村）

文法上許容すべき事項　ぶんぽうじょうきょようすべきじこう

【定義】江戸時代から明治後期にかけての、いわゆる文語文において、文法上破格である、あるいは誤謬《ごびゅう》であるとされた事柄について、平安時代の用例に照らしたり、江戸時代から明治時代の慣用に準拠したりして、「…としても構わない」とする十六の事項を示したもの。

【解説】明治三十八年（一九〇五）十二月二日の官報に、当時、文部省に設けられていた国語調査委員会の決定に基づき、「文法上許容スベキ事項」として告示された。その内容は次のようである。平安時代の語法を中心とした、いわゆる文語文法のなかで生じたひずみを示すものとして注目される。

一、「居リ」「恨ム」「死ヌ」ヲ四段活用ノ動詞トシテ用ヰルモ妨ナシ

二、「シク・シ・シキ」活用ノ終止言ヲ「アシシ」「イサマシシ」ナド用ヰル習慣アルモノハ之ニ従フモ妨ナシ

三、過去ノ助動詞ノ「キ」ノ連体言ノ「シ」ヲ終止言ニ用ヰルモ妨ナシ

例、火災ハ二時間ノ長キニ亘リテ鎮火セザリシ
金融ノ静謐《せいひつ》ナリシ割合ニハ金利ノ引弛《いんち》ヲ見ザリシ

四、「コトナリ」（異）ヲ「コトナレリ」「コトナリテ」「コトナリタリ」ト用ヰルモ妨ナシ

五、「、、セサス」トイフベキ場合ニ「セ」ヲ略スル習慣アルモノハ之ニ従フモ妨ナシ

例、手習サス　周旋サス　売買サス

六、「、、セラル」トイフベキ場合ニ「、、サル」ト用ヰル習慣アルモノハ之ニ従フモ妨ナシ

例、罪サル　評サル　解釈サル

七、「得シム」トイフベキ場合ニ「得セシム」ト用ヰルモ妨ナシ

例、最優等者ニノミ褒賞ヲ得セシム
上下貴賤ノ別ナク各其地位ニ安ンズルコトヲ得セシムベシ

八、佐行四段活用ノ動詞ヲ助動詞ノ「シ・シカ」ニ連ネテ

「暮ラシシ時」「過シシカバ」ナドイフベキ場合ヲ「暮ラセシカバ」「過セシカバ」ナドトスルモ妨ナシ
例、唯一遍ノ通告ヲ為セシニ止マレリ
攻撃開始ヨリ陥落マデ僅ニ五箇月ヲ費ヤセシノミ

九、てにをはノ「ノ」ハ動詞、助動詞ノ連体言ヲ受ケテ名詞ニ連続スルモ妨ナシ
例、花ヲ見ルノ記
学齢児童ヲ就学セシムルノ義務ヲ負フ
市町村会ノ議決ニ依ルノ限リニアラズ

十、疑ノてにをはノ「ヤ」ハ動詞、形容詞、助動詞ノ連体言ニ接続スルモ妨ナシ
例、有ルヤ　面白キヤ
父ニ似タルヤ母ニ似タルヤ

十一、てにをはノ「トモ」ノ動詞、使役ノ助動詞、及、受身ノ助動詞ノ連体言ニ連続スル習慣アルモノハ之ニ従フモ妨ナシ
例、数百年ヲ経ルトモ
如何ニ批評セラルルトモ
強ヒテ之ヲ遵奉セシムルトモ

十二、てにをはノ「ト」ノ、動詞、使役ノ助動詞、受身ノ助動詞、及、時ノ助動詞ノ連体言ニ連続スル習慣アルモノハ之ニ従フモ妨ナシ
例、月出ヅルト見エテ
嘲弄セラルゝト思ヒテ
終日業務ヲ取扱ハシムルトイフ
万人皆其徳ヲ称ヘケルトゾ

十三、語句ヲ列挙スル場合ニ用ヰルてにをはノ「ト」ハ誤解ヲ生ゼザルトキニ限リ最終ノ語句ノ下ニ之ヲ省クモ妨ナシ
例、月ト花
宗教ト道徳ノ関係
京都ト神戸ト長崎へ行ク
最終ノ「ト」ヲ省クトキハ誤解ヲ生ズベキ例
史記ト漢書（ト）ノ列伝ヲ読ムベシ
史記ト漢書ノ列伝（ト）ヲ読ムベシ

十四、上ニ疑ノ語アルトキニ下ニ疑ノてにをはノ「ヤ」ヲ置クモ妨ナシ
例、誰ニヤ問ハン　幾何《いくばく》ナルヤ　如何ナル故ニヤ

如何ニスベキヤ

十五、てにをはノ「モ」ハ誤解ヲ生ゼザル限リニ於テ、「トモ」或ハ「ドモ」ノ如ク用ヰルモ妨ナシ

例、何等ノ事由アルモ（アリトモ）議場ニ入ルコトヲ許サズ

期限ハ今日ニ迫リタルモ（タレドモ）準備ハ未ダ成ラズ

経過ハ頗《すこふ》ル良好ナリシモ（シカドモ）昨日ヨリ聊《いささ》カ疲労ノ状アリ

誤解ヲ生ズベキ例

請願書ハ会議ニ付スルモ（ストモ スレドモ）之ヲ朗読セズ

給金ハ低キモ（クトモ ケレドモ）応募者ハ多カルベシ

十六、「トイフ」トイフ語ノ代リニ「ナル」ヲ用ヰル習慣アル場合ハ之ニ従フモ妨ナシ

例、イハユル哺乳獣ナルモノ

顔回ナルモノアリ

理由書

国語文法トシテ今日ノ教育社会ニ承認セラルルモノハ徳川時代国学者ノ研究ニ基キ専ラ中古語ノ法則ニ準拠シタルモノナリ、然レドモ之ニノミ依リテ今日ノ普通文ヲ律センハ言語変遷ノ理法ヲ軽視スルノ嫌アルノミナラズコレマデ破格又ハ誤謬トシテ斥ケラレタルモノト雖モ中古語中ニ其用例ヲ認メ得ベキモノ尠シトセズ、故ニ文部省ニ於テハ従来破格又ハ誤謬ト称セラレタルモノノ中慣用最モ弘キモノ数件ヲ挙ゲ之ヲ許容シテ従来ノ文法ト並行セシメンコトヲ期シ其許容如何ヲ国語調査委員会及高等教育会議ニ諮問セシニ何レモ審議ノ末許容ヲ可トスルニ決セリ、依テ自今文部省ニ於テハ教科書検定又ハ編纂ノ場合ニモ之ヲ応用セントス

（林）

文論 ぶんろん

【定義】「文」を研究対象とする文法の一部門。語論（品詞論・形態論）とともに文法論を構成する。構文論・文章論・シンタックス syntax とも。

【解説】(1)かつては、たとえば木枝増一《きえだますいち》『高等国文法新講品詞篇』（一九三七）と「同・文章篇」（一九三八）と

に分かれていたように、「文」を研究する部門は文章論と呼ばれることが多かったが、時枝誠記《もとき》が、語や文より大きな、意味的に一つの完成した統一体をなす言語表現を文章とし、その研究を文章論とし、語論、文論と並べて三部門とした（『日本文法口語篇』一九五〇、『文章研究序説』一九六〇）ため、以来、文論は「文」を単位とする研究に限定された。⑵文論の内容は多様である。山田孝雄《よしお》は「句論」と呼んで、文を構成する法則を論ずる文法学の一部門であるとしたが、文論の範囲は、おおむね次のようである。

(ア)、文とは何か、という定義の問題、陳述は文にとって何であるか

(イ)、文節とは何か―文節の構造―文節相互の関係―連立節・句・節

(ウ)、文の構造、組み立てに関する問題―主語、述語、修飾語、接続語、独立語などの成分の関係について

(エ)、文の種類―文構成の形式から、単文、複文、重文―文の意味から、平叙文・疑問文・命令文・感動文など。

⇓意味から見た文の種類、構造から見た文の種類、陳述、文

（北村）

平叙文　へいじょぶん

【定義】文をその全体の意味・性質から分類した一つ。疑問文・命令文・感嘆文と並ぶものである。その文全体が「話し手がある事態を判断・描写してそのまま聞き手に伝えようとする」という意味特徴を持つ文をいう。判断文・叙述文・説話文とも。

【解説】否定の意味を持つ文や推量の意味を持つ文なども大きくはこの平叙文に含めていう。「平叙」とはいっても、あくまで表面的な意味から文を分類したものであり、話し手の真の発話意図や、聞き手がそれをどうとらえる可能性があるかなどの観点を加えると、問題が複雑になる。

【補説】平叙文という用語の由来は、もともと西欧文典でいう declarative sentence にならったものである。平叙文のほかには、「聞き手に疑いを問おうとする」という意味を表す疑問文、「聞き手にある行為を求めようと

する」という意味を表す命令文、「話し手自身の感情を表出する」という意味を表す感嘆文がある。ラテン語文法では、主観をまじえないで事実を客観的に描写して述べる「直説法」と、主観の情意をまじえて表現する「接続法」（仮定法。仮定・願望・祈願として述べる）との別を立てるが、平叙文はその「直説法」の概念を色濃く受けた表現とも見られる。ただし、日本語においては、平叙文といえども、そこには何らかの主観的判断や情意性が見られる文になるのは否めない。

⇒意味から見た文の種類、感嘆文、疑問文、命令文

（北村）

並立語　へいりつご

A おきさきや　お居間で、パンと蜜をめしあがり。〈北原白秋訳・まざあぐうす〉

B ほそやかに清げなる君達の直衣《なほし》姿。〈枕草子・八五〉

【定義】 文の成分の一つ。文中で互いの関係が対等の資格で並立し、結び付く語をいう。文の成分としては対等の関係に当たる。

【解説】 並立語とは、例文**A**の「パンと蜜」や「古き良き時代」など、互いが対等に並ぶ語の結び付きをいう。したがって、互いを入れ換えて「蜜とパン」「良き古き時代」などとしても、全体としての意味は変わらないところに特徴がある。ふつう、このように二つの要素が結び付いて並立の関係となっている場合、先の要素だけを「並立語」と呼ぶ。後の方の要素はさらに後続する語と関係を持ち、何らかの別の成分となるからである。例文**A**の場合なら、「パンと」は並立語だが、「蜜を」は「めしあがり」の目的・対象になって述語成分を形成するため、それを並立語と限定して扱わないのである。並立語は二つの要素とは限らず、「東京と大阪と神戸の支社を視察した」などのように三つ以上の要素についてもいえる。

【補説】 並立語はふつう口語「と・や・か・に・なり・だの・やら」、文語「と・や・か」などの助詞で結ばれることが多い。また、「そして・及び・かつ」などで対等に結ばれたものも、並立語と見なしてよい場合があろ

う。さらに並立語の概念を拡大解釈すれば、重文の「山は青く、川は清し」などの表現も、その句の並び方は、用言が並立語として働くことによって対等関係がつくられていると見なすことができる。この場合も「川は清く、山は青し」というように、前後の部分を入れ換えても、全体としての意味は変わらない。これを「並立節」とも呼ぶ。並立語とほぼ同等の概念や説明は大槻《おおつき》文彦『広日本文典』（一八九七）、山田孝雄《よしお》『日本文法学概論』（一九三六）などいくつかの日本語文法研究でも見られたが、「並立語」という用語の由来は、杉山栄一が『国語法品詞論』（一九四三）で「並立詞」と名づけたものがその初期のものであろうと思われる。その後、これが教科文法で扱われた際には「並立語」となり、一般化した。

⇒構造から見た文の種類・接続助詞、並立節　（北村）

並立助詞　へいりつじょし

A　メロスは走りに走った。〈太宰治・走れメロス〉

B　たとしへなきもの、夏と冬と、夜と昼と〈枕草子・七一〉

【定義】　橋本進吉の文法学説による助詞の分類の一つ。対等の関係にある語をつなげ、列挙して示す働きをする助詞。

【解説】　口語では「と・や・やら・に・か・なり・だの」、文語では「と・や・か」などがある。助詞の四分類では格助詞・接続助詞・副助詞などのなかに含むのが普通である。　（堀崎）

並立節　へいりつせつ

A　使いの者が参ったのが、子《ね》に近い頃で、お宅を出られたのが、丑《うし》二つ頃じゃと申す。〈菊池寛・蘭学事始〉

B　雨に向かひて月を恋ひ、たれこめて春のゆくへ知らぬも、なほあはれに、情け深し。〈徒然草・一三七〉

【定義】　重文の文中で、ひと続きの文節が主語・述語の関係によって二つ以上成立し、それらが対等の資格で並んでいる場合、これを並立節という。対立節とも。

【解説】　(1)例文**A**の「使いの者が…頃で」と「お宅を

…頃じゃ」はそれぞれ主語・述語の関係をなす連文節で、文全体の中では対等の資格で並んでいる。例文Bでは「(人が)…月を恋ひ」「(人が)…春のゆくへ知らぬも」がそれぞれ主語・述語の関係をなす連文節で、文全体の中では対等の資格で並んでいる。(2)節（文の成分になっている連文節で、「主語―述語」の関係構造を持つもの）の種類には、並立節と従属節とがあり、従属節が単に文の成分として機能する節を指すのに対し、並立節は意味的に対等・対立の関係で並べて表現されているそれぞれの節をいう。従属節を含む文は「複文」であるが、並立節をなす文は「重文」である。

⇒構造から見た文の種類、従属節、連文節　（北村）

方言　ほうげん

A 洋裁やったら実用的なものやさかい、いつになっても需要が衰えん。〈谷崎潤一郎・細雪〉

B 旅ゆきに行くと知らずて阿母《あも》志志《しし》に言申《ことまを》さずて今そ悔し気《け》〈万葉集・二〇・四三七六〉

【定義】 一つの言語とみなされるある言語が、地域によって、その音韻・アクセント・語彙・文法等に差違が生じている場合、それぞれの地域に行われる言語の総体。あるいは地域に行われている言葉。

【解説】 (1)例文Aの「さかい」は、接続助詞。活用語の連体形、または断定の助動詞「じゃ」の音変化形「や」に付いて理由・原因を表す。…ので、…から。近世、上方語として用いられ、現在でも関西地方で用いられる方言語彙である。方言語彙は、ふつう国語辞典には載せないが、これは例外。例文Bは万葉集の東歌・相模国の歌である。当時の中央語・標準語（現代の近畿地方の言葉）では、「はは・ちち」（母・父）と言うべきところを、「阿母《あも》・志志《しし》」と言い、「今そ悔しき」と言うべきところを、「今そ悔し気《け》」と言っている。東国方言の語・語法であろう。(2)方言は、①イ母音とエ母音とが区別されにくいとか、子音シとヒが混同されるというような音韻の違い、②ハシガ（橋が）と発音するかハシガ（橋が）と発音するか、アメガ（雨が）かアメガ（雨が）かというようなアクセントの違い、③メンコイ（かわいい）、バッテン（けれども）など語形の違いによって記述されることが多い。④細かく見れば文法・語法に関しても差違があろうけれども、文構造・語序など主要な部分では、方言差は認められない。方言は、音韻・アクセントと語彙・語形とを重要な目のつけどころとして比べた、それぞれの地方の言語の総称である。⑶右のような意味の方言は、地理的言語ともいわれる。日本方言は、本土方言と琉球方言とに大別される。本土方言は、㋐東部方言（北海道方言、東北方言、関東方言、東海・東山方言、八丈島方言）、㋑西部方言（北陸方言、近畿方言、中国方言、雲伯方言、四国方言）、㋒九州方言（豊日《ほうじつ》方言、肥筑《ひちく》方言、薩隅《さつぐう》方言）、琉球方言は奄美《あまみ》方言、沖縄方言、先島《さきしま》方言とに分かれる。

【補説】⑴方言語彙はいくつぐらいあるか。「おかあさん」は現代の共通語であるが、「おかあ」は明治中期以後は方言として扱ってよい。ところが、「おかあ」の異語形を数えると「おかん」「おっかあ」「おかか」以下三十数語に及ぶという。このような数え方をすれば、方言語彙は数十万語に至るであろう。メンコイ（かわいい）は東北方言だとか、バッテン（けれども）は長崎方言だとかいう。この言い方は間違いであるとまではいわないが、メンコイとかバッテンとか、特定の地域に通用される単語は俚言《りげん》というのが正しい。⑵また、社会的身分、職業、性別などが生み出す特殊な言葉も方言の一種と考える向きもある。その多くは位相語といわれる。社会的方言と呼ぶ場合もある。ワンワン（犬）、ウマウマ（食べ物）のような幼児語、カモジ（髪、かつら）、ユモジ（湯巻）のような婦人語（もじ言葉）、オヒヤ（水）オデン（田楽《でんがく》）のような女房言葉などのほか、アタリバチ（すり鉢）、アリノミ（梨の実）のような忌み言葉、サツ（警察）、モク（たばこ）のような隠語も、社会的方言としようという考え方である。文語（古典語）から口語（現代語）への変化が、日本語観察の縦軸であるとすれば、地域による変化を中心とする方言は、日本語観察の横軸でなくてはならない。

⇒共通語、標準語　（林）

補語　ほご

A 庭を東へ 二十歩に行き尽くすと…〈夏目漱石・坊っちゃん〉

B 妻《め》の女《おうな》にあづけて養はす。〈竹取物語〉

【定義】文中で、「名詞＋格助詞（に・と・へ等）」の形をとり、連用修飾の働きをするもの。「名詞＋格助詞（を）」の形をとるものを「対象語」とするのに対していう。補充格とも。

【解説】⑴例文Aの「東へ」「二十歩に」は、「行き尽くすと」を修飾し、Bの「妻の女に」は、「あづけて養はす」を修飾している。⑵日本語文法では、連用修飾語全般を補語と呼んだり、形式用言の「～する」「～になる」などの「～」部を補語と呼ぶこともあるが、今日では、「名詞＋格助詞」の形で、ニ格・デ格・ト格・ヘ格などを指すのが普通である。

【補説】補語とは、もともと英文法などでいう**complement**（文意を完全にする語）のことである。元来は、主語や目的語などと同様に、文の成分の一つをいい、英文法ではThis is a pen. やI want to have my room clean. などにおける**a pen**や**clean**が補語に該当する。この場合、同じく動詞を補っている目的語は補語とはしない。

（北村）

⇒目的語

補助活用　ほじょかつよう

【定義】文語形容詞および文語助動詞「ず」「べし」「まじ」「たし」「まほし」「ごとし」などにおける、連用形と「あり」の融合に基づく活用。

【解説】⑴文語形容詞の活用語尾には、たとえば「白し」の場合だと、「く、し、き、けれ」の系列と「から、かり、かる、かれ」の系列とがあるが、後者の活用は、連用形「白く」＋「あり」（sirokuari）が融合した「白かり sirokari」に基づくものである。これは、動詞「あり」の助けを借りて未発達だった形容詞の活用を補完したものと考えることができる。これをカリ活用と呼び、補助活用の多くがカリ活用である。他の形容詞型活用をする助動詞、および否定の助動詞「ず」についても、事情は同様である。⑵ただし、助動詞「ごとし」のみ、

「ごとく」＋「あり」→「ごとかり」にはならずに、「ごとくに」＋「あり」→「ごとくなり」のように補助活用が展開する。したがって、「補助活用」イコール「カリ活用」とはならない。 ⇒カリ活用、形容詞 （小野）

補助形容詞 ほじょけいようし

A さあ青魚《さば》は嫌いじゃない。〈森鷗外・雁〉

B 故郷も恋しくもなし旅の空都も終《つひ》の住みかならねば〈平家物語・一〇〉

【定義】形容詞のうち、実質的意味を失い、前の語句に添えて補助的な意味を付け加えるもの。

【解説】(1)例文ABの「ない」「なし」は、本来の「存在しない」の意味を失って打消の意味を加えるだけになっている。(2)「金がない」の「ない」は実質形容詞、「寒くない」の「ない」は補助形容詞、「分からない」の「ない」は助動詞である。(3)補助形容詞の前にあるものは、以下のように大別できる。

(ア)形容詞・形容動詞・形容詞型活用助動詞「ない」「たい」「らしい」・形容動詞型活用助動詞「だ」「そうだ」等の連用形—「寒くない」「急でない」「学生でない」「見そうに(で)ない」など。ただし、「そうだ」に「も」が付くと「あの山嵐が生徒を扇動するなんて、いたづらをしそうもないがな」〈夏目漱石・坊っちゃん〉のようになることがある。

(イ)文語の副詞「さ」—「いとよき人の御供《とも》人などは、さもなし」〈枕草子・七四〉

(ウ)動詞の連用形＋「て」—「見てない」「聞いてない」

(エ)名詞・代名詞・動詞＋「と」—「夜となく昼となく」「それとないしぐさ」「見るともなく」

(オ)文相当の句＋「と」「で」—「何をするともなく」

【補説】(1)補助形容詞は、「形式形容詞」とも呼ばれる。(2)かつては多くの文法書・教科書が打消の「ない(なし)」だけをあげていた。しかし、近年では、希望を表す「〜てほしい」、許可・放任・適当などを表す「〜て(も)よい」「〜で(も)よい」「〜がよい」を加えたものも現れている。(3)「書きにくい」「住みやすい」などは、一語の複合形容詞とされる。 （渡部）

補助動詞 ほじょどうし

A 私が逃げてしまって、三日目の日暮れまで、ここに帰って来なかったら、あの友人を絞め殺して下さい。〈太宰治・走れメロス〉
B あれはいかに、よき大将軍とこそ見参らせて候へ。まさなうも敵に後ろを見せ給ふものかな。〈平家物語・九〉

【定義】動詞のうち、実質的意味を失い、前の語句に添えて補助的な意味を付け加えるもの。

【解説】⑴たとえば、例文Aの「しまう」は「終わりにする」という実質的意味を失い、完了の意を添えているだけである。また、例文Bの「候へ」は「上位の人の前にいる」という実質的意味を失って、丁寧の意を添えているだけである。⑵口語の補助動詞にはおよそ次のようなものがある。
(ア)存続―「置いてある」「書いている」
(イ)予行・放置―「読んでおく」「そのままにしておく」
(ウ)完了・不本意―「食事をすませてしまう」「秘密がばれてしまう」
(エ)空間的・時間的方向―「会社を経営していく」「黄ばんでくる」
(オ)試行―「考えてみる」「一人でやってみる」
(カ)受給―「話してあげる」「聞いてやる」「読んでくれる」「書いてもらう」
(キ)断定―「学生である」「元気である」
(ク)動詞＋副助詞を受ける―「見たり聞いたりする」「知りも(は)しない」
(ケ)(ア)～(ク)の待遇表現―「お元気でいらっしゃる」「分かっておる」「お暇《いとま》申し上げる」「取ってさしあげる」「聞いてくださる」「お取り置きしてございます」、「お持ちする」など。
文語では、「給ふ」「奉る」「候」「侍り」「ござる」など文語特有の語彙を使用し、また、「て」を介さずに動詞連用形に直接するものが多い。

【補説】⑴補助動詞は、「形式動詞」とも呼ばれる。⑵「書き上げる」「思い悩む」「考え込む」「飛び出す」「読み始める」などは、二つの語がそれぞれ実質的な意味を持って結びついているので、複合動詞とされる。

（渡部）

補助用言《ほじょようげん》

【定義】補助動詞、補助形容詞の総称。動詞や形容詞として本来持っていた実質的な意味を失って、前の文節に添えて、補助的な意味を付け加えるもの。

【解説】たとえば、「手を貸してあげる」の「あげる」は、本来の「下から上へ何かを移動させる」という意味を失って、「相手にとっての利益となる行為を行う」という補助的な意味合いに変わっている（「手を貸して、荷物を網棚にあげる」と比較すると、そのことはなおよく了解できる）。他の「手を貸して　やる／くれる／もらう／さし上げる／くださる／いただく」などを考え合わせると、これらは、単に「手を貸す」という表現だけでは対処しきれない、さまざまな状況に対応したくわしい表現となっていることがわかる。逆に言えば、この補助動詞一つを用いるだけで、相手との上下関係・親疎関係・利益の方向性などを表現することができるのである。

⇒ヴォイス、補助形容詞、補助動詞

（小野）

ま

枕詞 まくらことば

B ひさかたの光のどけき春の日にしづ心なく花の散るらむ〈古今集・二〉

【定義】主として和歌に用いられた修辞法の一つ。ある語を導き出すためにその語の前に置く、ふつう五音の修飾的な特定の語句。冠辞《かんじ》・頭辞《とうじ》・諷詞《よそへことば》とも。

【解説】(1)ある語の前に置いてその語を修飾するという点では「序詞《じょことば》」と同じ働きを持つが、序詞がふつう十二音以上で自由に創作されるのに対して、(ア)枕詞はふつう五音（まれに四音。「さねさし→相模」など）、(イ)枕詞はその言葉自体も、修飾する言葉も習慣化し、固定している点が異なる。(2)枕詞の語の導き出し方には次のようなものがあるが、古い枕詞には語義・導き出し方が不明なものが多い。(ア)同音・類音の繰り返しによる。例ちちのみの→父　ははそはの→母　(イ)掛詞による。例あづさ弓→はる（「張る」と「春」）(ウ)比喩による。例白妙の→雪　ぬばたまの→闇・黒　(エ)修飾による。例石《いは》ばしる→垂水《たるみ》　天離《あまざか》る→鄙《ひな》（田舎）(オ)起源・かかり方が判明しない。例あをによし→奈良　あしひきの→山　(3)枕詞は、「あしひきの—山」「ひさかたの—光」などの美しく安定したイメージを持つ言葉の組み合わせによって、口誦する人はもちろん、目で読む人にもゆったりと快い情緒を与える。また、聞き手は枕詞を聞けば下にくる語を察知することができ、作者は歌詞をととのえ、暗示的・象徴的な表現効果をねらうことができる。

【補説】(1)和歌に最も多く用いられたが、道行文など、散文にも用いられている。(2)記紀歌謡に約一三〇、万葉集に約五〇〇、三代集に約三〇、江戸時代のもの少々を加えて合計約一二〇〇の枕詞があり、「のど赤きつばくらめ二つはりにゐてたらちねの母は死にたまふなり（斎藤茂吉）」など近代・現代の短歌にも用いられている。このうち、多用されるものは三〇語前後。

（安藤）

⇒序詞《じょことば》

ミ語法　みごほう

B ① 和歌の浦に汐満ち来れば潟を無《な》み葦辺をさして鶴《たづ》鳴きわたる〈万葉集・六・九一九〉

② 春の野にすみれ摘みにと来《こ》し吾ぞ野をなつかしみ一夜《ひとよ》寝にける〈万葉集・八・一四二四〉

【定義】形容詞の語幹（または終止形）に接尾語「み」が付いて、後続の句の原因・理由を表す語法をいう。

【解説】⑴例文①の「無み」（＝無くなるので）のようなク活用形容詞には語幹に付き、例文②の「なつかしみ」（＝なつかしいので）のようなシク活用形容詞には終止形に付く。⑵『万葉集』中に見られる特殊語法の一つと言ってよいが、和歌の世界では、

風をいたみ岩うつ波のおのれのみ砕けてものを思ふころかな〈詞花集・七〉

山深み春とも知らぬ松の戸にたえだえかかる雪の玉水〈新古今集・一〉

のように後世に残った。

【補説】「ミ語法」の構成は「名詞＋間投助詞『を』＋形容詞語幹（または終止形）＋接尾語『み』」となるのが普通であるが、

…雁が来鳴かむ時近みかも〈万葉集・一七・三九四七〉

…玉にそ吾《あ》がぬく待たば苦しみ〈万葉集・一七・三九九八〉

のように一部の語句が省略されている場合もある。（池上）

未然形　みぜんけい

A 三四郎はもう帰ろうと思っていたが、此女《この》の傍《そば》にいると、帰らないでも構わない様な気がする。〈夏目漱石・三四郎〉

B いと、やむごとなき際《きは》にはあらぬが、すぐれて時めき給ふありけり。〈源氏物語・桐壺〉

【定義】活用語（用言および助動詞）の語形の一つ。「未レ然ラ＝未《いま》だ然《しか》らず」の意。活用表では第一段に置かれる。

【解説】⑴「未然」の意味から例文Aの「帰ろう」「帰らない」（口語）、例文Bの「あらぬ」（文語）のように、実現していないことを示す推量・打消や打消推量の助動

詞、「雨降らば」（文語）のように仮定を表す助詞が付くのが普通であるが、助動詞「れる」、「られる」「せる」「させる」（口語）、「る」「らる」「す」「さす」「しむ」およびり「り」（サ変に付く場合）」（文語）も付く。⑵未然形の活用語尾は、活用表でわかるが、次の活用については注意が必要である。

・口語五段動詞　「行かない・行こう」のように、ア段とオ段に活用する。

・口語サ変動詞　「される・しない・せず」のように下に付く助動詞によってア・イ・エ段に活用し、また「論じない」のようにザ行にも活用する。

・文語サ変動詞　「論ぜず」のようにザ行にも活用する。

・口語形容動詞　一段に取り上げられている「静かだろう」のほかに、「静かでしょう」も加えたい。

【補説】⑴文語の禁止語法「な―そ」の間にくる形は、通常は連用形であるが、カ変・サ変動詞の場合にのみ未然形となる。例「よし、音なせそ。敵《かたき》に馬の足を疲《つか》らかさせよ」〈平家物語・九〉⑵助動詞には「う」「よう」「まい」「らしい」（口語）など、「む」「らむ」「らし」「じ」（文語）などのように未然形が存在しないものがある。⑶文語助動詞「き」の未然形「せ」が助詞「ば」と結びつき、さらに助動詞「まし」と呼応すると、反実仮想の用法となる。例「思ひつつ寝《ぬ》ればや人の見えつらむ夢と知りせば覚めざらましを（もし夢だと知っていたらさめないでいたろうに）」〈古今集・一二〉（小野）

ムード　⇒モダリティ

名詞　めいし

A　小学校にいる時分学校の二階から飛び降りて一週間ほど腰を抜かしたことがある。〈夏目漱石・坊っちゃん〉

B　いまは昔、竹取の翁といふもの有りけり。…名をばさぬきの造《みやつこ》となむいひける。〈竹取物語〉

【定義】品詞名の一つ。自立語で活用がなく、単独で主語となることができる。人や事物の名称を表す。

【解説】⑴例文A・B中の――の語がすべて名詞に属する。ただし、その中の「二階・一週間」は、「数詞」と呼んで別の品詞とする立場もある。⑵今日の学校文法では、「名詞」の中に「数詞・代名詞」を含めることが多いが、本書では「数詞」は「名詞」に含めるものの、「代名詞」は「名詞」とは別の品詞と考えた。(3)名詞の種類として、「普通名詞」（たとえば例文Aの「小学校・学校」、Bの「竹取・翁」）と、「固有名詞」（たとえば例文Bの「さぬきの造」）のほか、

此女の方《ほう》が余程上等である。〈夏目漱石・三四郎〉

のような「形式名詞」をあげることもある。

【補説】(1)名詞の中には、たとえば

あした勝てなければ、あさって勝つ。〈夏目漱石・坊っちゃん〉

の「あした・あさって」のように動詞を修飾していて、副詞ともいえそうなものもある。しかし、これらの語は、

…明後日《あさって》は愚《おろか》、明日《あした》から始めろと云ったって驚かない。〈夏目漱石・坊っちゃん〉

のように名詞として使われるのが本来であって、前に挙げた例は「名詞の副詞的用法」と考えた方がよかろう。(2)明治初期の田中義廉《よしかど》『小学日本文典』（一八七四）・中根淑《きよし》『日本文典』（一八七六）などでは、名詞について性・数・格の区別を説いている。しかし、ドイツ語・フランス語などの文法的性や数・格による語形変化は、日本語の名詞にはない。

⇒形式名詞、固有名詞、数詞、代名詞、普通名詞

（池上）

命令形　めいれいけい

A 「なに今夜はきっとくるよ。――おい見ろ見ろ。」〈夏目漱石・坊っちゃん〉

B 「なほ、しばしこころみよ」と、のたまはするに、日々におもり給ひて〈源氏物語・桐壺〉

【定義】活用語（用言および助動詞）の語形の一つ。口語・文語ともに対象に対して命令する形で文を終止する。活用表では、第六段に置かれる。

【解説】(1)例文Aは口語上一段動詞「見る」の命令形で、見ることを相手に命じている。例文Bは文語上一段動詞「こころみる」の命令形で、「試してみよ」と相手に命じている。(2)命令形には、「もしそうしたらただではおかない」というニュアンスを持つ用法や、さらに進んで、

命令しながら禁止する用法がある。例「生意気な。もう一遍言って見ろ（言ったら承知しないぞ）」〈尾崎紅葉・金色夜叉〉「ここにはそんな人ありませんわよ」「嘘をつけ（嘘をつくな）」〈川端康成・雪国〉(3)「…してもかまわない」「なりゆきにまかせるほかどうしようもない」という放任の用法がある。例「今は西海《さいかい》の波の底に沈まば沈め（沈むのなら沈んでもかまわない）」〈平家物語・七〉「しかし、何にしろ（考えてもどうしようもないが）御心配でしょう」〈尾崎紅葉・金色夜叉〉(4)命令形については、次のことに注意する必要がある。文語カ変動詞には「こよ」「こ」の二形、口語のサ変動詞には「せよ」「しろ」、文語のサ変動詞には「せよ」「せ」の二形がある。口語の形容詞と形容動詞には命令形がない。なお、可能の助動詞、可能動詞、可能の意を持つ「見える・見ゆ」「聞こえる・聞こゆ」などの語には命令形がない。

【補説】(1)文語の形容詞・形容動詞には命令形があるが、これは「あれ」を補助活用としてとりこんだからで（白く＋あれ→白かれ、静かに＋あれ→静かなれ）ある。口語でも「美しく＋あれ」「美しく＋なれ」と、形容詞の連用形に動詞の命令形を加えれば命令の言い方ができる。(2)命令形に接続する助動詞は上代の四段動詞に接続する「り」だけである。上代特殊仮名遣いでは、四段活用の「け・へ・め」の命令形が甲類であり、「り」はこれに接続した。已然形の「け・へ・め」は乙類であったが、平安時代には同一の音になった。（小野）

命令文 めいれいぶん

A 青いくるみも吹きとばせ　すっぱいくわりんも吹きとばせ〈宮沢賢治・風の又三郎〉

B あやまちすな。心しておりよ。〈徒然草・一〇九〉

【定義】文をその全体の意味・性質から分類した一つ。平叙文・疑問文・感嘆文と並ぶものである。その文全体が「話し手がある行為を聞き手に求めようとする」という意味特徴を持つ文をいう。

【解説】命令ばかりでなく、禁止の意味を持つ文もこの命令文に含める場合がある。命令文は、文末に用言（動詞・形容詞・形容動詞）や助動詞の命令形、あるいは禁止の意味を持つ助詞「な・そ（文語）」、また命令形のあとに強意の助詞「よ」などが用いられることが多い。また日本語も含め、多くの言語ではふつう命令文には主語を立てないことが多い。「動詞＋なさい」や「動詞＋てください」などで文を終止する言い方も、命令文とすることがある。

【補説】命令文という用語の由来は、もともと西欧文典でいう **imperative sentence** にならったものである。命令文のほかには、「ある事態を判断・描写してそのまま聞き手に伝えようとする」という意味を表す平叙文、「聞き手に疑いを問おうとする」という意味を表す疑問文、「話し手自身の感情を表出する」という意味を表す感嘆（感動）文がある。これらはあくまでも表面的な意味から文を分類したものであり、話し手の真の発話意図や聞き手がそれをどうとらえる可能性があるか、などの観点を加えると問題が複雑になる。たとえば、「がんばれ！」は表面上は動詞の命令形による命令文のようだが、話し手の意図としては「応援・励まし」であって一種の呼びかけを表現する文であるし、「さあ、食べなさい」も命令ではなく許可、あるいは促しを意図する場合がある。「もう少し静かにできませんか？」などは、表面上は疑問文だが実際の話し手の意図やその機能としては命令文といえるかもしれないし、「ほんとう？」なども疑問文ではなく感嘆文になる場合もある。

⇒意味から見た文の種類、感嘆文、疑問文、平叙文

（北村）

目的語 もくてきご

A 寝ている枕元へ蕎麦湯《そばゆ》を持ってきてくれる。〈夏目漱石・坊っちゃん〉

B 節《よ》ごとに金《こがね》ある竹を見つくる事かさなりぬ。〈竹取物語〉

【定義】文中で、「名詞＋格助詞（を）」の形をとり、連用修飾の働きをするもの。「名詞＋格助詞（が）」の形をとるものを「対象語」とするのに対していう。「客語」とも。

【解説】⑴例文**A**の「蕎麦湯を」と**B**の「竹を」という文節は、それぞれ動作の及ぶ対象を指し示し、述語の意味を補完している。⑵「名詞＋格助詞（を）」の形を

とっているものの中には、「我が道を行く」「故郷を離れる」「歩道を歩く」などのように往来・移動を表す自動詞を修飾しているもの（補語）があり、目的語との区別が難かしい。⑶今日の学校文法では「目的語」と「補語」を区別せずに「連用修飾語」として一括するのが普通である。

【補説】「目的語」は英文法のobjectの訳語である。鶴田常吉『日本文法学原論』（一九五三）に見られ、「客《かく》語《ご》」（大槻《おおつき》文彦『広日本文典』一八九七）、「客語《きゃくご》」（草野清民『草野氏日本文法』一九〇一）ともいわれる。

⇒自動詞と他動詞、対象語、補語　（池上）

モダリティ　もだりてぃ

A 明日も雨だろう。

B 風吹けば沖つ白波たつた山夜半には君がひとり越ゆらむ〈伊勢物語・二三〉

【定義】叙述しようとする事柄に対する、話し手（書き手）の表現時における心的態度をいう。ムード。文法における「法」。叙法の一つ。

【解説】⑴「ムード」「法」とは、西欧文法の術語で、「仮定法」「直説法」「条件法」などのように、話し手の心的態度の違いを示すために、動詞がとる語形変化のことをいう。日本語では、意志や推量といった話し手の心的態度を表すのは、助動詞、終助詞などであり、西欧語に見られる「法」とは性質を異にするものであるが、これらをモダリティ（ムード・法）という文法範疇として扱う。⑵文の意味的な構造は、話し手（書き手）から独立した客観的な事態を表す叙述（「命題」と称する）と、話し手（書き手）の表現時における心的態度を示す「モダリティ」からなると考えられる、とするのである。⑶事柄の客観的な叙述に対して、話し手の判断や態度を表す働きを「陳述」と呼ぶことがあるが、その意味で使われる「陳述」はモダリティに相当すると考えられる。⑷例文Aは「明日、雨だ」（客観的な事態）に「も〜だろう」（表現時における心的態度）が加わって推量のモダリティを示し、Bも「君、越ゆ」（客観的な事態）に「らむ」（表現時における心的態度）が現在推量のモダリティを示す。以下、現代語のモダリティが含まれる短文例を示す。

①確言…「どこからか歌が聞こえる」（動詞終止形）
「毎日暑いね」（終助詞ネ）
②否定…「刺身は食べない」（助動詞ナイ）
③命令…「黙れ」（動詞命令形）
「早く起きなさい」（動詞連用形＋ナサイ）
④禁止…「しゃべるな」（動詞終止形＋終助詞ナ）
⑤許可…「今日はテレビを見てもいいよ」（～テモイイ）
⑥疑問…「風邪は治りましたか」（終助詞カ）
「何をしているの」（疑問詞～終助詞ノ）
「これはまだ食べられるだろうか」（～ダロウカ）
⑦依頼…「ちょっと待っていてください」（～テクダサイ）
「荷物を持ってくれませんか」（～クレナイカ）
⑧意志…「雨だから車で行く」（動詞終止形）
「温泉でゆっくりしようと思う」（助動詞ウ＋トオモウ）
⑨勧誘…「旅行に行こうか」（助動詞ウ＋終助詞カ）
「お茶でも飲みませんか」（動詞否定形＋終助詞カ）
⑩願望…「試験に合格したい」（～タイ）
「新しいバッグを買ってほしい」（～テホシイ）
⑪推量…「明日も晴れるだろう」（～ダロウ）
「もう二度と運転はするまい」（～マイ）
⑫推定…「彼は会社を辞めたらしい」（～ラシイ）
「先生は体の具合が悪いようだ」（～ヨウダ）
「もう家に着いているはずだ」（～ハズダ）
「まだ何も知らないにちがいない」（～ニチガイナイ）
⑬可能性…「株価は値上がりするかもしれない」（～カモシレナイ）
⑭伝聞…「彼女は留学したそうだ」（～ソウダ）
⑮説明…「掲示板が間違っていたんだ」（～ノダ）
「道理で遅いわけだ」（～ワケダ）
⑯比況…「水面が鏡のようだ」（～ヨウダ）
「まるで作り話みたいだ」（～ミタイダ）
⑰様態…「最近先生は寂しそうだ」（～ソウダ）
⑱当為…「社長が責任を取るべきだ」（～ベキダ）

「今すぐ行かなければならない」（〜ナケレバナラナイ）
「もう食べないほうがいい」（〜ホウガイイ）

(5)口語に比べ、文語は、助動詞が豊富である。文語のモダリティ形式を助動詞を例にあげると、たとえば推量・推定には「む（ん）」「むず（んず）」「まし」「べし」「めり」、過去推量の「けむ」、原因推量・現在推量の「らむ」、打消推量の「まじ」、推定の「らし」「なり」があり、意味がさまざまに分化しているのが特徴である。

例「少納言よ、香炉峰の雪いかならむ」〈枕草子・二九九〉
さきの世にも御ちぎりや深かりけむ、…〈源氏物語・桐壺〉
すだれすこし上げて、花奉るめり。〈源氏物語・若紫〉

【補説】日本語のモダリティを、客観的叙述に対し、話し手の主観が表現された部分とするとらえ方は、時枝誠記の、文の客体的表現と主体的表現を「詞」と「辞」とに分ける考え方に影響を受けているといえる。

⇒陳述

（堀崎）

や

山田文法　やまだぶんぽう

【定義】山田孝雄《よしお》（一八七三―一九五八）の学説による文法論。江戸時代の国学における伝統文法を受け継ぎながらも、西欧文典の基本概念も吸収して体系化した、近代初期における代表的文法の一つ。精緻な言語資料分析と理論的整合性を重視したところなどにその特色がある。

【解説】山田文法の特徴は、①品詞認定にあっては、富《ふ》士《じ》谷《たに》成章《なりあきら》の四分類（『あゆひ抄』の名《な》・装《よそひ》・挿頭《かざし》・脚結《あゆひ》）を基礎にしつつ、それを独自の言語観による分類基準（観念語・陳述語・関係語など）から再構成して、体言・用言・副詞・助詞の四種に分類した。②助動詞に独立性を認めず、それを用言の活用における「複語尾」とし、その複語尾や助詞の働きが、日本語における思想運用上の言語様式として重要であると見なした。助詞はその独立性は認めないものの、その関係指示能力の大きさにより一品詞に認定した。③それまで分析が不十分だった副詞を、情態（「あきらか・ちらちら・悠然」など）・程度（「いと・やや・ただ」など）・陳述（「かならず・え・ぜひ」など）・感動（「ああ・あな・いざ」など学校文法でいう感動詞）・接続（「および・また・ただし」など学校文法でいう接続詞）に分類し、今日の副詞論の先駆けをなした。④「文」の定義については、まず「句」をその単位とした。山田は、「統覚作用（語と意識内容が統一される作用）」という心理学的概念を「語」の基底に据え、それら個々の語が「陳述（各語の内容を統合し、具体的な表現として成立させる作用）」の力によって表現されるものを「句」とした。つまり「句」を「文」と「語」との中間に位置づけたのである。そこから、句を一つ含む文を単文、二つ以上含むものを複文とし、さらに重文、合文・有属文などもたて、文の構造・種類を論じた。また、「句」を「喚体（心情的な体言を中心とする表現体）」と「述体（論理的な事実描写としての表現体）」という二種に分類し、文が単なる「主語と述語の結合体」だとする従来の説から一歩進めた。

【補説】山田文法は大槻文法とともに、近代日本語文法の草創期に、その体系を最も根本的なところから形作った文法論として、後の研究にも多大の影響を与えた。その学説は『日本文法論』（一九〇八）、『日本文法学概論』（一九三六）などにまとめられたが、その文法論の根底には、彼が独学で学んだ西欧の心理学による発想が色濃くある。そのため、合理性を目指す外見的な体系性の裏に、抽象的な心的作用が常に前提となっており、その点に少なからず難解さを残したものともなっている。（北村）

⇒大槻文法、陳述

用言 ようげん

A 清浄な水でもよければ、不潔な水でもよい、湯でも茶でもよいのである。〈森鷗外・寒山拾得〉

B さる折しも、白き鳥の嘴《はし》と脚と赤き、鴫《しぎ》の大きさなる、水の上に遊びつつ魚を食ふ。〈伊勢物語・九〉

【定義】 自立語で、活用し、単独で文節を構成したときに述語となり得る単語。

【解説】(1)学校文法では、動詞・形容詞・形容動詞を用言とする。(2)例文AB中、〰〰部が動詞、――部が形容詞、……部が形容動詞である。なお、「さる」については、ふつう連体詞とされているが、『伊勢物語』では連体修飾語以外の意味・用法も保たれているので、動詞（ラ変）と認めた。また、「大きさなる」については、「鳴の」という連体修飾語を受けているので、名詞「大きさ」＋助動詞「なり」である。

【補説】学校文法では、通常「足踏みする」「努力する」などを一語の動詞（サ変）として扱うため、これらも用言に含まれる（「足踏みをする」「努力をする」では、名詞＋助詞＋動詞の三語となり、一つの用言とは認められない）。一方、「学生だ」「本物だ」などは、「元気な」「いわゆる」などの連体修飾語を受けたり、程度を表す「とても」「非常に」などの連用修飾語を受けられなかったりすることから、名詞＋助動詞「だ」となり、用言とは認められない。

⇒体言　（渡部）

様態の助動詞《ようたいのじょどうし》 ⇒比況・様態の助動詞《ひきょう・ようたいのじょどうし》

四段活用《よだんかつよう》

B 限りなくかなしと思ひて、河内へも行かずなりにけり。〈伊勢物語・二三〉

【定義】動詞（文語）の活用の型の一つ。五十音図のア・イ・ウ・エの四段にわたって活用する。

【解説】(1)四段活用の語は、五十音図のカ・ガ・サ・タ・ハ・バ・マ・ラの各行にあり、次のように活用する。

基本形	語幹	未然	連用	終止	連体	已然	命令
行く	い	か	き	く	く	け	け

(2)口語では五段活用になる。これは、たとえば古語の未然形「行かむ」が、現代仮名遣いでは「行こう」となり、活用の段にオ段が加わって五段になるからである。歴史的仮名遣いだけに従う場合は、現代語についても「四段活用」の名称を用いる。

【補説】(1)未然形に推量の助動詞ウが接続する場合、現在と同じように、オ段の長音で発音するようになったのは、江戸時代中期以降と推定されている。(2)ナ行変格活用、ラ行変格活用、下一段活用の語は、江戸時代末ごろには四段活用化して、活用の種類は口語と同じく五種類となった。 ⇒五段活用

（堀崎）

ら

ラ行変格活用《らぎょうへんかくかつよう》

B ①昔、男ありけり。〈伊勢物語・二〉

②くろとりといふ鳥、岩の上に集まりをり。〈土佐日記〉

【定義】動詞（文語）の活用の型の一つ。五（四）段活用などのように規則的に活用せず、変則的な活用をするラ行動詞であるところから、こう呼ぶ。「ラ変」とも。

【解説】(1)「あり」「居り」「はべり」「いまそかり」の四語だけが持つ活用の型。五十音図ラ行のア段・イ段・ウ段・エ段の四段にわたって、次のように活用する。

基本形	語幹	未然	連用	終止	連体	已然	命令
あり	あ	ら	り	り	る	る	れ

(2)四段活用の一種だが、終止形が「り」となり、イ段で終わるのが特徴である。(3)「いまそかり」には、「いま

そがり」「いますかり」「いますがり」等の形もあり、「あり」「居《を》り」の尊敬語で「いらっしゃる」の意味。(4)複合語の「かかり（かく＋あり）」「さり（さ＋あり）」「しかり（しか＋あり）」もラ変動詞に含めている。

【補説】(1)「いまそかり」は中世以降、ほとんど例が見られなくなり、口語では使われない。(2)「あり」「居《を》り」「はべり」は、室町時代末期までには四段活用へ変わった。口語では、五段活用の動詞である。　（堀崎）

ラ抜き言葉　ラぬきことば

A ①「今、出てこれるか？」〈吉本ばなな・キッチン〉

② 手入れした花の一つも見れずに出て行く…　〈葛西善蔵・子を連れて〉

【定義】本来可能の助動詞「られる」が付くはずの動詞に「れる」を付けて用いる言い方。

【解説】(1)口語の上一段活用、下一段活用、カ行変格活用の動詞に付く可能の助動詞は「られる」で、「見られる」「受けられる」「来《こ》られる」になるはずであるが、それを「見れる」「受けれる」「来れる」と、五段活用に付くことになっている「れる」を付けて用いる言い方。本来あるべき「ラ」が脱落しているので「ラ抜き言葉」と呼ばれる。(2)この言い方は、本来は五段活用の動詞にだけ用いられていた可能動詞の方法を他の活用の動詞にも及ぼしたものと思われる。可能動詞は、「打つ→打てる」「書く→書ける」のように、五段活用の動詞を下一段活用にして可能の意味を表す動詞にしたものを指すが、本来可能動詞を作らないはずの「見る（上一段活用）」「受ける（下一段活用）」「来る（カ行変格活用）」などの語にもこの可能動詞の方法を適用したものと思われる。(3)ラ抜き言葉の使用には二つの見るべき点がある。一つはラ抜き言葉は可能の意に限定されるので明晰だということである。たとえば、「先生、見られますか」の場合の「見られる」は、「御覧になる（尊敬）」か、「見ることができる（可能）」かわからないが、「見れますか」なら可能の意味に限定される。これは「られる」という助動詞には「自発・受身・尊敬・可能」の四つの意味があるからである。たとえば「見られる」は「自然に見える（自発）」「人に見られる（受身）」「御覧になる（尊敬）」「見ることができる（可能）」の四つの意味を、文脈から判断しなければならないが、「見れる」は可能の意しかないので明晰である。もう一つは動詞の活用の整合の流れという点である。五段活用に可能動詞があるのなら、一段活用にも可能動詞があってよく、今のラ抜き言葉は、これから数百年かかって進んでいくであろう動詞活用の単純化の流れの一つの前触れであろうとする考え方である。(4)ラ抜き言葉は現在のところ語幹の短い動詞に使われることが多く、「試みる」「着せ替える」などの語幹の長い動詞にはあまり用いられていない。また、サ変動詞には用いられない。(5)その語がラ抜き言葉であるかどうかは、末尾の「る」を取り除いてみればわかる。「る」を取り除いて、それが命令形になればラ抜き言葉ではない。たとえば「読める→読め（命令形）」はラ抜き言葉ではなく正しい使い方、「食べれる→食べれ」・「来れる→来れ（命令形ではない）」はラ抜き言葉である。

【補説】(1)ラ抜き言葉はすでに大正時代、地方で用いられていて、昭和初期には東京の山の手で用い始められていた。一九五〇年代以後急速に広まり、「着れる」の使用率は、一九八〇年代生まれの中学生では、全国平均ほぼ五〇％に達していて、地方の使用率が高い。(2)一九九五年版の国語審議会の中間報告にラ抜き言葉が取り上げられているが、解説(3)で説明した利点は認めるものの、「現時点ではラ抜き言葉は認めない」とされた。

（安藤）

⇒可能動詞

量数詞《りょうすうし》　⇒**基数詞**《きすうし》

零記号《れいきごう》

A ① 火事■
② 二つの山が見える■

【定義】内容が表現の形に現れていない言葉をいう。ゼロ記号とも。

【解説】(1)例文①の「火事」は、「火事?」「火事!」「火事だ」などの内容を持つが、日本語では「?」「!」「だ」を表記しない場合が多い。また例文②は「見える」で終わっているが、実際は「見えるのだ」「見えるだろう」「見えるよ」などの内容を持つと想定する。このように「表現形式に現れていない言葉（辞）」を「零記号の辞」と説く。この「辞」は品詞名でいうと、接続詞・感動詞・助動詞（一部を除く）・助詞などである。(2)零記号の辞は文末だけにあるのではない。例文②は文語では「二つの山、見ゆ」となる。この場合「山」の下には「が」（主格を表す助詞）に当たるものが、零記号として存在するわけである。

【補説】時枝誠記《ときえだもとき》の文法研究における考え方から生まれた用語である。時枝文法では、語は詞《し》（事柄の客観的表現）と辞《じ》（事柄についての話し手の立場の表現）とに二大別され、辞は常に詞と結合して句を成し、句は次第に大きな句に含まれ、句を含む句が完結形式をとった場合に文となるとされる。この際、文の構造は次のように入子《いれこ》型構造によって説明される。

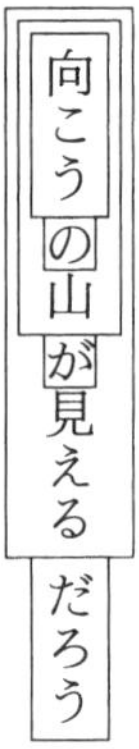

この場合、もし文が、「向こうの山が見える」のように動詞で終止していたり、「古池や蛙《かはづ》飛びこむ水の音」のように体言止めになっている場合には、これらの下に、判断を表す辞、あるいは感動を表す辞が零記号で存在し、それが「向こうの山が見える［よ］」「蛙が飛びこむ水の音［だなあ］」と全体を統一する□■の形をとっていると考える。零記号の辞を想定することは、一見困難であり煩雑のように見えるが、たとえば「火事」のように辞が表現されていない文の構造を説明する手段など、日本語の種々の表現を統一的に説明するには、きわめて有効な考え方である。（林）

⇒入子型構造、詞と辞、時枝文法

歴史的仮名遣い　れきしてきかなづかい

【定義】語を仮名で表記する際の方式の一つ。典拠をもっぱら過去の文献に求める仮名遣い。ふつう、主に平安中期以前の万葉仮名の文献に基準をおいた契沖《けいちゅう》の『和字《わじ》正濫鈔《しょうらんしょう》』の方式によるものをいう。明治初期から昭和二一年に「現代仮名遣い」が公布されるまでは、文語文・口語文の別なく、公式の仮名遣いと認められていた。広義には、漢字音語を仮名で書く場合の字音仮名遣いをも含む。旧仮名遣い。復古仮名遣い。古典仮名遣い。

【解説】平安中期までの日本語は、いろは四七字の仮名の実音声のままの組み合わせによって書き表した（ひらがなカタカナの別、同音異体字の別はあっても）。平安中期になって母音のオーヲの混合が始まり、ついでイーヰ、エーヱの混同が生じた。たとえば「男」は「をとこ」と書くがよいか「おとこ」と書くがよいか、「居る」は「ゐる」と書くか「いる」と書くか、「絵」は「ゑ」と書くか「え」と書くかが問題となった。そのほか、「入る」は「はひる」か「はいる」か、「思う」は「おもふ」か「おもう」かなど、いわゆる、仮名遣いの乱れが生じた。中世にはいわゆる「定家仮名遣い」も成立して貴族、歌学者の間で広まっていたが、この問題について、古典の中の書き表し方がよりどころとなるという立場から解決を与えたのが契沖阿《あ》闍梨《じゃり》（一六四〇―一七〇一）である。契沖は、天暦《てんりゃく》（九四七―九五七）以前の古典籍に見られる語形を正しいものとみなして、今日風にいえば実例入りのカードを作って『和字《わじ》正濫鈔《しょうらんしょう》』（元禄八年〈一六九五〉刊）にまとめた。仮名遣いの問題になる語約二七〇〇語を登録し、うち約二〇〇〇語には古典籍中の実例を示し、復古の正綴法《せいてつほう》としたものである。この方法ならば、古今を通ずる、また雅俗を通ずる書き表し方ができると考えた。この説は多くの批判も受けたが、若干の修正を加え、楫取魚彦《かとりなひこ》の『古《こ》言梯《げんてい》』（一七六四）のような支持も受けて、明治以降「仮名遣い」といえばこの仮名遣いを指すようになった。国定教科書（一九〇三―一九四五）も、この仮名遣いの位置を確かなものとした。明治以降の日本文法研究も、五十音図とこの仮名遣いによってきた。「思ふ」「行なふ」をハ行四段活用と呼ぶたぐいである。なお、この仮名遣いを歴史的仮名遣いと呼ぶことは一九四六年、「現代かなづかい」が公布されたのに対して一般化していったものである。現代仮名遣いが、いわゆる国語仮名遣いと、いわゆる字音仮名遣いとを区別しないで現代語の音韻に従うという原則をたてたため、歴史的仮名遣いも、いわゆる字音仮名遣いを包摂することになった。字音仮名遣いとは、漢字音による日本語を仮名（伝統的にはカタカナ）で書く場合の通則である。たとえば「絵」は「ゑ」であり、「絵画」はクヮイグヮであり、「行為」はカウヰであり、「教科」はケウクヮであるというように、中国の韻書をもとに、平安中期以前の文献に基いて定めたものである。文雄《もんのう》（一七〇〇―一七六三）の『和字大観抄』や、本居宣長（一七三〇―一八〇一）の『字音仮字用格《かなづかい》』によって、漢字音語の仮名遣いのおおよそが決められたのである。歴史的仮名遣いは、国語仮名遣いと、字音仮名遣いとの両面を含むものである。 ⇒仮名遣い （林）

レ足す言葉　れたすことば

A ①このお茶飲めれるかな。
②ここから行けれるでしょうか。

【定義】もともと可能の意味を持っている可能動詞に、可能の助動詞「れる」を付け加えて用いる言い方。誤用とされる。

【解説】五段活用の動詞は、下一段活用にすることによって「…することができる」意の可能動詞になる（例読む→読める、飲む→飲める、行く→行ける）。これにさらに可能の助動詞「れる」を付けて「読めれる・飲めれる・行けれる」とする言い方で、可能の意味が二重になるうえに、可能の助動詞「れる」は下一段活用には付かないので、明らかな誤用である。「飲める」でよいはずの言い方を、「飲めれる」と不要な「れ」を足して用いるので「レ足す言葉」と呼ばれる。 （安藤）

連語　れんご

A 父は無邪気な笑顔を見せた。〈吉本ばなな・うたかた〉
B むかしの若人は、さる好けるもの思ひをなむしける。〈伊勢物語・四〇〉

【定義】二つ以上の語が結合したもので、一つのまとまった意味を表すが、まだ文にはならないもの。

【解説】(1)例文**A**の文で「父は」「無邪気な笑顔」「無邪気な笑顔を」「笑顔を」「見せた」などが、**B**の文では「むかしの若人」「むかしの若人は」「さる好ける」「好けるもの思ひ」「好けるもの思ひを」「もの思ひをなむ」「しける」などが連語である。(2)例文**A**の「見せた」、**B**の「しける」のように助動詞の付いたものを活用連語という。「において」「のために」などの一つの助詞と考えられるものを助詞相当連語という。

【補説】(1)連語は語と文の中間に位置するものであるが、連語のとらえ方はいろいろある。学校文法では、助詞・助動詞を語としているので、例文Aの文の「父は」「見せた」は連語になる。教育科学研究会グループは、単語を自立語に助詞・助動詞の付いたものとし、連語を単語と文の中間に位する単位と規定するため、「村へ帰る」「村から帰る」の両方とも連語だとし、その連語の意味構造の違いについての研究を連語論と呼ぶ。また、国広哲弥は、語と語の結合度により最もゆるいものを語連続(「この本」「窓を開ける」)と呼び、結合が多かれ少なかれ固定してはいるが、語結合全体の意味はそれを構成している個々の意味がわかっていれば解釈できるものを連語(「首をかしげる」「案内に立つ」)といい、結合度が完全に固定していて、全体の意味はその構成語個々の意味からは出てこないものを慣用句(「虫がいい」「肩を入れる」)と呼ぶ。(2)文節・連文節・句なども連語の一種である。

⇒慣用句、句、文節、連文節　(秋元)

連体形　れんたいけい

A　Kに対する私の良心が復活したのは、…、玄関から坐敷へ通る時、即ち例のごとく彼の室を抜けようとした瞬間でした。〈夏目漱石・こころ〉

B　「焼かるるはいかばかり堪へ難けれども、力なきことなり。かくな恨み給ひそ」とぞ聞こえける。〈徒然草・六九〉

【定義】活用語(用言および助動詞)の語形の一つ。口語・文語ともに「とき」「こと」「の」のような体言または準体言に連なる形である。活用表では、第四段に置かれる。

【解説】(1)例文Aの「通る時」(動詞ラ行五段活用)・「復活したのは」(助動詞「た」)など、例文Bの「力なきこと」(形容詞ク活用)のように、体言や体言に準じる語に続くのが普通である。(2)文語では、例文Bの「焼かるる」(受身の助動詞「る」の連体形、焼かれること)のように連体形そのものに「こと」「もの」の意味が含まれていて、体言と同等の働きをする場合がある。例「いとほし。これに、何とらせん、といふ（言うのを）を聞かせ給ひて」〈枕草子・八七〉(3)文語では、例文Bの「とぞ聞こえける（過去の助動詞「けり」の連体形）」のように、文中に係助詞「ぞ」「なむ」「や」「か」があるとき、連体形で文を終えるという「係り結び」の現象が見られる。(4)連体形に接続する助動詞は、口語では「ようだ」、文語では「なり（断定）・ごとし」など。助詞は口語では「の・から・より」、文語では「が・の・に・を」など数多い。

【補説】連体形止め「なでふ事にさはりて（何ということもない用事でさしつかえて）その所にくらしつる（一日暮らしてしまったことです）」〈枕草子・一八一〉のように連体形で文を終止する表現は、言外に期待を持たせる余情表現として平安時代、和歌などに多く用いられた。しかし鎌倉・室町時代には連体形が終止形を兼ねるようになったので、連体形止めとしての存在意義が失われた。

（小野）

連体言　れんたいげん

東条《とうじょう》義門《ぎもん》が『友鏡《ともかがみ》』（一八二三）、『和語説略図《わごせつのりゃくず》』（一八三三）で用いた文語活用形の名称の一つ。現行の「連体形」に当たる。

（池上）

連体詞　れんたいし

A　たった二年間ほど私がうっかりしていたのに、その罰として、一生涯この穴蔵に私を閉じこめてしまうとは横暴であります。〈井伏鱒二・山椒魚〉

B　なさけなく、うたてある事をなむ、さるたよりありて（しかるべきつてがあって）かすめ言はせたりける。〈源氏物語・帚木〉

【定義】品詞名の一つ。自立語で活用がなく、主語にならず、体言を修飾することだけをもっぱらの働きとする語。

【解説】(1)例文ABの「その」「この」「さる」が連体詞。連体詞は、活用のないものをいうので、用言の連体形は連体詞とは区別される。「山の端に懸かる月」「大きい家」「きれいな部屋」は、それぞれ、動詞、形容詞、形容動詞の連体形であって、連体詞ではない。これに対して、「かかる事態」「大きな家」「こんな部屋」などの場合は、ほかに「かからない事態」「家が大きだ」「こんに住みたい」のような否定の言い方、言い切りの言い方、用言にかかる言い方などはない（活用しない）。したがって、連体詞と認められることになる。⑵「かかる」「さる」はそれぞれ、副詞「かく」＋ラ変動詞の連体形「ある」、副詞「さ」＋ラ変動詞の連体形「ある」が熟合してできたものである。したがって、動詞「懸かる」「去る」とは語源的にもかかわりがない。⑶口語では、「この」「その」「あの」「どの」は連体詞である。これは、「こ」「そ」「あ」「ど」が、それぞれ独立して用いられることがなく、「この」「その」のように一語として用いられるからである。ところが、文語では、「忠盛走りよッて、むずと組む。組まれて、「こは（これは）いかに」とさわぐ。〈平家物語・六〉」のように「こ」「そ」「あ」「ど」が独立して用いられるので、「この」は、代名詞「こ」＋助詞「の」であって、連体詞とはされない。⑷例文Aの「たった」は体言「二年間」を修飾しているが、これは時間、方向を表す語に付く副詞で、「たったの一円」のように助詞にも付くから連体詞ではない。⑸連体詞には次のようなものがある。

①指示語　「この」「その」「あの」「どの」「こんな」「そんな」「あんな」「どんな」「我が」

②動詞からの派生　「あらゆる」「いわゆる」「或る」「去《さ》んぬる」「去《い》ぬる」「来《きた》る」

③副詞との複合形　「かかる」「さる」

④形容語　「大きな」「小さな」「馬鹿げた」「とんだ」「大した」「おかしな」「いろんな」

【補説】⑴「連体詞」を一つの品詞として立てたのは、鶴田常吉『日本口語法』（一九二四）に始まり、その後、名称は、「副体詞」「連詞」などと一定しなかったが、文部省『中等文法』（一九四四）が、「連体詞」を教科書の用語として採用するに至って、現在の学校文法の連体詞という呼称が一般的になった。⑵活用せずに体言だけにかかるということは、逆に言えば、用言にかかったり、言い切ったりする言い方がないということである。「とんだ」「おかしな」などは、「とんで」「おかしに」「おかしだ」という言い方がないので連体詞になる。と、そこまでは明快なのであるが、たとえば、「こまかな」などは、「こまかに指示する」とは言えるから用言にかかる用法はあるのだけれども、「彼はずいぶん金にこまかだ」という言い方はないので、これをどう処理するかは、なお問題が残る。つまり、言い切りの形のない形容動詞と認めるか、副詞「こまかに」と連体詞「こまかな」を認めて二つに分けてしまうかである。同様の問題は、たとえばほかには、「あんまりな」（これは、「だ、な」形はあるが「に」形がない）にも指摘することができる。

（小野）

連体修飾語　れんたいしゅうしょくご

A　帳場格子の中にすわって退屈そうに巻煙草をふかしていた番頭が、火鉢の傍で新聞を読んでいる若い番頭にこんな風に話しかけた。〈志賀直哉・小僧の神様〉

B　磐代《いはしろ》の浜松が枝《え》を引き結び真幸《まさき》くあらばまたかへり見む〈万葉集・二・一四一〉

【定義】　修飾語の一種。体言を含む文節を修飾するもの。連用修飾語の対。

【解説】　(1)例文**A**で「若い」は「番頭に」にかかり、その番頭の老若を説明し、例文**B**では「浜松が」（浜松ノ）が「枝を」にかかり、樹木の種類を示している。このように、体言を含む文節へかかって体言の意味を補って示す働きをする文節を連体修飾語と呼ぶ。(2)形の上からは、連体修飾語には次のようなものがある。

(ア)連体詞によるもの。例「ある阿呆の一生」〈芥川龍之介〉「こんな風に」〈例文**A**〉

(イ)体言＋助詞によるもの。例「火鉢の傍で」〈例文**A**〉「浜松が枝を」〈例文**B**〉

(ウ)活用語の連体形によるもの。例「若い番頭に」〈例文**A**〉

⇒連用修飾語

（鈴木）

連体助詞　れんたいじょし

橋本進吉の文法学説による助詞の一つ。準副体助詞ともいう。

⇒準副体助詞

（堀崎）

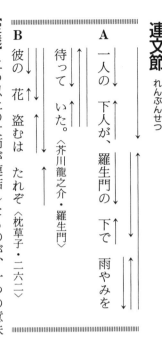

連文節 れんぶんせつ

A 一人の 下人が、羅生門の 下で 雨やみを 待って いた。〈芥川龍之介・羅生門〉

B 彼の 花 盗むは たれぞ〈枕草子・二六二〉

【定義】二つ以上の文節が連結したものが、一つの意味のまとまりをもち、大きなレベルで文の成分（主語・述語・修飾語・独立語など）に相当している場合、これを連文節という。

【解説】⑴「文はいくつかの文節が集まって構成されている」という立場をとる場合、各々の文節どうしはどのような関係にあり、どのように組み合わさって一つの文を構成するのか、といった視点が重要になってくる。連文節の概念は、文の組み立てられ方をいくつかのレベルが違う階層構造として説明するのに大きな役割を演ずることになる。まず第一段階で、最も関連性が強い文節どうしが連結していくつかの連文節を構成し、さらに次の段階で、それら連文節がさらに関連性の強いものどうしでまた高次の連文節を構成し…といったように、階層的な構成を順次段階的に展開してゆき、最後に文全体を一つの大きな連文節ととらえ、最終的に文が構成されると考えるのである（冒頭の例文を参照）。⑵連文節には次のようなものがある。

(ア)主語と述語の関係……花が 咲く。

(イ)連体修飾の関係……家の 外が やかましい。

(ウ)連用修飾の関係……風が 激しく 吹く。

(エ)対等の関係……太郎と 花子が 結婚した。

(オ)補助の関係……荷物を 持って ほしい。

【補説】連文節という用語の由来は、文節と同様、橋本進吉の命名による。はじめは「文節団」「文節群」などという用語も使用したことがあったが、後に個々の文節のレベルだけから文全体の構成を説明する無理を解消するため「連文節」の概念を明確に位置づけた。文節と同様の概念を持つものとしてはそれ以前に「句」という用語もあったが、これは後に山田孝雄《よしお》や時枝誠記《もとき》がかなり違った定義を与えて使用しているので注意を要する。また、松下大三郎は「連詞」という用語で、橋本の連文節ときわめて近い概念を示している。　⇒文節　（北村）

連用形　れんようけい

A　庭に下り、木をひとつひとつ点検して回った。〈梅崎春生・植木屋〉

B　かきつばたいとおもしろく咲きたり。〈伊勢物語・九〉

【定義】活用語（用言および助動詞）の語形の一つ。他の活用語や助詞に連なっていく形なので、連用形の名称がある。活用表では第二段に置かれる。

【解説】⑴例文Aの「下り」は動詞「点検して回った」に連なり、「点検して」は助詞「て」に連なる連用形（口語）。例文Bの「咲き」は助動詞「たり」に連なる連用形（文語）。このように連用形は動詞・形容詞・形容動詞や助動詞が用言や助動詞・助詞に続いていく活用形である。⑵連用形の活用語尾は活用表でわかるが、次の活用については注意が必要である。

・口語五段動詞　イ段および音便形を連用形とする。
例「咲きます」「咲いた」「売ります・売った」「読みます・読んだ」

・口語・文語サ変動詞　「論じて」のようにザ行にも活用する。

・口語形容動詞　一般に取り上げられている「静かだった・静かで・静かに」のほかに「静かでした」も加えたい。

【補説】⑴口語・文語ともに、動詞連用形は他の動詞と結びついて複合動詞をつくったり、それ自体が名詞となったりする（「雨が降り始める」「ひどい降りになってきた」）。⑵口語・文語ともに、文をいったん連用形で中止して、さらに下に続けていく用法（連用中止法）を持つ。例「花が咲き、鳥が鳴く」「後の世の事、心に忘れず、仏の道うとからぬ、心にくし」〈徒然草・四〉⑶「鳥を見に行く」のように格助詞「に」が付いて動作の目的を表す用法が、口語・文語ともにある。⑷文語の禁止表現「な―そ」の間にはさまる（ただし、カ変・サ変動詞の場合は未然形）。⑸「て」「たり」に続いていく時に、音便形になる場合がある。(6)上代特殊仮名遣いにおいて、連用形活用語尾「き」「ひ」「み」は、四段動詞が甲類で、上二段動詞が乙類であり、音韻の上でも区別があった。（小野）

⇒中止法

連用言　れんようげん

東条《とうじょう》 義門《ぎもん》が『友鏡《ともかがみ》』（一八二三）、『和語説《わごせつ》 略図《のりやくず》』（一八三三）で用いた文語用言活用形の名称の一つ。現行の「連用形」に当たる。（池上）

連用修飾語　れんようしゅうしょくご

A 五位は風采《ふうさい》のはなはだあがらない男であった。〈芥川龍之介・芋粥〉

B とまれかうまれとく破《や》りてん。〈土佐日記〉

【定義】修飾語の一種。用言的性質を持つ文節を修飾するもの。連体修飾語の対。

【解説】(1)例文**A**でいえば、文節「はなはだ」は文節「あがらない」にかかり、どのくらい風采があがらないかを説明している。例文**B**では、文節「とく」が文節「破りてん」にかかって、どのように破ってしまうかを説明している。このように、主に用言を含む文節（破線部）にかかってその意味をくわしく説明する文節を連用修飾語と呼ぶ。(2)連用修飾語には次のようなものがある。

(ア)副詞によるもの。例「俊寛をば遂に捨てはてたまふか」〈平家物語・三〉「風采のはなはだあがらない」

(イ)体言または体言＋助詞によるもの。例「店には一人の客もない」〈志賀直哉・小僧の神様〉「三日前に食べた」など

(ウ)活用語の連用形または活用語の連用形＋助詞によるもの。例文**B**の「とく」は形容詞「疾し」の連用形。

【補説】用言に付く付属語とかかわりの強い連用修飾語もある。「表現力の自在と正確とは彼の天稟《てんぴん》であり、これは、生涯少しも変わらなかった」〈小林秀雄・西行〉など、否定の言い方と呼応するものである。（鈴木）

⇒連体修飾語

わ

ワア行五段活用　わあぎょうごだんかつよう

A ① そんなに笑わないでください。
② みんなで、この歌を歌おう。

【定義】動詞（口語）の五段活用の一種。未然形が、ワ行とア行の二行にわたるので、ワア行五段活用という。

【解説】(1)次のように活用する。

基本形	語幹	未然	連用	終止	連体	仮定	命令
笑う	わら	わ お	い っ	う	う	え	え

(2)文語のハ行四段活用の動詞は、現代仮名遣いではすべてワア行五段活用となる。歴史的仮名遣いの場合「歌ふ」「思ふ」などの語は次のようにハ行の四段にしか活用しないが（未然形も「歌はナイ」「歌はウ」のようにア段だけ）、現代仮名遣いでは「歌わナイ」「歌おウ」とワ行とア行の五段にわたって活用するからである。

基本形	語幹	未然	連用	終止	連体	已然	命令
歌	うた	は	ひ	ふ	ふ	へ	へ

(3)連用形に接続助詞テや助動詞タが接続する時は、「笑って」「歌った」のように「っ」となる。これを音便形（促音便）という。ただし、「問う」「訪う」は「っ」ではなく、「問うて」「訪《おとな》うて」とウ音便になる。

⇒音便

（堀崎）

【口語・文語対照助動詞一覧表】

口語

意味	語	未然形	連用形	終止形	連体形	仮定形	命令形	備考
受身	れる	れ	れ	れる	れる	れれ	れろ れよ	五段・サ変には「れる」、その他には「られる」が付く
	られる	られ	られ	られる	られる	られれ	られろ られよ	
自発 可能 尊敬	れる	れ	れ	れる	れる	れれ	○	命令形がない
	られる	られ	られ	られる	られる	られれ	○	
使役	せる	せ	せ	せる	せる	せれ	せろ （せよ）	五段・サ変には「せる」、その他には「させる」が付く
	させる	させ	させ	させる	させる	させれ	させろ （させよ）	
打消	ない	なかろ	なく なかっ	ない	ない	なけれ	○	「ある」には付かない
	ぬ（ん）	○	ず	ぬ（ん）	ぬ（ん）	ね	○	「ある」には付かない

文語

意味	語	未然形	連用形	終止形	連体形	已然形	命令形	備考
受身 尊敬	る	れ	れ	る	るる	るれ	れよ	四段・ナ変・ラ変には「る」、その他には「らる」が付く
	らる	られ	られ	らる	らるる	らるれ	られよ	
自発 可能	る	れ	れ	る	るる	るれ	○	
	らる	られ	られ	らる	らるる	らるれ	○	
使役 尊敬	す	せ	せ	す	する	すれ	せよ	四段・ナ変・ラ変には「す」、その他には「さす」が付く
	さす	させ	させ	さす	さする	さすれ	させよ	
	しむ	しめ	しめ	しむ	しむる	しむれ	しめよ	
打消	ず	（な） ざら	（に） ず ざり	ず	ぬ ざる	ね ざれ	ざれ	未然形に付く
過去	き	（せ）	○	き	し	しか	○	「き」はカ変・サ変には特殊な付き方をする
	けり	（けら）	○	けり	ける	けれ	○	

過去 完了 存続	た	たろ	○	た	た	(たら)	○	ガ・ナ・バ・マ行の五段動詞に付くとき、「だ」となる
推量 意志	う	○	○	う	(う)	○	○	動詞五段・形・形動には「う」、他の動詞には「よう」が付く
	よう	○	○	よう	(よう)	○	○	
推定	らしい	○	らしく らしかっ らしゅう	らしい	らしい	(らしけれ)	○	「らしゅう」はゴザイマスが付くときの形。
完了	つ	て	て	つ	つる	つれ	てよ	
	ぬ	な	に	ぬ	ぬる	ぬれ	ね	
	たり	たら	たり	たり	たる	たれ	たれ	
	り	ら	り	り	る	れ	れ	「り」は四段の命令形・サ変の未然形に付く
推量 意志	む(ん)	(ま)	○	む(ん)	む(ん)	め	○	
推量 意志	むず(んず)	○	○	むず(んず)	むずる(んずる)	むずれ(んずれ)	○	
過去 推量	けむ(けん)	○	○	けむ(けん)	けむ(けん)	けめ	○	
現在 推量	らむ(らん)	○	○	らむ(らん)	らむ(らん)	らめ	○	
推定	らし	(らしから)○	(らしく)(らしかり)○	らし	らし (らしき)(らしかる)	らし	○	「らし」は室町以降（　）内の活用をする
仮想	まし	(ましか)(ませ)	○	まし	まし	ましか	○	
当然の推量・意志	べし	べから	べく べかり	べし	べき べかる	べけれ	○	
婉曲 推量	めり	○	めり	めり	める	めれ	○	
当然の推量・意志	べらなり	○	べらに	べらなり	べらなる	べらなれ	○	「べらなり」は多く和歌に用いられた

打消の推量・意志	まい	○	○	まい	(まい)	○	○	
伝聞	そうだ	○	そうで (そうに)	そうだ	(そうな)	○	○	動詞終止形に付く
	そうです	○	そうでし	そうです	(そうです)	○	○	
断定	だ	だろ	だっ で	だ	(な)	なら	○	
希望	たい	たかろ	たかっ たく とう	たい	たい	たけれ	○	「とう」は、ゴザイマスが付くときの形
	たがる	たがら (たがろ)	たがり たがっ	たがる	たがる	たがれ	○	
比況	ようだ	ようだろ	ようだっ ようで ように	ようだ	ような	ようなら	○	
	ようです	ようでしょ	ようでし	ようです	(ようです)	○	○	丁寧表現
	みたいだ	みたいだろ	みたいだっ みたいで みたいに	みたいだ	みたいな	みたいなら	○	
	みたいです	みたいでしょ	みたいでし	みたいです	○	○	○	丁寧表現

打消の推量・意志	じ	○	○	じ	じ	(じ)	○	
	まじ	まじから	まじく まじかり まじう	まじ	まじき まじかる	まじけれ	○	
推定伝聞	なり	○	なり	なり	なる	なれ	○	終止形に付く
断定	なり	なら	なり に	なり	なる	なれ	なれ	「なり」は連体形(ラ変型は終止形)に付く
	たり	たら	たり と	たり	たる	たれ	たれ	「たり」は体言に付く
希望	まほし	まほしから	まほしく まほしかり	まほし	まほしき まほしかる	まほしけれ	○	未然形に付く
	たし	たから	たく たかり	たし	たき たかる	たけれ	○	連用形に付く
比況	ごとし	○	ごとく	ごとし	ごとき	○	○	
	ごとくなり	ごとくなら	ごとくなり ごとくに	ごとくなり	ごとくなる	ごとくなれ	ごとくなれ	
	やうなり	やうなら	やうなり やうに	やうなり	やうなる	やうなれ	○	

様態	丁寧	受身 自発 可能	尊敬	継続
そうだ そうです	です ます			
そうだろ そうでしょ	でしょ ませ ましょ			
そうだっ そうで そうに そうでし	でし まし			
そうだ そうです	です ます			
そうな （そうです）	（です） ます			
そうなら ○	○ （ますれ）			
○ ○	○ ませ まし			
動詞連用形・形動の語幹に付く。「ない」「よい」に付くとき「～さそうだ」となる 丁寧表現	未然形の「ませ」は「ませン」で使われる			

様態	丁寧	受身 自発 可能	尊敬	継続
		〔ゆ〕 〔らゆ〕	〔す〕	ふ
		え らえ	さ	は
		え らえ	し	ひ
		ゆ らゆ	す	ふ
		ゆる らゆる	す	ふ
		ゆれ らゆれ	せ	へ
		○ らえよ	せ	へ
		未然形に付く	奈良時代に用いられた	

【口語・文語対照助詞一覧表】

◉格助詞

語	口語 主な意味	口語 用例	口語 主な接続	文語 主な意味	文語 用例	文語 主な接続
が	主格 対象	猫が歩いている 水が飲みたい	一般に体言	主格 連体修飾格 同格 準体法	雀の子を犬君が〈ガ〉逃がしつる 梅が香〈梅ノ香〉にのつと日の出る山路かな いとやむごとなき際にはあらぬが〈…デハナイ方デ〉すぐれて時めき給ふありけり 四条大納言のはめでたく、兼久が〈ノモノ〉はわろかるべきぞ	一般に体言・連体形 「が」…形・形動の語幹および一部の助詞・助動詞にも
の	主格 連体修飾格 準体法	母の好きな花を買った 私の家に来て下さい もっと軽いのがいい		主格 連体修飾格 同格 準体法 比喩	月の〈ガ〉おもしろく出でたるを見て 月の〈ノ〉ころはさらなり 白き鳥の〈白イ鳥デ〉、嘴と脚と赤き、鴫《しぎ》の大きさなる 四条大納言の〈ノモノ〉はめでたく、兼久がはわろかるべきぞ 見し人の松の〈松ノヨウニ〉千年に見ましかば	

を	動作の対象 起点 経由点	ピアノを弾く 八時に横浜を出た 人気のない裏通りを通る	一般に体言
に	場所 時 帰着点 対象・相手 原因・理由 受身・使役の対象 変化の結果 敬意 強意	弟が札幌にいる 七時までに行く 無事に空港に着いた 同級生に会いに行く 難病に苦しんでいる 突然犬に吠えられて驚いた 氷が溶けて、水になった 先生にはお変わりなくお過ごしですか メロスは走りに走った	「に」は連用形・一部の助詞にも
へ	方向	単身ロンドンへ渡った	
と	動作の共同者 変化の結果 引用 並列 比較の基準 比喩	友達と旅行に出かけた とうとう最終回となった 先生によろしくとのことです 月と星とが描かれていた 写真とずいぶん形が違う 鉄砲の弾が、雨あられと飛んできた	「と」は引用文・引用句にも

を	動作の対象 起点 経由点	二つの矢を持つことなかれ 宿を立ち出でて眺むれば 長坂を経て丹波路へおもむくとも聞こえけり	一般に体言・連体形
に	場所 時 帰着点 対象・相手 原因・理由 受身・使役の対象 変化の結果 敬意 強意	その里に、いとなまめいたる女はらから住みけり まだ暁におはす 三河の国八橋といふ所に至りぬ はや船に乗れ、日も暮れぬ 近き火などに〈火事ノタメニ〉逃ぐる人は 人には木のはしのやうに思はるるよ いきほひ猛の者になりけり お前にもいみじうおぢ笑はせ給ふ 盗人泣きに泣きて〈タダ泣クバカリデ〉言ふことなし	「に」は連用形・一部の助詞にも
へ	方向	何方へいにけむ	
と	動作の共同者 変化の結果 引用 並列 比較の基準 比喩	童べと腹だちたまへるか あるいは大家ほろび小家となる 今こむと言ひしばかりに 音に聞くと、見るときとは、何事も変はるものなり 我とひとしき人しなければ 泣く涙雨と降らなむ渡り川	「と」は引用文・引用句にも

より	起点 比較の基準 限定	これより先関係者以外立ち入り禁止 いつもより道が混んでいて遅れた 手術よりほかに方法がない	一般に体言	起点 比較の基準 限定 経由点 手段・方法 即時	童よりつかうまつりける者 つねの使ひよりは、この人よくいたはれ 風よりほかに訪ふ人もなし 東面の小門より入らせ給へ ただひとり、徒歩《かち》より詣でけり 名を聞くより、やがて面影は推し量らるる心地するを	一般に体言・連体形
から	起点 経由点 原因・理由 原料 受身の対象	成田から出発の予定です 犯人は鍵を壊して窓から侵入した 過剰な労働から体調を崩した ワインはぶどうから作る 多くの人々から愛されている		起点 経由点 原因・理由 手段・方法	去年《こぞ》から山ごもりして侍るなり 直道《ひたぢ》から我は来れども夜そ更けにける 吹くからに〈ノデ〉秋の草木のしをるれば 徒歩《かち》から〈デ〉まかりて言ひ慰め侍らむ	
で	場所・時 手段・方法・材料 原因・理由	近所の公園で遊ぼう その塔は全部ガラスでできている 風邪で学校を三日休んだ				
まで	限界	この切符で京都まで行ける				
や	列挙	花や鳥や小さな動物が好きだ				
にて				場所・時 手段・方法・材料	一の谷にて生捕りにせられ給ひて 舟にてわたりぬれば、相模の国になりぬ	

語	口語 主な意味	口語 用例	口語 主な接続	文語 主な意味	文語 用例	文語 主な接続
にて				原因・理由	竹の中におはするにて〈オイデニナルノデ〉知りぬ	
して				動作の共同者 手段・方法 使役の相手	もとより友とする人、ひとりふたりして〈ト〉行きけり 扇ならで、これして〈デ〉も月は招きつべかりけり 人して〈ニ命ジテ〉、惟光召させて	

◉接続助詞

語	口語 主な意味	口語 用例	口語 主な接続	文語 主な意味	文語 用例	文語 主な接続
ば	順接仮定条件 順接恒常条件 列挙 単純接続	金があれば買おう 冬が来れば寒い 嵐も吹けば雨も降る 見れば花が散っていた	仮定形	順接仮定条件 順接確定条件 順接恒常条件 列挙 単純接続	金あらば〈モシアルナラバ〉買はむ 冬来れば〈来ルノデ〉寒し 日沈めば〈沈ムトイツモ〉星出づ 花も咲けば〈咲クシ〉鳥も鳴く 柿食へば〈食ッテイルト〉鐘が鳴るなり	未然形 已然形
と	順接同時条件 順接恒常条件 順接仮定条件 逆接仮定条件	戸を開けると海が見えた 秋になると木の葉が散る 父に知れると困る 知ろうと知るまいと勝手だ	終止形	順接同時条件 順接恒常条件 順接仮定条件 逆接仮定条件	金受け取ると駆け出して 留守になると〈イツモ〉酒飲んで 悪くいふと〈モシイッタラ〉叩くぞよ 絵に描くと〈描イテモ〉筆も及ばじ	終止形 形容詞型には連用形

とも	逆接仮定条件 おおよその限度を表す	何を言おうとも、無駄だ 遅くとも明日には帰る	終止形 形容詞は連用形	逆接仮定条件	たとひ耳鼻こそ切れ失すとも	
ども				逆接確定条件 逆接恒常条件 逆接仮定条件	目にはさやかに見えねども 遠くに見れども近くに見れどもおもしろし いかなる大事あれども聞かず	已然形
が	逆接確定条件 単なる接続	春になったが寒い 買物に行くが用はないか	終止形	逆接確定条件 単なる接続	めでたく書きて候が難少々候 姫君おはせしが婿取りしたまひて	連体形
て （で）	単なる接続 原因・理由 補助動詞に続ける	歩いて駅へ行く 雲がかかって富士山が見えない 鳥が飛んでいる	連用形（音便形にも接続）	単なる接続 原因・理由 補助動詞に続ける	春過ぎて夏来るらし 雨降りて地固まる 変化《へんげ》のものにて侍りけむ身とも知らず	連用形
して				単なる接続	なす事なくして〈テ〉身は老いぬ	
つつ	反復・継続 同時並行	城はなお燃えつつあった 読みつつまとめるのがよい	連用形	反復・継続 同時並行 詠嘆	竹をとりつつ〈取ッテハ〉よろづのことに使ひけり うち笑みつつ〈笑イナガラ〉見奉る 吉野の山に雪は降りつつ〈降ッテイルナア〉	連用形
ながら	同時並行 逆接確定条件	疲れて立ちながら眠ってしまった 下手ながら勢いがある	連用形 名詞、形容詞は終止形	同時並行 逆接確定条件	喜びながら〈喜ビナガラ〉加持せさするに 身はいやしながら〈低イケレドモ〉母なむ宮なりける	連用形・名詞・副詞 形・形動の語幹

ても（でも）	逆接仮定条件 逆接確定条件	貸しても返さないだろう 呼んでも返事がなかった	連用形（音便形にも接続）
けれど **けれども**	逆接確定条件 単なる接続（補足的前提）	下手だけれど勢いがある この前話したけれども、うまくいったよ	終止形
のに	逆接確定条件	嬉しいのに笑えなかった	連体形 形動型は終止形
ので	原因・理由	あまり静かなので驚いた	連体形
から	原因・理由	もう暗くなったから、家に入ろう	終止形
し	列挙・並列	雨は降ってくるし、傘はないし、最低だ	終止形
たり（だり）	列挙・並列	食べたり飲んだりした	連用形
なり	ほとんど同時 そのままの状態	家に入るなり食卓についた コートを着たなり眠ってしまった	終止形
に	逆接	帰るに帰れない 動くに動けない	連体形

	単なる接続 順接確定条件 逆接確定条件	命ある者を見るに〈見ルト〉人ばかり久しきはなし 涙のこぼるるに〈コボレルノデ〉目も見えず 契らせ給ひしに〈オ言イ交ワシニナッタノニ〉かなはざりける命の程	連体形

を				逆接確定条件	奈良の都にのみありけるを〈アッタノニ〉このごろ世に多くなり侍るなる	
				順接確定条件	たとへむ方なく美しげなるを〈美シイノデ〉世の人光君と聞ゆ	
				単なる接続	藁一束ありけるを〈アッタガ〉夕べはこれにふし	
で				打消の接続	起きもせず寝もせで〈シナイデ〉夜を明かしては	未然形
ものの	逆接確定条件	返事はしたものの行きたくない	連体形	逆接確定条件	頼まぬものの〈アテニシテハイナイケレドモ〉恋ひつつぞ経《ふ》る	
ものを	逆接	捨てればいいものを〈ノニ〉持っていたからいけない	連体形	逆接確定条件	命はあるものを〈アルノニ〉憂きにたへぬは涙なりけり	
ものから				逆接確定条件	いたましうするものから〈スルモノノ〉下《げ》戸《こ》ならぬこそをのこはよけれ	連体形
ものゆゑ				順接確定条件	人数《ひとかず》にもおぼされざらむものゆゑ〈ダロウカラ〉我はいみじきもの思ひをや添へむ	

◉副助詞（係助詞を含む）

語	口語 主な意味	口語 用例	口語 主な接続	文語 主な意味	文語 用例	文語 主な接続
まで	程度 添加 極端なものをあげてそれ以上のものを類推	ひまわりは、もう背の高さまで育った 風が強いのに、雨まで降ってきた 子供にまで笑われる	体言・用言・副詞・助動詞・助詞など、種々の語に接続する	程度	弓持たる末見えぬまで、高く生ひ茂りて	体言・用言・副詞・助動詞・助詞など、種々の語に接続する
すら（文語は「そら」も）	極端なものをあげてそれ以上のものを類推	明日の米にすら困る生活だ		極端なものをあげてそれ以上のものを類推	言問はぬ木すら〈木デサエモ〉妹《いも》と兄《せ》ありとふを 蜂そら〈デサエモ〉親の恩を知れるものを	
のみ	限定 強調	郵便局でのみ受け付けます 我が子の無事を祈るのみ		限定 強調	月影のみ〈ダケ〉ぞさし入りける 取り集めたることは、秋のみ〈ガ特ニ〉ぞ多かる	
など	例示	私などにはとてもできません		例示	極楽寺・高良などを拝みて、かばかりと心得て	
なんか		私なんかだめです		婉曲	京の御すみかたづねて、時々の御消息などあり	
なんぞ		私なんぞが口出ししてもよいか		引用	鬼にも神にも取り合はむなどこそ思ふべけれ	
ばかり	限定 程度・分量	肉ばかり食べていては、体に悪い 歩いて、2キロばかり体重を落とした		限定 程度・分量	太刀ばかり〈ダケ〉を提げて 百人ばかり〈ホド〉天人具して昇りぬ	

語	口語・意味	口語・用例	口語・接続	文語・意味	文語・用例	文語・接続
だけ	限定 程度	みかんだけは食べられます やっと座れるだけの空間ができた	体言・用言・副詞・助動詞・助詞など、種々の語に接続する			体言・用言・副詞・助動詞・助詞など、種々の語に接続する
ほど	程度・分量	明日から十日ほど留守にします				
くらい（ぐらい）	例示 程度・分量	彼くらい賢い人には会ったことがない その猿は、手に乗るくらいの大きさだ				
やら	不確かな事柄 列挙	どこへ行くのやら、まったくわからない かゆいやら痛いやらで、大変な目にあった				
か	不確かな事柄 列挙	風邪のせいか、咳が止まらない 行くか行かないか、早く決めてくれ				
だに				軽いものをあげて重いものを類推 希望の最小限	水をだに〈水デサエモ〉咽喉《のど》へも入れ給はず 今一たび、声をだに〈セメテ声ダケデモ〉聞かせ給へ	
し しも				強意 強意	花をし見れば物思ひもなし 今日しも〈ニ限ッテ〉端におはしましけるかな	

係助詞						
は	提示 他との区別 強意	我輩は猫である 魚は好きだが、刺身は食べられない どうしても話そうとはしない	体言・用言・副詞・助動詞・助詞など、種々の語に接続する	係助詞	提示 他との区別 強意	憶良らは今はまからむ なにもなにも、ちひさきものはみなうつくし 妹《いも》そ遠くは別れ来にけり
も	類例の暗示 並列・列挙 強意	先生も刺身が食べられない 靴もバッグも安売りしていた よくもここまで放っておいたものだ		係助詞	類例の暗示 並列・列挙 強意	前の世にも御ちぎりや深かりけむ 都には父もなし、母もなし うれしくものたまふものかな
さえ（さへ）	添加 類例の暗示 限定して強調	その絵には、どこか神々しささえ感じられた 小学生でさえ使い方を知っている あとは天気さえよければ、よいのだが			添加	玉の男皇子《をとこみこ》さへ（マデモ）生まれ給ひぬ
でも	他を類推 例示	私でも知っている お茶でもいかがですか				
しか	限定	音楽はクラシックしか聴かない				
こそ	強意	今年こそ優勝したいものだ		係助詞	強意 強意（逆接）	なほ、かかることこそめでたけれ 人こそ見えね（人ハ来ナイガ）秋は来にけり
ぞ				係助詞	強意	右近ぞ見知りたる。呼べ
なむ（なん）				係助詞	強意	名をば、さかきの造となむ言ひける
						接続：体言・用言・副詞・助動詞・助詞など、種々の語に接続する

語	口語 主な意味	口語 用例	口語 主な接続	文語 主な意味	文語 用例	文語 主な接続
や				係助詞　疑問・反語	まことにやはべらむ	
やは				係助詞　疑問・反語	さのみ物知り顔にやは言ふ	
か				係助詞　疑問・反語	何をか奉らむ いづれか歌をよまざりける	
かは				係助詞　疑問・反語	死なぬ薬も何にかはせむ	

◉終助詞

語	口語 主な意味	口語 用例	口語 主な接続	文語 主な意味	文語 用例	文語 主な接続
な	禁止	スピード出すな	終止形	禁止	真木《まき》の柱は我を忘るな〈忘レルナ〉	終止形 ラ変型の連体形
な	詠嘆	今日はよい天気だな それはいい考えだなあ	終止形	詠嘆	花の色は移りにけりな〈アセテシマッタナア〉いたづらに	終止形　体言 助詞
なあ	念を押す 願望 勧告	本当に決心したのだな 早く明日にならないかな さっさと行きな	連用形 助詞	念を押す	けしうはさぶらはぬ年なりな〈年齢デスネ〉	

助詞	意味	用例	接続	意味（古語）	用例（古語）	接続（古語）
か（かな）	疑問 反語 誘い・希望 詠嘆	これは売り物ですか この条件で誰が引き受けてくれようか いつもと違う道を通ってみようかな とうとう桜も散ってしまったか	連体形 体言	詠嘆	苦しくも降りくる雨か〈雨ダナア〉三輪《みわ》の崎	体言　連体形
や	詠嘆	そろそろ、お開きにしようや	種々の語	詠嘆	あら、思はずや、あづまにもこれほどの優なる人のありけるよ	種々の語
よ	呼びかけ	弘子よ、お茶を入れてくれないか		呼びかけ	少納言よ、直衣《なほし》着たりつらむは、いづら	
を				感動 強調	野をなつかしみ〈野ガシタワシイノデ〉一《ひと》夜《よ》寝にける 濡れてを〈濡レテネエ〉行かむ	種々の語
ぞ	強意	もうひと息がんばるぞ				
とも	うけあう	確かに納得したとも	終止形			
ね ねえ	詠嘆 念を押し、持ちかける	ずいぶん上手に編めたねえ しっかり閉めておけば安心だね	終止形 体言　助詞			
さ	うちとけた調子	それがさ、全くの勘違いさ	終止形　体言 助詞			

そ				禁止	一つな落としそ〈一ツモ落トスナ〉	連用形　カ変・サ変の未然形
なむ（なん）				他にあつらえ望む	はや夜も明けなむ〈明ケテホシイ〉	未然形
ばや				自己の希望	これがことを聞かばや〈聞キタイモノダ〉	未然形
がな				願望	あつぱれ、よからう敵《かたき》がな〈敵ガアレバイイナア〉	体言　体言＋を
かし				念を押し強調	夏の蟬の春秋を知らぬもあるぞかし〈アルノダヨ〉	文の終止した形
は				詠嘆	近き皇胤《こういん》をたづねば、融《とほる》らも侍るは〈オリマスヨ〉	体言　連体形　助詞

主要助詞索引

◉本文ならびに巻末の助詞一覧表で取り上げた助詞を五十音順に配列した。格・副・接・終はそれぞれ格助詞，副助詞，接続助詞，終助詞の略。[口]は口語の略，表示のないものは文語。

主要助動詞索引

◉本文ならびに巻末の文語・口語対照助動詞一覧表で取り上げた助動詞に主要な意味を併記して五十音順に配列した。［口］は口語の略，表示のないものは文語。

◉編者略歴

林　巨樹（はやし・おおき）
一九二四年東京生まれ。東京大学文学部卒業。青山学院大学名誉教授。著書に『近代文章研究』（明治書院）、『日本の言の葉』（東京書籍）、編著に『国語史辞典』（東京堂出版）、『現代国語例解辞典』（小学館）、『古語林』（大修館書店）などがある。二〇一二年没。

池上秋彦（いけがみ・あきひこ）
一九三〇年東京生まれ。東京大学文学部卒業。元明治大学文学部教授。著書に『国語史から見た近代語』（東苑社）、編著に『国語要説』（桜楓社）、『文章表現要説』（桜楓社）、『国語史辞典』（東京堂出版）などがある。二〇一三年没。

安藤千鶴子（あんどう・ちずこ）
一九二九年長野県生まれ。東京女子高等師範学校・東京大学文学部卒業。元東京都立小山台高等学校教諭。著書に『古文の基礎』（研数書院）、編著に『古語林』（大修館書店）、『全訳古語辞典』（大修館書店）などがある。

日本語文法がわかる事典　新装版

＊本書は、二〇〇四年四月に小社から刊行した『日本語文法がわかる事典』（四六判）の新装版です。新装に際し、A５版に拡大しています。

二〇二二年　九月三〇日　初版印刷
二〇二二年一〇月一〇日　初版発行

編　者　林　巨樹
　　　　池上秋彦
　　　　安藤千鶴子

発行者　郷田孝之

発行所　株式会社東京堂出版
〒一〇一-〇〇五一
東京都千代田区神田神保町一-一七
電話　〇三-三二三三-三七四一
http://www.tokyodoshuppan.com/

印刷製本　中央精版印刷株式会社

ISBN978-4-490-10935-1 C0581